"十二五"普通高等教育车辆工程专业规划教材

# 汽车构造实验教程

QICHE GOUZAO SHIYAN JIAOCHENG

阎岩 孙纲 主编

戴汝泉 主审

人民交通出版社

China Communications Press

## 内 容 提 要

本教材包括汽车整车的解体拆装、发动机各系拆装、底盘各系拆装、汽车车身各系拆装的内容，尤其着重介绍了柴油机燃料供应系中的 VE 泵的拆装和调整、自动变速器的拆装和调整、发动机的总装、汽车整车装配等内容，能满足汽车构造实验或拆装实训、实习的需求。

本书是本科院校汽车类专业实习指导书，也可作为企业汽车构造拆装实训指导书。

**图书在版编目（CIP）数据**

　　汽车构造实验教程 / 阎岩，孙纲主编 . -- 北京：
人民交通出版社，2012.4
　　ISBN 978-7-114-09636-5

　　Ⅰ.①汽⋯　Ⅱ.①阎⋯②孙⋯　Ⅲ.①汽车－构造－
实验－教材　Ⅳ.①U463-33

中国版本图书馆 CIP 数据核字（2012）第 017687 号

"十二五"普通高等教育车辆工程专业规划教材

| | |
|---|---|
| 书　　名： | 汽车构造实验教程 |
| 著 作 者： | 阎岩　孙纲 |
| 责任编辑： | 夏鞞 |
| 出版发行： | 人民交通出版社 |
| 地　　址： | （100011）北京市朝阳区安定门外外馆斜街3号 |
| 网　　址： | http://www.ccpress.com.cn |
| 销售电话： | （010）59757969，59757973 |
| 总 经 销： | 人民交通出版社发行部 |
| 经　　销： | 各地新华书店 |
| 印　　刷： | 北京交通印务实业公司 |
| 开　　本： | 787×1092　1/16 |
| 印　　张： | 15 |
| 字　　数： | 374千 |
| 版　　次： | 2012年4月第1版 |
| 印　　次： | 2012年4月第1次印刷 |
| 书　　号： | ISBN 978-7-114-09636-5 |
| 印　　数： | 0001-3000册 |
| 定　　价： | 29.00元 |

（有印刷、装订质量问题的图书由本社负责调换）

# "十二五"普通高等教育车辆工程专业规划教材

## 编委会名单

**编委会主任**

龚金科(湖南大学)

**编委会副主任**(按姓名拼音顺序)

| | | |
|---|---|---|
| 陈　南(东南大学) | 方锡邦(合肥工业大学) | 过学迅(武汉理工大学) |
| 刘晶郁(长安大学) | 吴光强(同济大学) | 于多年(吉林大学) |

**编委会委员**(按姓名拼音顺序)

| | | |
|---|---|---|
| 蔡红民(长安大学) | 陈全世(清华大学) | 陈　鑫(吉林大学) |
| 杜爱民(同济大学) | 冯崇毅(东南大学) | 冯晋祥(山东交通学院) |
| 郭应时(长安大学) | 韩英淳(吉林大学) | 何耀华(武汉理工大学) |
| 胡　骅(武汉理工大学) | 胡兴军(吉林大学) | 黄韶炯(中国农业大学) |
| 兰　巍(吉林大学) | 宋　慧(武汉科技大学) | 谭继锦(合肥工业大学) |
| 王增才(山东大学) | 阎　岩(青岛理工大学) | 张德鹏(长安大学) |
| 张志沛(长沙理工大学) | 钟诗清(武汉理工大学) | 周淑渊(泛亚汽车技术中心) |

## 教材策划组成员名单

顾㹨鲁　黄景宇　林宇峰　张　兵　夏　韡

# 前 言

本教程是为解决全国各高校汽车类专业实验指导书短缺、不规范等问题，为更好地满足这些院校教育改革与发展的需要，为教学和培训提供更加实用、丰富的实践教学类教材，依据2011年3月北京"车辆工程系列教材编写研讨会议"精神编写而成。

本教程取材来源于各编写院校先进的教学方法和实践教学经验的总结，以最大限度满足教学要求和充分激发学生的兴趣为出发点设置实验内容，以满足现代社会对汽车类专业人才有较高实践动手能力的要求，能更好地协调课堂理论教学与实践教学环节的关系，增强学生的感性认识和实践能力，为后续专业课打好扎实基础为目的，结合目前国内各高校实验室实际情况，以成熟车型桑塔纳、丰田凯美瑞200E等常见乘用车和东风、解放商用车为主介绍有关汽车的拆卸、装配、调整等过程和方法，以满足汽车构造实验或拆装实训、实习的需求。

本教材在编写上，具有如下特点：

(1) 紧密结合高等院校汽车类专业的教材，以专项能力的培养为单元，可根据具体教学及教材要求，独立开设或综合起来开设实验项目，形式灵活，适用面广。

(2) 注重对学生实际操作能力和操作规范化的培养，突出实践教学的特点。

(3) 紧密联系我国现代汽车业的发展现状，反映现代汽车的新知识、新工艺、新方法、新技术。

(4) 编写人员来自本科院校从事一线实践教学工作的老师，综合了各自所在院校实验课的优势，避免了不足，使本教材具有更好的可操作性和广泛的适用性。

全书内容由19章组成。包括汽车整车解体拆装、发动机各系拆装、底盘各系拆装、汽车车身拆装等，涵盖汽车所有拆装工艺。

本书由青岛理工大学阎岩教授、孙纲高级实验师任主编，承蒙山东交通学院戴汝泉教授任主审，由扬州大学王文山、淮阴工学院余文明、浙江警察学院卢玫、鲁东大学陈燕、青岛理工大学薛斌任副主编，青岛理工大学齐新宇、李彪、高志斌、隋学智、陈秀峰参编。

参与编写人员分工如下：阎岩、李彪：总论、第2~3章、第8章；高志斌、陈秀峰第9章、第16章；孙纲、齐新宇：第1章、第6~7章；青岛理工大学薛斌、隋学智：第4章、第14章、第17章；淮阴工学院余文明：第11~13章；扬州大学王文山：第5章、第15章；鲁东大学陈燕：第10章、第14章；浙江警察学院卢玫第18~19章。全书由阎岩教授负责最后统稿。

本书在编写过程中参阅了大量参考书和文献资料，受益匪浅，在此向有关作者致以衷心感谢！由于编者水平有限，书中难免有不少错误和不当之处，恳请读者批评指正。

编者
2012年1月

# 目 录

**总论** ... 1
   0.1 汽车构造实验应遵循的原则及注意事项 ... 1
   0.2 常见连接件的拆卸 ... 2
   0.3 装配的基本知识 ... 4
   0.4 安全操作规程 ... 6

**第1章 实验常用工具的使用** ... 8
   1.1 实验的目的和要求 ... 8
   1.2 实验使用的工具、设备器材 ... 8
   1.3 实验工具的使用 ... 8
   1.4 作业 ... 23
   1.5 考核内容 ... 23

**第2章 汽车的整车解体** ... 24
   2.1 实验的目的和要求 ... 24
   2.2 实验注意事项 ... 24
   2.3 实验使用的工具、设备器材 ... 25
   2.4 解体程序 ... 25
   2.5 作业 ... 34
   2.6 考核内容 ... 34

**第3章 曲柄连杆机构和配气机构的拆装** ... 35
   3.1 实验目的和要求 ... 35
   3.2 实验使用的工具、设备器材 ... 35
   3.3 实验的注意事项及观察要点 ... 35
   3.4 实验内容及步骤 ... 35
   3.5 习题 ... 56
   3.6 考核内容 ... 56

**第4章 汽油机燃料供给系统的拆装** ... 57
   4.1 实验的目的和要求 ... 57
   4.2 实验使用的工具、设备器材 ... 57
   4.3 实验注意事项及观察要点 ... 57
   4.4 实验内容及步骤 ... 57
   4.5 作业 ... 64
   4.6 考核内容 ... 64

**第5章 柴油机燃料供给系统的拆装** ... 65
   5.1 实验的目的与要求 ... 65

| | |
|---|---|
| 5.2 实验使用的设备与工具 | 65 |
| 5.3 实验注意事项及观察要点 | 65 |
| 5.4 拆装方法与步骤 | 65 |
| 5.5 作业 | 77 |
| 5.6 考核内容 | 77 |

## 第6章 冷却系统的拆装 … 78

| | |
|---|---|
| 6.1 实验的目的和要求 | 78 |
| 6.2 实验使用的工具、设备器材 | 78 |
| 6.3 实验注意事项及观察要点 | 78 |
| 6.4 实验的方法和步骤 | 78 |
| 6.5 作业 | 85 |
| 6.6 考核内容 | 85 |

## 第7章 润滑系统的拆装 … 86

| | |
|---|---|
| 7.1 实验的目的要求 | 86 |
| 7.2 实验使用工具、设备器材 | 86 |
| 7.3 拆装注意事项及观察要点 | 86 |
| 7.4 实验的方法和步骤 | 86 |
| 7.5 作业 | 91 |
| 7.6 考核内容 | 91 |

## 第8章 点火系统、起动系统的拆装 … 92

| | |
|---|---|
| 8.1 实验的目的要求 | 92 |
| 8.2 实验内容 | 92 |
| 8.3 实验使用的工具、设备器材 | 92 |
| 8.4 装配注意事项及观察要点 | 92 |
| 8.5 点火系统、起动系统的实验方法和步骤 | 92 |
| 8.6 作业 | 103 |
| 8.7 考核内容 | 103 |

## 第9章 发动机的总装 … 104

| | |
|---|---|
| 9.1 实验的目的要求 | 104 |
| 9.2 实验使用的工具、设备器材 | 104 |
| 9.3 装配注意事项及观察要点 | 104 |
| 9.4 发动机总装配的方法和步骤 | 104 |
| 9.5 作业 | 114 |
| 9.6 考核内容 | 115 |

## 第10章 离合器的拆装 … 116

| | |
|---|---|
| 10.1 实验的目的要求 | 116 |
| 10.2 实验使用的工具、设备器材 | 116 |
| 10.3 实验注意事项及观察要点 | 116 |
| 10.4 实验方法和步骤 | 116 |
| 10.5 作业 | 118 |

10.6 考核内容 …… 118

## 第11章 手动变速器的拆装 …… 119
11.1 实验的目的和要求 …… 119
11.2 使用的工具、设备器材 …… 119
11.3 注意事项及观察要点 …… 119
11.4 拆装的方法和步骤 …… 119
11.5 作业 …… 133
11.6 考核内容 …… 133

## 第12章 自动变速器的拆装 …… 134
12.1 实验的目的和要求 …… 134
12.2 使用的工具、设备器材 …… 134
12.3 注意事项 …… 134
12.4 实验的方法和步骤 …… 134
12.5 作业 …… 147
12.6 考核内容 …… 148

## 第13章 万向传动装置的拆装 …… 149
13.1 实验的目的和要求 …… 149
13.2 使用的工具、设备器材 …… 149
13.3 注意事项及观察要点 …… 149
13.4 拆装的方法和步骤 …… 149
13.5 作业 …… 152
13.6 考核内容 …… 152

## 第14章 驱动桥的拆装 …… 153
14.1 实验的目的和要求 …… 153
14.2 实验使用的工具、设备器材 …… 153
14.3 实验注意事项及观察要点 …… 153
14.4 拆装的方法和步骤 …… 153
14.5 作业 …… 162
14.6 考核内容 …… 162

## 第15章 行驶系统拆装 …… 163
15.1 实验的目的和要求 …… 163
15.2 使用的工具、设备器材 …… 163
15.3 实验注意事项及观察要点 …… 163
15.4 实验的方法和步骤 …… 164
15.5 作业 …… 174
15.6 考核内容 …… 174

## 第16章 转向系统的拆装 …… 175
16.1 实验的目的与要求 …… 175
16.2 实验使用的工具、器材 …… 175
16.3 实验注意事项及观察要点 …… 175

| | | |
|---|---|---|
| 16.4 | 实验的步骤及方法 | 175 |
| 16.5 | 作业 | 196 |
| 16.6 | 考核内容 | 196 |

## 第17章 制动系统的拆装 197
| | | |
|---|---|---|
| 17.1 | 实验的目的与要求 | 197 |
| 17.2 | 实验使用的工具、设备器材 | 197 |
| 17.3 | 实验拆装注意事项及观察要点 | 197 |
| 17.4 | 实验的方法和步骤 | 197 |
| 17.5 | 作业 | 211 |
| 17.6 | 考核内容 | 211 |

## 第18章 汽车车身的拆装 212
| | | |
|---|---|---|
| 18.1 | 实验的目的和要求 | 212 |
| 18.2 | 实验使用的工具、设备器材 | 212 |
| 18.3 | 实验注意事项及观察要点 | 212 |
| 18.4 | 实验方法及步骤 | 212 |
| 18.5 | 作业 | 219 |
| 18.6 | 考核内容 | 220 |

## 第19章 整车装配 221
| | | |
|---|---|---|
| 19.1 | 汽车整车装配实验的目的要求 | 221 |
| 19.2 | 实验使用的工具、设备器材 | 221 |
| 19.3 | 装配注意事项及观察要点 | 221 |
| 19.4 | 实验的方法和步骤 | 221 |
| 19.5 | 作业 | 227 |
| 19.6 | 考核内容 | 227 |

**参考文献** 228

# 总论

汽车构造实验是了解汽车各总成性能、工作原理、构成及其相互关系的重要教学环节,通过实验教学,使同学建立汽车构造整体概念和实物概念,熟悉汽车部件的拆装过程及其操作技能,进一步巩固课堂讲授内容和深入了解各总成部件的构造细节。

## 0.1 汽车构造实验应遵循的原则及注意事项

汽车构造实验的目的是为掌握、了解、验证汽车组成、结构及工作原理而进行的对汽车各总成的观察、拆卸、装配过程,而汽车的技术状况,与拆卸、装配过程的质量有很大的关系。

装配不良,往往使零件与零件之间不能保持正确的位置及配合关系;拆卸不当,会造成零件不应有的缺陷,甚至损坏。

汽车构造实验过程中,需要掌握、了解汽车总成的结构、工作原理,各配合、运动副间的相互关系,为此需要遵循以下原则:

### 0.1.1 掌握汽车的构造及工作原理

若不了解拆卸汽车的结构和特点,拆卸时,不按规定任意拆卸、敲击或撬,均会造成零件的变形或损坏。所以必须了解汽车的构造和工作原理,这是确保正确拆卸的前提。

### 0.1.2 按需拆卸

零部件经过拆卸,容易产生变形和损坏,特别是过盈紧配合件更是如此。不必要的拆卸会降低汽车的使用寿命。因此,应防止盲目的大拆大卸。不拆卸检查就可以判定零件的技术状况时,则尽量不予拆卸,以免损坏零件。

### 0.1.3 使用科学合理的正确的拆装方法

(1)实验时应使用相应的专用工具和设备,以提高拆卸、装配工效,减少零部件的损伤和变形。严禁任意敲击和撬。如在拆卸过盈紧配合件时,尽量使用压力机和拉拔器;拆卸螺栓连接件时,要选用适当的工具,依螺栓紧固的力矩大小优先选用套筒扳手、梅花扳手和开口扳手,尽量避免使用活扳手和手钳;防止损坏螺母和螺栓的六角边棱,给下次的拆卸带来不必要的麻烦。另外,应充分利用汽车大修配备的拆卸工具。

(2)实验时,拆卸按照由表及里的顺序逐级拆卸。

一般先拆车厢、外部线路、管路、附件等,然后按机器→总成→部件→组合件→零件的顺序进行拆卸。

装配时,按拆卸相反顺序进行。

### 0.1.4 拆卸时应考虑装配过程,做好装配准备工作

(1)拆卸时要注意检查校对装配标记。为了保证一些组合件的装配关系,在拆卸时,应对原有的记号加以校对和辨认;没有记号或标记不清的零件,应重新检查做好标记。有的组合件是分组选配的配合副,或是在装合后加工的不可互换的合件。如轴承盖、连杆盖等,它们都是与相应合件一起加工的,均为不可互换的组件,必须做好装配标记,否则将破坏它们的装配关系甚至动平衡。

(2)按分类、顺序摆放零件。为了便于清洗、检查和装配,零件应按不同的要求分类顺序摆放。否则,零件胡乱堆放在一起,不仅容易相互撞伤,而且会在装配时造成错装或找不到零件的麻烦。

### 0.1.5 拆卸和装配实验时注意事项

(1)当需要顶起汽车的前端或后端时,应在车轮处正确地安放楔块;当顶起汽车时,举升器的垫座或千斤顶的支点要对准车体上的安全支撑点。

(2)在进行任何电气系统拆装、发动机的移动作业之前,要先拆下搭铁(电池负极接线)。

(3)每次拆卸零件时,应观察零件的装配状况,看是否有变形、损坏、磨损或划痕等,为维修提供依据。

(4)对于结构复杂的组件和总成,以及初次拆卸的零件,要在适当的非工作面上做好标记,以便组装时将其安装到原来的位置上。

(5)对有较高配合要求的零件,如主轴承盖、连杆轴承盖、气门、柴油机的高压油泵柱塞等,必须做好记号。组装时,按记号装回原位,不能互换。

(6)零件装配时,必须符合原车技术要求,包括规定的间隙、拧紧力矩等。

(7)组装时,必须做好清洁工作,尤其是重要的配合表面、油道等,要用压缩空气吹净。

(8)为了提高工作效率和保证精度质量,要尽可能使用专用维修工具,操作时禁止吸烟,远离火源。

## 0.2 常见连接件的拆卸

汽车上零部件之间的连接形式有多种,主要有螺纹连接、过盈配合连接、键连接、铆钉连接、焊接、粘接、卡扣连接等。这里主要介绍应用非常广泛的螺纹连接、过盈配合连接和卡扣连接的拆卸与装配。

### 0.2.1 螺纹连接的拆装

拆装时,遇到最多的是螺纹连接,占全部连接件的50%~60%。

螺纹有圆柱螺纹和圆锥螺纹,按牙型分有三角形、矩形、梯形等形状。汽车上主要用三角形右旋螺纹,螺纹的规格和各种尺寸均为标准化,有米制和英制之分,我国采用米制。

螺纹按照螺距有粗牙和细牙之分。一般情况下均使用粗牙螺纹;在相同的公称直径下,细牙螺纹的螺距小、牙细、内径和中径较大、升角较小,因而自锁效果好,常用于受强度影响较大的零件(如缸体、制动盘等)、有振动或变载荷的连接、微调装置等。由于汽车在工作时有较大的振动,对强度也要求很高,故细牙螺纹在汽车上应用较广泛。

螺纹连接的零件有螺栓、螺钉、紧定螺钉、螺母、垫圈及防松零件（如开口销、止动垫片等）等类型。连接的主要类型有螺栓连接、双头螺柱连接、螺钉连接和紧定螺钉连接等几种。

拆装螺纹连接时使用的工具主要有手动和机动两类。手动工具主要有梅花扳手、活扳手、套筒扳手、螺钉旋具等。拆装工具的选用，应根据螺母、螺栓的尺寸，拧紧力矩及所在部位的回转空间等具体条件来选择。一般情况下，为了避免损坏螺栓、螺母的棱角，缩短作业时间，减轻劳动强度，能用套筒扳手的不用梅花扳手；能用梅花扳手的不用开口扳手；能用开口扳手的不用活扳手。机动扳手按动力源分为电动式、气动式和液压式三种类型。

螺纹连接件拆装的技术要领及注意事项有：

(1)用扳手拆装螺栓(螺母)时，扳手的开口尺寸必须适合螺栓头部或螺母的六方尺寸，不得过松。旋转时，扳手开口与六方表面应尽量靠合。操作空间允许时，要用一只手握住扳手开口处，避免扳手因用力过大脱出。使用螺钉旋具拆装开槽螺钉时，刀头与槽口的尺寸必须合适。无论拧紧还是旋松螺钉，均要用力将螺钉旋具顶住螺钉，避免损坏螺钉槽口，造成拆装困难。

(2)在向螺栓上拧紧螺母或向螺孔内拧螺栓(螺钉)时，一般先用手旋进一定距离，这样既可感觉螺纹配合是否合适，又可提高工作效率。在旋进螺母(螺栓)两圈后，如果感觉阻力很大，则应拆下检查原因；有时是因螺纹生锈或夹有铁屑等杂物造成的，清洗后涂少许机油即可解决；有时是因螺纹乱牙造成的，可用扳牙或丝锥修整一下；有时是因粗、细螺纹不相配造成的，应重新选配。

(3)在螺纹连接件中，垫圈作用非常重要，即可以保护被连接件的支撑表面，还能防松。决不能随意弃之不用，应根据原车要求，安装到位。

(4)在发动机缸体上有许多不通的螺纹孔(盲孔)，在旋入螺栓前，必须清除孔中的铁屑、水、油等杂物，否则螺栓不能拧紧到位。如加力拧进，有可能造成螺栓断裂及缸体开裂等后果。

(5)锈死螺栓的拆卸。对于锈死螺栓的拆卸可用下列方法：

①将螺栓拧紧1/4圈左右再退回，反复松动，逐渐拧出。

②用锤子振击螺母，借以振碎锈层、以便拧出。

③在煤油中浸泡20~30min，让煤油渗到锈层中去，使锈层变松，以便拧出。

④使用喷灯加热螺母，使其膨胀，趁螺栓尚未热时，迅速拧出。有条件时以使用除锈剂为最佳。

(6)断头螺栓的拆卸。拆卸断头螺栓时，应预先在断头处加工出一个能承受力矩的部位，然后拧出。

①如断头露在外面，可将其凸出部分挫成一个方形，用扳手拧出。

②如断头在螺栓孔内，可在螺栓端面钻出一个小孔，然后用反扣丝锥将其旋出，或者在小孔内嵌入一个多棱体，然后将其拧出。

③如断头与零件平齐，可在断口焊上一个螺母，然后将其拧出。

(7)螺栓组与螺母组的拆卸 由多个螺栓或螺母连接的零件在拆卸时应注意以下事项：

①为了防止受力不均匀而造成零件变形、损坏，应首先将每一个螺栓或螺母拧松1/2~1圈，并尽量对称拆卸。

②应先拆下难拆的螺栓或螺母，否则会由于微量变形的产生和零件位置的移动而使其变得更加难拆。

③对于拆卸后会因受重力而下落的零件，应使其最后拆下来的螺纹连接件具有拆卸方便、又能保持平衡的能力。

### 0.2.2 过盈配合连接的拆装

过盈配合连接即过盈连接,这种连接是由于包容件的内径小于被包容件的外径,二者装配后,形成过盈配合,发生径向变形致使配合面间产生很大的压力。工作时,载荷就靠两者之间的摩擦力来传递。汽车上,气门导管与缸盖孔、缸套与缸体孔之间的连接等均属于此类连接。

拆装过盈配合连接,需要施加很大的拉力或压力,容易造成零件配合面划伤,甚至使零件变形、损坏。因此,必须采用正确的拆装工艺,应用适当的专用工具和设备,施以大小合适的轴向力进行拆装。

装配过盈配合连接时,一般采用压入法和温差法,两种方法使用的工具设备完全相同。压入法在常温下进行,而温差法则将包容件加热,使之胀大,从而减小压入的力,避免擦伤配合表面和损坏零件。更换气门导管时就采用温差法,将缸盖浸入电加热油槽中,升温到150~160℃,将导管压入。加热时,必须将零件完全浸入油中,避免受热不均,造成变形。

拆卸时,一般采用压(拉)出法,如果包容件材料的热胀性好于被包容件,也可用温差法。拆装方法的选择要根据企业设备条件、零件材料性能、零件过盈量大小等条件来确定。提据用途不同,拆装设备可分为拉力器和压力机两类,压力机有气动和手动两种。液压机应用广泛,一般有5t和10t两种,液压机的液压工作活塞能承受高达15MPa的压力。气动压力机结构简单,生产效率高,在设有压缩空气站的维修厂比较适用。

拉力器主要用来完成汽车上轴片轮、套管、油封等配合连接件的拆装工作。一般分为手动机械拉力器和液压组合拉力器两类。拆装过盈配合连接件操作要领如下:

(1)装配前,要在零件配合面涂抹些机油,既可减少阻力,又可避免损伤配合表面。

(2)拆装的轴向力是变化的。压入时,逐渐增加;拉出时,逐渐减小。压入时的最大轴向力要小于拉出轴向力的1/3,可根据上述规律选择压力机和拉器的施力大小。

(3)在用手锤进行拆装作业时,要保证击打的位置和击打的力。不能位置忽左忽右,力时大时小,手中的导棒要不断转动,保证零件受力均匀。

### 0.2.3 卡扣连接拆装

卡扣连接是应用于汽车上的新型连接方式,这种连接具有拆装方便、快速、美观、牢固可靠等特点,一般用塑料制成。

拆卸卡扣连接时,要注意保护所连接装饰件不受损坏。对一些进口车上的卡扣更要小心,因为无法购到备件,要使之完好,以便二次利用。拆卸卡扣连接的工具比较简单,主要是一字螺丝刀及改制的专用撬板等。

## 0.3 装配的基本知识

把零件按照顺序和一定的要求相互连接、组成合件、组合件、总成及整车的全过程称之为汽车的装配过程。

### 0.3.1 装配的基本知识

#### 0.3.1.1 装配的基本概念

汽车通常由多达千个零件组成,按零件与零件间的各种相互关系,分为合件、组合件、部件、总成等汽车基本装配单元。这些基本装配单元各自具备一定的作用，相互之间又具有一定的配合关系。所谓装配就是将所有这些基本装配单元按照一定的技术要求和顺序组合在一起，构成一台完整的汽车。相关术语如下：

(1)零件：是由一种材料或几种材料制成的最基本的零件，是组成汽车的基本单元。零件有标准零件(如螺栓、螺母、垫圈、销子)和专用零件(如曲轴、活塞)两类。

(2)基础零件：作为装配基础，在其上按功能要求装有各种组合件与总成，并能保证各零件间的相互位置关系的零件，如汽缸体、汽缸盖、变速器壳体、后桥壳、油泵体等。

(3)合件：两个或两个以上的零件装配在一起，但只能起着一个零件的作用，称为合件。如带盖的连杆、成对的轴瓦等。如在装配组合件、部件和总成时，是从某一合件为基础开始的，则该合件称为基础合件，如装有汽缸套的汽缸体等。

(4)组合件：若干零件或合件装配成一体，各零件之间具有相互运动关系，但不具备单独完整的机构作用，这样的装配单元称之为组合件，如活塞连杆组、曲轴飞轮组等。

(5)部件：由若干个零件、合件、组合件或基础件组成，单独具备一定的功能和作用的组合件，如散热器、排气管等。

(6)总成：由基础件、部件、组合件、零件等装配而成，具备一定功能的机构。其零件与零件之间不仅有相互关系，而且能独立、完整地起一定的作用。如发动机、变速器、机油泵、分电器等。

无论是合件、组合件、部件或总成的装配，都必须严格按照一定的顺序和技术要求进行。

#### 0.3.1.2 零件连接

零件连接有固定连接和活动连接两种。活动连接又分为可拆的(如轴与轴承，齿轮副、柱塞副等)和不可拆卸的(如滚动轴承、止回阀等)两种。

#### 0.3.1.3 装配质量

汽车能否可靠的运行，具有良好的动力性和经济性，在相当程度上决定于汽车的装配过程质量，为此，必须保证装配精度，即必须保证各合件、组合件、部件、总成件等的配合精度、位置精度及其正确的连接关系，常采用以下几种方法：

(1)选配法：如果配合件的加工精度不能满足互换性要求时，则必须进行选配。如汽缸与活塞、活塞环与环槽等。其他配合件也尽可能选配，以保证具有较好的装配质量。除了配合间隙选配外，对于活塞连杆组还需进行质量选配，防止由于质量的不平衡而引起发动机工作时的动不平衡发生不正常振动。

(2)修配法：装配前对零部件进行的某些机械加工。如铰削、刮削、研磨等，加工后的零件应达到技术标准要求。如连杆衬套和活塞销孔的铰削、气门与气门座、汽缸盖下平面的研磨等。

(3)调整法：利用调整垫片、调整螺钉等方法对零件、合件、组合件、部件或总成进行调整，以达到所规定的配合精度要求。该方法在汽车维修中较常见。如圆锥滚动轴承的间隙调整、后桥锥形齿轮啮合位置和啮合间隙的调整、气门间隙的调整等。

### 0.3.2 装配过程

汽车的装配过程包括装配前准备、装配、装配后的调整试验三个阶段。

#### 0.3.2.1 装配的准备工作

(1)装配前准备：这是检查零件质量的最后一道工序。经过维修或更换的零件，在装配前均需进行认真的质量检查,防止不合格的零件进入装配过程。

(2)清洁工作:零件装配前必须保持清洁,防止油污、尘粒、金属屑等进入相对运动零件之间,防止破坏配合关系,加速磨损。一般使用干净的柴油或汽油进行清洗,然后用压缩空气吹干,也可以使用金属清洗剂清洗。

(3)相互配合零件的选配:所选相互配合的零件必须满足相关技术要求,包括间隙配合、过渡配合及过盈配合;并做出相应标记,保证零件装配的正确性。

0.3.2.2 装配

按一定的顺序和技术要求进行零部件的装配,以保证它们之间的正确装配关系。

0.3.2.3 装配后的调整试验

无论是部件、总成还是整台汽车,装配后都必须进行试验。其目的在于:

(1)检查装配是否符合相关技术要求,只能通过试验才能得到验证。对装配后的部件、总成试验或对整车进行的整体性能试验和运转试验,是检验装配质量的必要过程。通过试验,能够发现是否存在卡滞、异响、过热、渗油等现象,并且能检测其工作能力和性能等指标是否符合技术要求。

(2)在试运转中进行调整。汽车装配过程中,有些项目需通过运转试验才能完成最后的调整。例如,制动、转向等机构必须在路试中进行调整;燃油泵、调速器、喷油器必须在装车在试验台上进行调整等。

## 0.4 安全操作规程

(1)发动机拆卸前必须放出冷却液、机油,卸除燃油压力。

(2)发动机的拆卸必须在冷态下进行,防止零件变形。

(3)起吊发动机时必须连接牢固,确保起吊安全性。

(4)使用举升机具时,须确保支撑点正确无误、支撑稳固可靠,否则不能从事车下操作。

(5)吊装发动机等总成时,必须由专人负责指挥,操作过程中不得将手脚伸入易被挤压部位,以免发生危险。

(6)汽车总成解体时,应使用专用工具、机具按照分解顺序进行,不得违反操作规程。

(7)拆卸螺纹连接件时,应选用合适的开口扳手、梅花扳手或套筒扳手及专用工具,一般不得使用活扳手或手电钻,以防止损伤螺母或螺栓头部的棱角。

(8)拆卸重要件时,应先熟悉部件结构,然后按照合理的工艺规程进行操作。

(9)拆卸蓄电池接线柱引线时,应拉动插座本体,以免损坏引线。

(10)任何零件的加工面须使用锤击操作时,必须垫以软金属或垫棒,不得用锤子直接敲击。

(11)所有零件在组装前,必须经过彻底清洗并用压缩空气吹干,经检验确认合格后方可装配。

(12)螺栓、螺母所使用的平垫圈、弹簧垫圈、锁止垫圈、开口销、垫片及其他金属索线等,必须按照规定装配齐全;主要螺栓的螺纹紧固时,后杆部应伸出螺母1~3扣;一般螺栓允许螺纹不低于螺母上平面,在不影响使用的情况下,也可高出螺母。

(13)对于螺栓、螺柱,如有变形即不得继续使用,当螺纹有断扣、滑牙不能修复时,均应更换新件。

(14)使用手电钻、台钻、砂轮机、空气压缩机等机具时,必须严格遵守有关安全操作规程,防止安全事故的发生。

(15)装配时,应注意以下几个方面:

①必须明确配合性质和要求,掌握过盈配合及间隙配合的技术标准。对过盈配合和间隙配合的零件,应严格按照规定的装配工艺进行装合,如冷压、热装、预润滑等工艺要求。

②必须严格按照规定的拧紧力矩、拧紧顺序进行螺纹连接件的紧固。例如按照连杆螺栓、主轴承螺栓、缸盖螺栓等重要螺栓的拧紧力矩以及生产厂对全车各个螺纹连接件的规定拧紧力矩进行紧固,螺栓组必须分3次交叉均匀拧紧。缸盖螺栓应从中央到四周按对角线分次交叉均匀拧紧等。

③止动零件应牢固可靠。对于螺栓、螺母、锁片、开口销、钢丝等一次性使用的零件,不能重复使用。锁片的制动爪和倒角应分别插入轴槽和贴近螺母边缘;弹簧垫圈的内径要与螺栓直径相符,螺距近似为垫片厚度的2倍;对于成对成组的固定螺栓,可在螺栓头上的每一个面钻上通孔,当拧紧后,用钢丝穿过螺栓头上的孔,使其互相连锁。

④整车应防止"三漏",即漏油、漏气和漏水。三漏的原因一般是装配工艺不符合要求,或密封件磨损、变形、老化、腐蚀所致。密封的质量往往与密封材料的选用、预紧程度、装配位置有关。凡是一次性使用的密封件,一经拆卸必须更换。

⑤对于高速运动的主要零件要注意动平衡和质量分组,以免造成运行时的剧烈振动。如曲轴的配重不能互换,各缸活塞、活塞连杆组的质量差不能大于允许值等。

⑥出厂前涂有密封胶、紧固胶的零件,在重新安装时必须除净残胶、油污,涂上所规定的密封胶、紧固胶加以密封或紧固。

⑦拆卸真空管时,必须在其端头做出安装位置标签,保证安装的准确性和方便性;在脱开真空软管时,只能拉动软管的端头,不得拉动软管的中部。

⑧拆卸转向系统时应注意安全气囊的安全性。

⑨注意防火、防漏电等。

# 第1章 实验常用工具的使用

## 1.1 实验的目的和要求

(1)掌握现代汽车维修、检测、拆装常用工具正确的使用方法、功能。
(2)学习每件工具和测量仪器的功能和正确用法。
(3)学会根据尺寸,位置和其他条件的不同,正确地选择工具,为后期实验做好准备工作。

## 1.2 实验使用的工具、设备器材

各种螺栓/螺母拆装工具、发动机活塞环装卸钳、发动机气门弹簧装卸钳、点火系统电器常用测量工具、底盘拆装常用工具,如千斤顶、汽车举升器、吊车等。

## 1.3 实验工具的使用

### 1.3.1 螺栓/螺母拆装工具的使用

当紧固或拆卸带有棱边的螺栓/螺母或拆卸零部件时,常使用各类扳手,主要包括:套筒扳手、开口扳手、梅花扳手、扭力扳手、活扳手、火花塞套筒扳手等,图1-1所示为常用的各类扳手。使用中应根据工作环境的空间位置、旋转速度、力矩大小的类型进行合理选择。

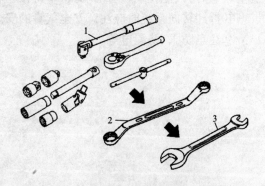

图1-1 套筒扳手、梅花扳手、开口扳手
1-成套套筒扳手;2-梅花扳手;3-开口扳手

#### 1.3.1.1 套筒扳手

图1-1中1所示为套筒扳手,图1-2所示为套筒扳手工作示意图。

套筒扳手能旋转螺栓/螺母,而不需要重新调整,这就可以迅速转动螺栓和(或)螺母,套筒扳手可以根据所装的手柄以各种方式工作,拆卸速度快、效率高。

图1-3所示为常用的成套套筒扳手。成套套筒扳手主要有套筒、套筒接合器、万向节、加长杆、旋转手柄、滑动手柄组成,根据工作条件装上不同手柄和套筒后,可以很轻松地拆下并更换螺栓和(或)螺母。利用套筒扳手夹持住螺栓和(或)螺母,将其拆下或更换。

套筒深度有两种类型——标准型和深型,深型比标准型深2~3倍,深型套筒可用于螺栓突出的螺母,而不适于用标准型套筒。

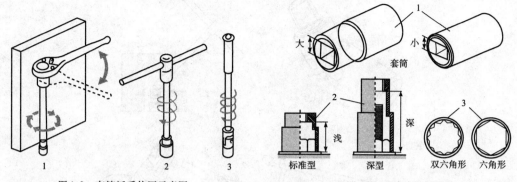

图1-2 套筒扳手使用示意图

图1-3 成套套筒扳手
1-套筒尺寸；2-套筒深度；3-钳口

钳口有两种类型——双六角形和六角形的。六角部分与螺栓或(和)螺母的表面有很大的接触面，这样就不容易损坏螺栓或(和)螺母的表面。

(1)图1-4所示为套筒接合器，用作一个改变套筒方形套头尺寸的连接器，力矩要根据规定的拧紧极限施加，超大力矩会将负载施加在套筒本身或小螺栓上。

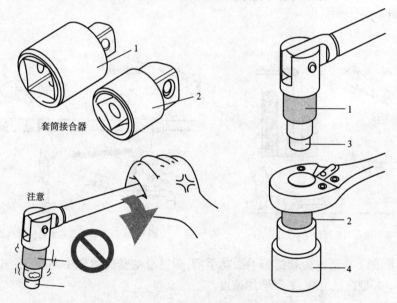

图1-4 套筒接合器
1-套筒接合器(大—小)；2-套筒接合器(小—大)；3-小尺寸套筒；4-大尺寸套筒

(2)图1-5所示为成套套筒扳手万向节及其操作方法示意图，套筒的方形套头部分可以前后或左右移动，手柄和套筒扳手之间的角度可以自由变化，使其成为在有限空间内工作的有用工具。

**注意：**
①不要使手柄倾斜较大角度来施加力矩。
②勿用于风动工具。球节由于不能吸收旋转摆动而脱开，并造成工具、零件或车辆损坏。
(3)图1-6所示为套筒扳手加长杆，其作用为：
①可用于拆下和更换装得太深不易接触的螺栓和(或)螺母。
②加长杆也用于将工具抬离平面一定高度，便于使用。

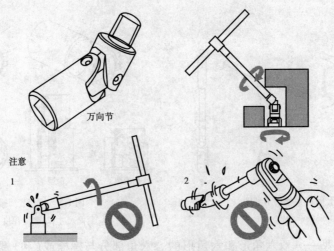

图 1-5　套筒扳手万向节使用示意图

（4）图 1-7 所示为套筒扳手旋转手柄,此手柄用于拆下和更换要求用大力矩的螺栓和（或）螺母。套筒扳手头部可作铰式移动,这样可以调整手柄的角度,使之与套筒扳手相配合,手柄滑动,允许改变手柄长度。

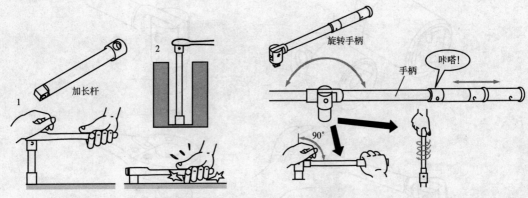

图 1-6　套筒扳手加长杆使用示意图　　　　　图 1-7　套筒扳手旋转手柄使用示意图

（5）图 1-8、图 1-9 所示为套筒板手滑动手柄,通过滑动套筒的套头部分,手柄可以有两种使用用法,其中 L 型改进力矩,T 型增加速度。

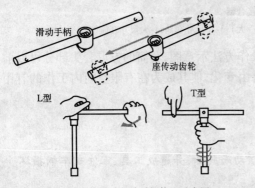
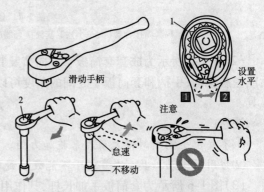

图 1-8　套筒扳手滑动手柄使用示意图 1　　　图 1-9　套筒扳手滑动手柄使用示意图 2
　　　　　　　　　　　　　　　　　　　　　　　1-拧松;2-拧紧

将锁紧手柄往右转可以拧紧螺栓和(或)螺母,往左转可以松开螺栓和(或)螺母,螺栓和(或)螺母可以不需要使用套筒扳手而单方向转动,套筒扳手可以以小的回转角锁住,可以在有限的空间中工作。

注意:

①棘轮手柄适合在狭窄空间中使用。然而,由于棘轮的结构,它不可能获得很高的力矩。

②滑动手柄要求有极大的工作空间,但它能提供最快的工作速度。

③旋转手柄在调整好后,可以迅速工作。但此手柄很长,很难在狭窄空间使用,如果由于工作空间限制不能使用成套套筒扳手,可按其顺序选用梅花扳手或开口扳手。

④已经拧得很紧的螺栓和(或)螺母,可以通过施加冲击力轻松松开。但是不能使用锤子和管子(用来加长轴)来增加力矩。

#### 1.3.1.2 梅花扳手

图 1-1 中 2 所示为梅花扳手,应用在补充拧紧和类似操作中,扳手钳口是双六角或六角形,由于螺栓和(或)螺母的六角形表面被包住,因此没有损坏螺栓角的危险,并可施加大力矩。由于轴是有角度的,因此可用于在凹进空间里或在平面上旋转螺栓和(或)螺母,可以容易地装配螺栓和(或)螺母,可以对螺栓和(或)螺母施加大力矩,可以在一个有限空间内重新安装。

如图 1-10 所示,使用过程中,始终转动梅花扳手,以便拉动梅花扳手,如果由于空间限制无法拉动梅花扳手,用手掌推梅花扳手。

#### 1.3.1.3 开口扳手

图 1-1 中 3 所示为开口扳手,图 1-11 所示为其工作过程,用在不能用成套套筒扳手或梅花扳手拆除或更换螺栓和(或)螺母的位置。

图 1-11 中 1 表示为:扳手钳口以一定角度与手柄相连。这意味着通过转动开口扳手,可在有限空间中进一步旋转;图 1-11 中 2 表示为:为防止相对的零件也转动,如在拧松一根燃油管时,用两个开口扳手去拧松一个螺母。

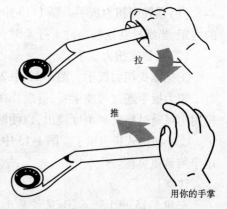

图 1-10 梅花扳手使用示意图

注意:

如图 1-12 所示,开口扳手不能提供较大力矩,由此不能用于最终拧紧,不能在扳手手柄上接套管,这会造成极大力矩而损坏螺栓或开口扳手。

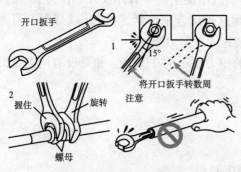

图 1-11 开口扳手使用示意图

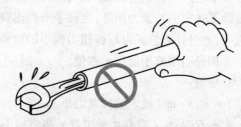

图 1-12 开口扳手使用注意事项示意图

#### 1.3.1.4 扭力扳手

图1-13为常用扭力扳手,由扭力杆和套筒头组成,有预置型和板簧式两种,另外,有时还使用加长杆型的扭力扳手;在拧紧时指针可以表示出力矩数值,通常使用的规格为0~300N·m。图1-14所示为扭力扳手工作示意图。

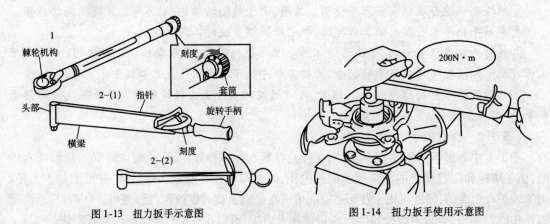

图1-13 扭力扳手示意图　　　　图1-14 扭力扳手使用示意图

(1) 预置型扭力扳手。图1-13中1所示为预置型扭力扳手,通过旋转套筒可预设所要求的力矩,当螺栓在这些条件下拧紧时,会听到咔嗒声,表明已达到规定的拧紧力矩。

(2) 板簧式扭力扳手。

① 标准式扭力扳手。图1-13中2-(1)所示为标准式扭力扳手。

扭力扳手通过弯曲梁板,借助作用到旋转手柄上的力进行操作,此梁板由钢板弹簧制成。作用力可通过指针和刻度读出,以便取得规定的拧紧力矩。

② 小扭矩式扭力扳手。图1-13中2-(2)所示为小扭矩式扭力扳手,最大值约为0.98N·m,用于测量预负荷。

**注意:**

如图1-15中1所示,如果拧紧几个螺栓,在每个螺栓上均匀施加扭力,重复2~3次;如图1-15中2所示,如果专用维修工具与扭力扳手一起使用,则要按照维修手册中的说明计算力矩;如图1-15中3-(1)所示,使用钢板弹簧式扭力扳手时,使用到扭力扳手上刻度的50%~70%量程,以便施加均匀的力;如图1-15中3-(2)所示,使用钢板弹簧式扭力扳手时,不要用力太大使手柄接触到杆。如果压力不是作用在销上,则不能获得精确的力矩测量值。

(3) 加长工具的扭力扳手。图1-16所示为丰田汽车使用的带有加长杆的扭力扳手,接上加长工具可以增加扭力扳手的有效长度,如果使用这种组合来拧紧螺栓和(或)螺母,直到在扭力扳手上读出规定力矩,那么实际力矩会超过规定的拧紧力矩。

除了规定的拧紧力矩外,维修手册列出典型的扭力扳手的$T'$读数。如果没有同类型的扭力扳手,通过计算公式可取得扭力扳手的读数。

举例说明维修手册中一些值。

标准值:

$T = 80$N·m(规定的拧紧力矩)。

$T' = 65$N·m(带有加长工具的扭力扳手1300F读数。

公式:$T' = T \times L_2 / (L_1 + L_2)$

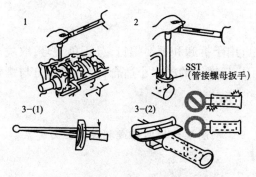

图1-15 扭力扳手使用注意事项示意图

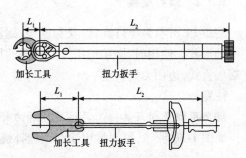

图1-16 加长扭力扳手示意图

式中：$T'$——带有加长工具的扭力扳手读数（N·m）；
　　　$T$——规定的拧紧力矩（N·m）；
　　　$L_1$——加长工具的长度（cm）；
　　　$L_2$——扭力扳手的长度（cm）。

#### 1.3.1.5　活扳手

图1-17所示为活扳手，又称可调扳手。

活扳手的开口宽度尺寸可以在一定范围内调节，操作时，转动调节螺杆，使孔径与螺栓和（或）螺母头部配合完好，适用于尺寸不规则的螺栓和（或）螺母的拆装。

一个活扳手可用来代替多个开口扳手，应用较广，不适于施加大力矩，操作时，应让扳手可动部分承受推力，固定部分承受拉力，并且用力均匀。

**注意：**

应保证调节钳口在旋转方向时转动扳手，如果不用这种方法转动扳手，压力将作用在调节螺杆上，使其损坏。

#### 1.3.1.6　火花塞扳手

图1-18所示为火花塞扳手，此工具专用于拆卸及更换火花塞，有大小两种尺寸，要配合火花塞尺寸，扳手内装有一块磁铁，用以保持住火花塞。

**注意：**

①磁性可保护火花塞，但仍要小心不要使其坠落。

②为确保火花塞正确地插入，首先要用手仔细地旋转它（参考：规定力矩为180～200kgf·cm）。

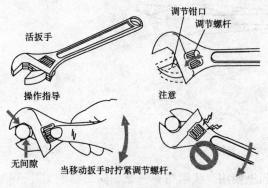

图1-17 活扳手使用示意图

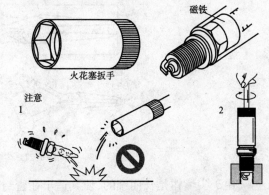

图1-18 火花塞扳手使用示意图

### 1.3.2 螺钉旋具

图 1-19 所示为螺钉旋具(又称起子、螺丝刀),用于拆卸和更换螺钉,分正负型号,取决于尖部的形状。使用时,必须使用尺寸合适的螺丝刀,与螺钉的槽大小适合,保持螺丝刀与螺钉尾端成直线,边用力边转动。

**注意:**

切勿用鲤鱼钳或其他工具过度施加力矩。这可能刮削螺钉的凹槽或损坏螺丝刀尖头。

如图 1-20 所示,可根据用途合理选择螺丝刀。

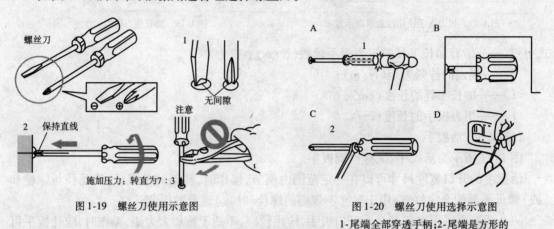

图 1-19 螺丝刀使用示意图

图 1-20 螺丝刀使用选择示意图
1-尾端全部穿透手柄;2-尾端是方形的

A——穿透螺丝刀,用于上紧固定螺钉;B——短柄螺丝刀,可用在有限的空间内拆卸并更换螺钉;C——方柄螺丝刀,可用在需要大力矩的地方;D——精密螺丝刀,可用以拆卸并更换小零件。

### 1.3.3 尖嘴钳

图 1-21 所示为尖嘴钳示意图。使用时,用手握住钳柄后端,使钳口开闭、夹紧即可用在密封的空间里操作或夹紧小零件。

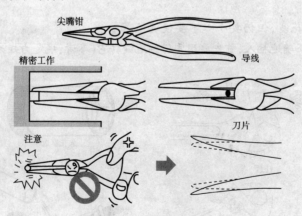

图 1-21 尖嘴钳使用示意图

由于尖嘴钳是长而细的,使其适于在密封空间里使用。尖嘴钳有一个朝向颈部的刀片,可以切割细导线或从导线上去掉绝缘层。

注意：

①切勿对尖嘴钳头部施加过大的压力。
②切勿用尖嘴钳柄当撬棒使用，以免使之弯曲、折断或损坏。
③切勿用尖嘴钳代替扳手来拧紧或拧松螺栓、螺母等，以免损坏其头部棱角。

### 1.3.4 鲤鱼钳

图 1-22 所示为鲤鱼钳示意图，可用以夹紧东西。

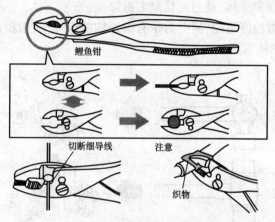

图 1-22 鲤鱼钳使用示意图

使用时通过改变支点上的孔的位置可以调节钳口打开的程度，用钳口夹紧或拉动所夹紧对象，还可在颈部切断细导线。

注意：

在用鲤鱼钳夹紧前，须用防护布或其他防护罩遮盖易损坏件。

### 1.3.5 剪钳

图 1-23 所示为剪钳示意图，由于刀片尖部为圆形，它可用以切割细金属线，或者将选择所需的导线从线束中切下。

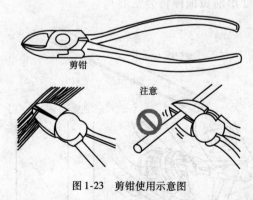

图 1-23 剪钳使用示意图

注意：

不能用以切割硬的或粗的金属线。这样会损坏刀片。

### 1.3.6 锤子

图 1-24 所示为锤子示意图。可通过敲击来拆卸和更换零件,并且根据声音来测试螺栓的松紧度,使用时可根据用途选择不同类型的锤子。

图 1-24 中 1 所示为有球头的锤子,用来敲击有金属头部的零件,例中为通过直接敲击将零件打进去,用以拆卸和更换销子。

图 1-24 中 2 所示为塑料锤,用来敲击有塑料头部的零部件,用于必须避免撞坏零部件的地方,例中为用以分开盖和壳体,通过间接敲击拆卸。

图 1-24 中 3 所示为检修用锤,例中为带有细长柄的小锤子,根据敲击时的声音和振动来测试螺栓和(或)螺母的松紧度。

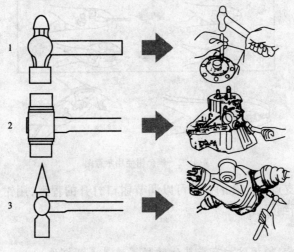

图 1-24 锤子使用示意图

### 1.3.7 黄铜棒

图 1-25 所示为黄铜棒示意图,用来在敲击时防止锤子损坏的支撑工具,用黄铜制成,所以不会损坏零件(因为零件变形前黄铜棒将会变形)。

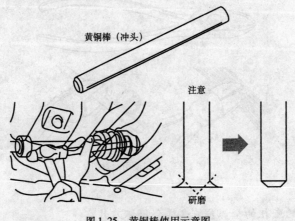

图 1-25 黄铜棒使用示意图

**注意：**

如果尖头变形，用磨床研磨。

### 1.3.8 垫片刮刀

图 1-26 所示为垫片刮刀示意图，用于拆卸汽缸盖垫片、液态密封剂、胶粘物以及表面上的其他东西。

图 1-26 例举了垫片刮刀的工作情况，图 1-26 中 1 说明刮的效果取决于刀片方向：1-（1）由于刀刃切入垫片，刮的效果会更好些，但是，容易刮到表面；1-（2）刀刃未很好地切入垫片，意味着难以获得整齐的效果，但是，被刮的表面未被损坏。

图 1-26 中 2 说明当使用在易于破损的表面上时，刮刀应包裹胶带（除刀片外）。

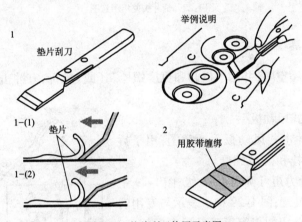

图 1-26 垫片刮刀使用示意图

### 1.3.9 中心冲头

图 1-27 所示为中心冲头示意图，其作用是用以给零件作标记。

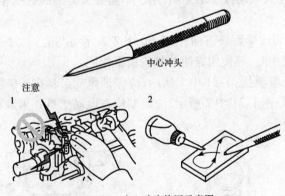

图 1-27 中心冲头使用示意图

### 1.3.10 销冲头

图 1-28 所示为销冲头示意图，用于拆卸和更换销子并调节销子。

图1-28 销冲头使用示意图

### 1.3.11 风动工具

风动工具使用压缩空气,并用于拆卸和更换螺栓和(或)螺母,有冲击式风动扳手、棘轮式风动扳手两类。

#### 1.3.11.1 冲击式风动扳手

图1-29所示为冲击式风动扳手示意图,用于拆装要求较大力矩的螺栓和(或)螺母。

图1-29中1表示力矩可调到4～6级;图1-29中2表示旋转方向可以改变;图1-29中3表示与专用的套筒扳手结合使用,专用的套筒扳手经过专门加工,其特点是能防止零件从传动装置上飞出,切勿使用专用套筒扳手以外的其他套筒扳手。

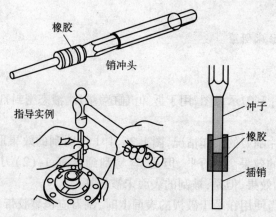

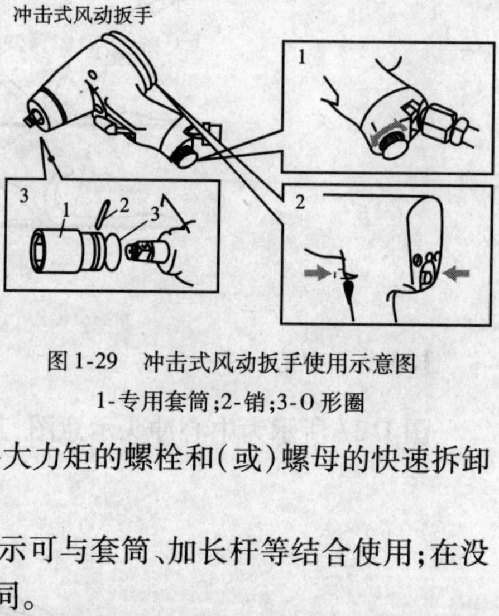

图1-29 冲击式风动扳手使用示意图
1-专用套筒;2-销;3-O形圈

#### 1.3.11.2 棘轮式风动扳手

图1-30所示为棘轮式风动扳手示意图,用于不需要大力矩的螺栓和(或)螺母的快速拆卸和更换。

图1-30中1表示可改变旋转方向;图1-30中2表示可与套筒、加长杆等结合使用;在没有压缩空气的情况下使用时,其使用方法与棘轮扳手相同。

风动工具使用注意事项:图1-31中1所示,应保证风动工具在正确的气压下使用。(正确值:686kPa（7kg/cm²）);图1-31中2所示,应定期检查风动工具并用风动工具油润滑和防锈;

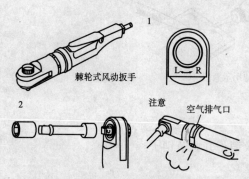

图1-30 棘轮式风动扳手使用示意图

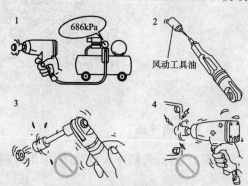

图1-31 风动工具使用注意事项示意图

图1-31中3所示,如果用风动工具从螺栓上完全取下螺母,则旋转力可使螺母飞出;图1-31中4所示,往往先用手将螺母对准螺栓;如果一开始就打开风动工具,则螺纹会被损坏,使用较小的力拧紧,注意不要拧得过紧。最后,使用扭力扳手检查紧固力矩。

### 1.3.12 气门弹簧拆装架

图1-32所示为气门弹簧拆装架示意图。

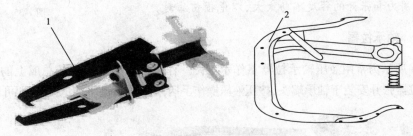

图1-32 气门弹簧拆装架
1-大众汽车专用气门弹簧拆装架;2-通用汽车气门弹簧拆装架

气门弹簧拆装架是一种专门用于拆装顶置气门弹簧的工具,使用时,将拆装架抵住气门,压环对正气门弹簧座,然后压下手柄,使得气门弹簧被压缩,此时可取下气门弹簧锁销或锁片,慢慢地松抬手柄,即可取出气门弹簧座、气门弹簧和气门等。

### 1.3.13 活塞环拆装钳

图1-33所示为活塞环拆装钳示意图。活塞环拆装钳是专门用来拆装活塞环的工具,拆装发动机时,必须使用活塞拆装钳拆装活塞环。

使用时,将拆装钳上的环卡卡住活塞环开口,握住手柄均匀地用力,使拆装钳手柄慢慢地收缩,环卡将活塞环徐徐地张开,使活塞环能从活塞环槽中取出或装入。

使用活塞环拆装钳拆装活塞环时,用力必须均匀,避免用力过猛而导致活塞环折断,同时能避免伤手事故。

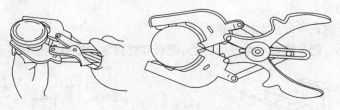

图1-33 活塞环拆装钳

### 1.3.14 轮胎气压表

图1-34所示为轮胎气压表,其作用是测量轮胎的气压。测量时,将轮胎气压表表嘴紧压在轮胎气门嘴上,指针所指示值即为待测轮胎的气压值,测量后,应检查轮胎气门芯的密封性能是否完好。

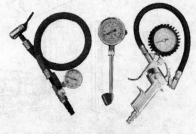

图1-34 轮胎气压表

### 1.3.15 油封取出器

图 1-35 所示为大众汽车专用油封取出器示意图。

使用时,将油封取出器置于油封中,旋转使之张开,将油封拉出即可。

**注意:**

使用时用力和张开的程度不易太大,以免损伤油封。

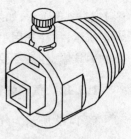

图 1-35 油封取出器

### 1.3.16 轴承拉器

图 1-36 所示为常用液压轴承拉器工作示意图。作用为取出安装在各总成上的轴承,使用时,将轴承拉器张开安装于轴承端头,按压液压操作手柄,拉器将逐渐将轴承拉紧,即可取出轴承。

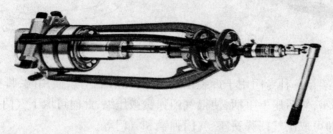

图 1-36 轴承拉器

### 1.3.17 撬棒

撬棒用于撬动部件或部件结合面,还可用于部件整形,使用时将撬棒稳定地支撑于部件某一位置,加力使之旋转或撬起。

### 1.3.18 汽车举升器

图 1-37 所示为三种汽车举升器示意图。其作用是将车辆抬高,以方便汽车维修检测人员能在车下以舒适的姿势工作。

#### 1.3.18.1 车辆在举升机上的设置

如图 1-38 所示,把车辆置于举升器中心,把板和臂固定到维修手册所标示的位置上。

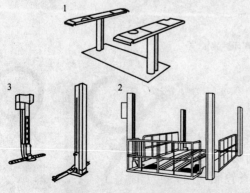

图 1-37 汽车举升器示意图
1-板条型;2-摆臂型;3-4 柱提升型

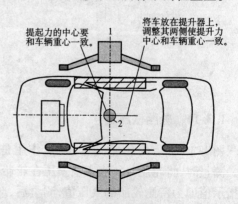

图 1-38 车辆在举升设备上的设置
1-起吊中心;2-重心

**注意：**

①如图 1-39 中 A 所示，对于摆臂型汽车举升器应调整支架直到车辆保持水平为止，始终要锁住臂；

②如图 1-39 中 B 所示，对于 4 柱提升型汽车举升器，应使用车轮挡块和安全机构；

③如图 1-39 中 C 所示，对于板条型汽车举升器应按维修手册所指出的使用板提升附件，注意将板提升附件位置对准车辆被支撑部位，切勿让板提升附件伸出板外。

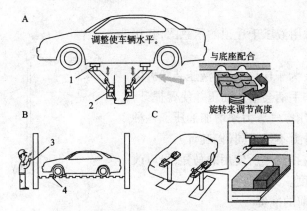

图 1-39　汽车在举升机上设置操作注意事项示意图
1-支架；2-臂锁；3-锁；4-车轮挡块；5-板提升附件
A-摆臂型汽车举升器；B-4 柱提升型汽车举升器；C-板条型汽车举升器

#### 1.3.18.2　汽车的上下升降

如图 1-40 所示，在抬升和降下举升器前要先进行安全检查，并向其他人发出举升器即将起动的信号，一旦轮胎稍离地，即要检查车辆支撑是否合适。

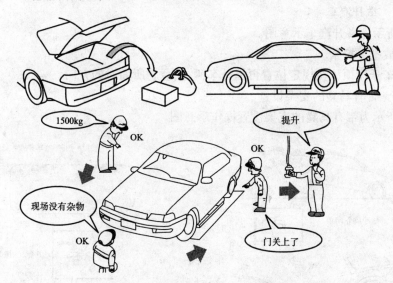

图 1-40　汽车在举升机上升、降操作注意事项示意图

**注意：**

①检查一下除支撑部件外，没有其他部件在现场。

②切勿提升超过举升器提升极限的车辆。

③带有空气悬架的车辆因其结构关系需要特别处理,请参考维修手册说明。
④在提升车辆时切勿移动车辆。
⑤在拆除和更换大部件时要小心,因为汽车重心可能改变。
⑥切勿将车门打开提升车辆。
⑦如果在一段时间内未完成作业,则要把车放低一些。

### 1.3.19 千斤顶

图1-41所示为常用液压千斤顶的示意图,其作用同举升机。

其中图1-41中A为千斤顶,利用液压装置可以提升车辆的一端,操作手柄会增加油压并使臂提升,某些型号的千斤顶使用空气压力来增加油压。各种型号的千斤顶,其提升力不尽相同(以吨计)。

图1-41中B为支撑汽车所使用的马凳,可以改变销的位置来调整高度。

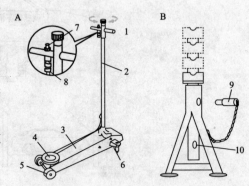

图1-41 千斤顶
1-释放把手;2-把手;3-臂;4-盘;5-滚子;6-小脚轮;7-提升钮(气动型);8-空气软管(气动型);9-销子;10-定位孔

#### 1.3.19.1 使用前的准备

(1)把千斤顶顶面擦拭干净,拧紧液压开关。

(2)在顶升前,要检查车辆举升点、支撑马凳的支撑点是否符合技术要求。

(3)确保马凳调到相同高度,将其放在车辆附近。根据顶起车辆的部位,如果车辆从后面顶升时,则将车轮挡块放在左前轮胎和右前轮胎的前面,否则将其放在相应后轮部位。

#### 1.3.19.2 举升汽车

图1-42所示为举升汽车示意图。

(1)将释放把手拧紧。

(2)把修车千斤顶放在规定位置再提升车辆,注意它所面对的方向。

#### 1.3.19.3 带有马凳的支架设置

图1-43所示为带有马凳的支架设置操作示意图。

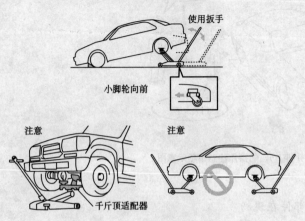

图1-42 举升汽车示意图

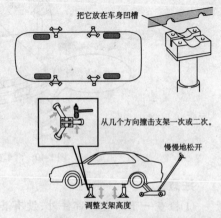

图1-43 带有马凳的支架设置示意图

(1)支架按说明放置,并将马凳上的橡胶槽对准车体。
(2)重新检查架子高度,使车辆处于水平位置。
(3)慢慢地松开释放把手,当荷载放在马凳上时,用锤子慢慢地敲击支架,以检查它们是否都接触地。
(4)在检查后拆除千斤顶。

1.3.19.4 车辆的降下

图1-44所示为车辆的降下操作示意图。
(1)把修车千斤顶放在规定位置,举升车辆,注意其方向。
(2)拆下马凳。
(3)缓慢松开释放把手并轻轻地放下手柄。
(4)当轮胎已完全落地时,使用车轮挡块。

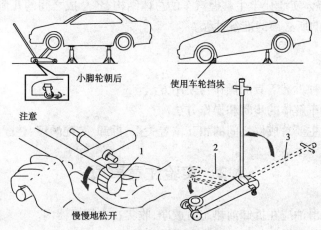

图1-44 车辆的降下操作示意图
1-释放把手;2-臂;3-把手

## 1.4 作 业

(1)常用扳手的类型有哪些?使用时有哪些注意事项?
(2)如何正确使用螺钉旋具?如何正确使用举升机?

## 1.5 考核内容

(1)实际操作套筒扳手。
(2)拆装一道活塞环和一个气门。
(3)正确使用举升机,将汽车车桥顶起,并可靠支撑。

# 第2章 汽车的整车解体

## 2.1 实验的目的和要求

### 2.1.1 实验目的

通过汽车整车解体实验让学生掌握汽车的总体结构、各总成之间的几何及其装配关系,了解汽车检测、维修前的所必须的准备过程。

### 2.1.2 实验要求

(1)熟练掌握各种拆装工具的操作与使用方法。
(2)掌握汽车整车解体的步骤和操作方法。
(3)了解汽车各主要总成件之间的相互位置关系,拆卸、装配顺序、装配标记等。

## 2.2 实验注意事项

(1)各总成的润滑油应在拆卸前热态时放净,收集在专用容器内。
(2)汽车应可靠停在拆卸工位上(地沟或举升器)。
图 2-1 所示为桥式千斤顶支车方法。用千斤顶顶起车身前,应先将着地轮前后两侧用三角木块垫稳。使用安全支架时,要注意车身支撑部位,接触面不平时,应在支架与支点处垫上木块或橡胶块。
图 2-2 所示为用双柱举升器支起汽车时的支点位置。顶举车体时,尽可能将支臂伸出,各支臂长度调节到大致相等,并使车体前后保持平衡。安装支臂时,不要碰到制动管和燃油管。注意双柱举升器只能用于自重小于 2.5t 轿车的举升作业。

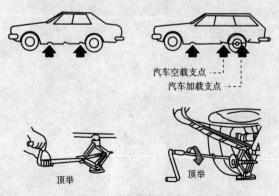

图 2-1 桥式千斤顶支车方法

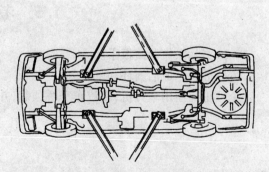

图 2-2 双柱举升器支车方法

(3)将拆装工具及盛装零散小零件的盛具放在汽车周围,准备好数块保护汽车面漆的垫布,以备拆装时清洁使用。

(4)注意观察汽车的总体结构、各总成、部件间的相互关系、安装位置、调整部位及拆装顺序等。

## 2.3 实验使用的工具、设备器材

(1)东风 EQ1090 商用车,凯美瑞 200E、卡罗拉、桑塔纳 2000 乘用车各一辆。

(2)举升设备,轴承顶拔器及各种常用、专用工具。

## 2.4 解体程序

汽车的解体应由遵循由外及里、由附件到总成的顺序进行,并遵循先由整车拆成总成,(如将整车解体为发动机总成、离合器总成、变速器总成、传动轴总成、车桥总成、悬架总成、转向系统总成、制动系统总成、车身总成、汽车电器总成等),然后由总成拆卸成部件,再把各部件拆卸成零件的原则。

### 2.4.1 商用车整车解体程序

(1)拆除车厢与车架连接的 U 形固定螺栓,把车厢吊下。

(2)拆卸全车电气线路、仪表和照明设备,以及蓄电池、起动机、发电机、调节器、点火和信号装置等。

(3)拆卸发动机罩和散热器。拆下发动机罩,拆除散热器与车架连接处的螺母、橡胶软垫、弹簧,橡胶水管、百叶窗拉杆、拉手和百叶窗等,最后拆下散热器。

(4)拆卸叶子板及制动踏板。

(5)拆卸油箱。拆除与油箱连接的油管、带衬垫的夹箍,再把油箱拆下。

(6)拆卸转向盘,拆除驾驶室与车架连接处的橡胶软垫及螺栓、螺母,吊下驾驶室。

(7)将转向摇臂与转向直拉杆分开,拆下转向管柱和转向器。

(8)拆除消声器与排气歧管夹箍的固定螺栓,拆下消声器。

(9)拆除万向节凸缘与变速器、主传动器凸缘接头的连接螺栓及中间支撑,拆下传动轴。

(10)拆除变速器与发动机固定连接处的螺栓,拆下变速器。

(11)拆卸发动机与车架的支撑连接,吊下发动机和离合器。

(12)将车架后部吊起,拆卸驱动桥与车架连接的钢板弹簧和吊耳、驱动桥与钢板弹簧连接的 U 形螺栓,将驱动桥推出车架。

(13)将车架前部吊起,拆卸前桥与车架的连接钢板弹簧及吊耳、前桥与钢板弹簧连接的 U 形螺栓,将前桥推出车架。

### 2.4.2 乘用车整车解体程序

由于乘用车一般采用承载式车身,其解体程序同货车不同,以凯美瑞 200E、桑塔纳 2000 车型为例,说明其具体的拆卸顺序。

#### 2.4.2.1 发动机的拆卸

1) 一般发动机拆卸顺序

不同的车型,从车架上拆下的方法也不同,通常来说,都必须进行下列作业:

(1) 拆下发动机罩。

(2) 拆下蓄电池负极接线柱。

(3) 拆下散热器上、下水管(先放掉冷却液),拆下散热器。

(4) 拆下暖风装置进、回水管。

(5) 拆下各类拉索,如节气门拉线、阻风门拉线、离合器拉线、里表软轴等。

(6) 拆下各类电器配线,如冷却液温度感应塞、机油压力感应塞、发电机、起动机、分电器等的配线。

**注意:**

对于需要重新安装回原来位置的各种插件、零部件、管路,拆卸前须做好记号、标记后再进行拆卸,图2-3所示为做正时记号、电器插体的标记。

拉开电气插座时,应牵拉插座本体,不能拉引线部分,如图2-4所示。

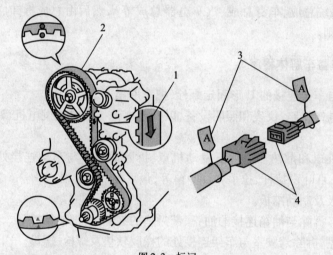

图 2-3 标记

1-箭头标记;2-正时齿形带;3-标签;4-接头

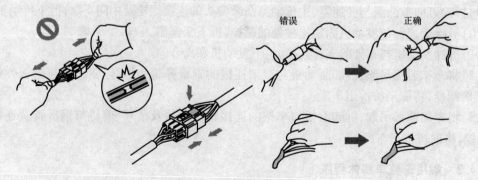

图 2-4 拉插座时的正确方法

(7) 拆下燃油管、真空软管等。

(8) 拆下与发动机相连接的总成和部件:空调压缩机、变速器、排气歧管、发动机支脚等。

(9)吊起发动机时,应从前侧调出,要向各个方向摆动一下发动机,看其是否完全与车体及连接件脱离;然后缓缓吊起,勿让车身及附件受到损伤。

2)凯美瑞200E乘用车发动机的车上拆卸

拆卸发动机时,其具体拆卸顺序可以各不相同,但总是先拆最外围的、相对独立即对其他部位干涉少的附件,将发动机和变速器作为一个整体,从顶部拆卸发动机,需要拆卸发动机罩、散热器、传动轴、变速杆等部件时,推荐如下拆卸方法:

(1)将燃油管路卸压,拆卸燃油泵各连接器。

(2)断开蓄电池负极端子电缆。

(3)让前轮朝向正前方。

(4)拆卸前轮。

(5)拆卸发动机左、右侧下盖。

(6)拆卸前翼子板密封件。

(7)排出发动机机油。

(8)排出发动机冷却液。

(9)排出自动传动桥油。

(10)拆卸刮水器连接杆总成。

(11)拆卸车颈上部外侧板分总成,包括:拆卸左右侧前翼子板至车颈侧密封件、拆卸车颈上部通风器隔栅分总成、拆卸风窗玻璃刮水器电动机和连杆、拆卸车颈上部外侧板分总成、拆卸节气门体。

(12)如图2-5所示,拆卸1号发动机罩分总成。

图2-5 拆卸1号发动机罩

(13)拆卸V形带。

(14)拆卸空气滤清器进气口总成、空气滤清器盖分总成。

(15)松开蓄电池螺栓和螺母,拆卸蓄电池,蓄电池夹具,蓄电池底座。

(16)如图2-6所示,拆卸2号发动机安装支撑件。

(17)如图2-7所示,拆卸螺栓,并断开搭铁电缆,拆卸发动机移动控制杆分总成

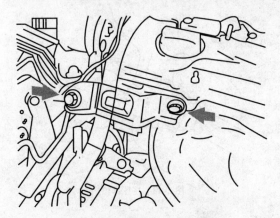

图2-6 2号发动机安装支撑件的拆卸　　图2-7 发动机移动控制杆分总成的拆卸

(18)拆卸 2 号发动机安装支座。
(19)如图 2-8 所示,拆卸夹箍,并断开 1 号真空软管连接器。
(20)如图 2-9～图 2-11 所示,拆卸夹箍,断开发动机与制动助力器、散热器、加热器、机油冷却器、空气滤清器进、出口软管、1 号储油罐到泵软管、回流管分总成的连接。

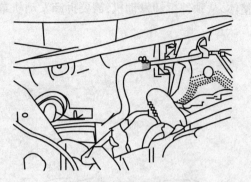
图 2-8　断开 1 号真空软管连接器

图 2-9　断开 1 号储油罐到泵软管

图 2-10　断开回流管分总成

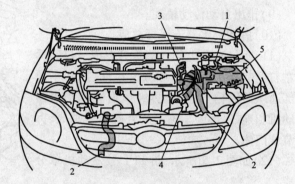
图 2-11　各类软管拆卸示意图
1-制动助力器软管;2-散热器软管;3-加热器软管;4-空气滤清器软管;5-空气滤清器

(21)如图 2-12、图 2-13 所示,拆卸 1 号燃油管夹,断开燃油管分总成,从管上断开连接器的同时,如图所示用手指挤压 A 部分。

图 2-12　断开燃油管分总成

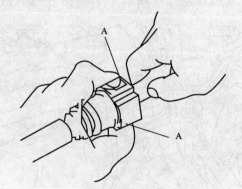
图 2-13　挤压部位

(22)拆卸、断开发动机各类导线、连接器和线束。
(23)拆卸发电机总成。

(24)断开连接器,分离压缩机和带轮,拆卸螺栓并分离压缩机。
(25)如图 2-14 所示,从车下拆卸图示驱动轴、横拉杆端头、后排气管、稳定杆等各总成。

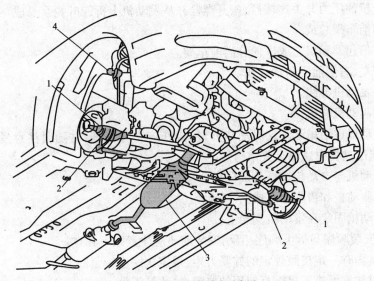

图 2-14 车下拆装总成示意图
1-驱动轴;2-横拉杆端头;3-排气管;4-稳定杆

(26)拆卸前桥左、右侧轮毂螺母。
(27)拆卸左、右侧前稳定杆连杆总成。
(28)拆卸左、右侧前转速传感器
(29)断开左、右侧前悬架下 1 号臂。
(30)分离左、右侧前车桥总成。
(31)分离转向滑叉。
(32)拆卸驱动板和变矩器定位螺栓。
(33)拆卸带有传动桥(变矩器＋自动变速器＋差速器)的发动机总成。
①调整、设置发动机翻转架。
②如图 2-15 所示,安装 2 个发动机吊耳。
③如图 2-16 所示,拆卸 4 个螺栓、2 个螺母,分离车架侧导轨板(左、右两侧)。
④如图 2-20 所示,拆卸 4 个螺栓、2 个螺母,分离前悬架梁后拉条(左、右两侧)。

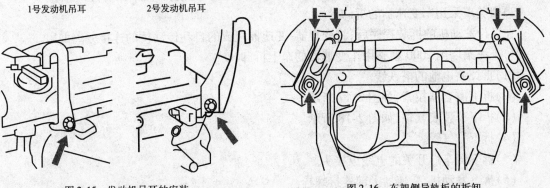

图 2-15 发动机吊耳的安装　　　　　　　图 2-16 车架侧导轨板的拆卸

⑤将起重机或发动机起吊装置把发动机总成微微吊起至钢索受力。

⑥在车上小心拆卸发动机总成的固定螺栓。

(34)断开机油压力开关连接器,松开螺栓并从发动机上拆卸叶轮泵总成。

(35)拆卸前车架总成

(36)稍许抬起发动机总成以便分离前车架。

(37)拆卸左、右侧前驱动轴总成。

(38)拆卸发动机导线。

(39)拆卸起动机总成。

(40)将发动机逐渐吊起。这时动作要慢,操作应十分仔细,并随时注意发动机与外界的联系,以免在起吊过程中碰坏有关结构件。

(41)将发动机与自动传动桥总成分离。

(42)拆卸驱动板和齿圈分总成。

(43)将发动机固定在发动机支架上。

发动机的安装顺序与拆下顺序相反,安装前还应注意以下几点:

(1)安装紧固时一定按照规定的拧紧力矩、规定次序进行紧固。

(2)安装时注意更换不得重复使用的垫圈、垫片等零件。

(3)将发动机吊入支座后,不马上拧紧螺栓,通过摇动发动机而使其位置摆正。

### 2.4.2.2 变速器的拆装

1)变速器的拆卸

不同车型的变速器,其自身结构和安装形式会有所不同,但也有许多共同或相似的地方,一般遵循以下原则:

(1)拆下蓄电池负极接线柱。

(2)放出变速器齿轮油。

(3)拆下传动轴(或前驱动型)的左右半轴。

(4)拆下速度表传动软轴。

(5)拆下离合器工作缸或拉线(对于使用手动变速器的乘用车)。

(6)拆下起动机导线、变速器搭铁线和倒挡灯开关导线。

(7)拆下起动机总成。

(8)拆下变速杆或变速操纵纵杆。

(9)用千斤顶顶起变速器,拆下与发动机连接的螺栓,把变速器向下往后拉出。

2)凯美瑞乘用车变速器的拆卸

在进行发动机的拆装程序后,将变矩器-变速器组成的自动传动桥的连接分离即可。

3)上海桑塔纳2000型乘用车变速器的车上拆卸

(1)拆掉蓄电池的搭铁线。

(2)拆下离合器拉索,如图2-17所示。

(3)拆下车速表软轴,如图2-18所示。

(4)拆下排气管。

(5)拆下倒车灯开关的电线束接头。

(6)拆下发动机-变速器上部连接螺栓。

(7)举起汽车。

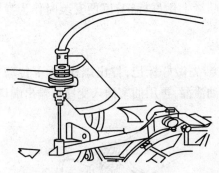
图2-17 拆下离合器拉索

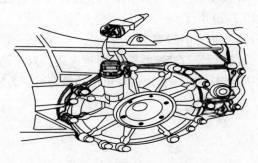
图2-18 拆下车速表软轴

(8)将传动轴从变速器上拆下并支撑好。
(9)旋松变速器控制系统的内变速杆螺栓。
(10)拆下离合器盖板。
(11)拆下起动机。
(12)拆下发动机中间支架。
(13)旋松螺栓并拆下螺栓,拆下变速器减振垫和减振垫前支架。
(14)拆下发动机-变速器下部连接螺栓,使用杠杆将变速器和发动机分开,并拆卸变速器。

4)变速器的安装

变速器安装可参照拆卸时的相反顺序进行。

桑塔纳2000乘用车变速器的安装必须注意以下事项:

(1)传动轴的啮合齿要保持清洁,并薄薄地涂上一层铝润滑脂或铝喷剂加以润滑。后轴承也用铝润滑脂润滑。
(2)安装变速器时,需注意中间板的正确位置。
(3)不得损坏起动机电枢轴。
(4)校准制冷剂管的钢制连接板,并用螺钉拧在一起。
(5)最后拧紧橡胶-金属支撑。
(6)各处紧固螺栓的拧紧力矩(N·m)符合规定。

2.4.2.3 离合器总成的拆卸

对于桑塔纳2000乘用车,离合器总成位于发动机曲轴输出端与变速器输入轴之间,只有拆下变速器或发动机,才可以拆卸离合器。图2-19所示为离合器总成的结构和安装位置。

(1)拆下变速器。
(2)拆下离合器压盘和离合器片。
①将固定螺栓每次旋松一圈,直到弹簧张力消失为止。
②拆下锁止螺栓,取下离合器总成。
(3)自变速器上拆下分离轴承、分离叉和轴承座。先拆下卡环、下轴承和轴承座,再拆下分离叉防尘套。

2.4.2.4 万向传动装置的拆卸

万向传动装置的拆卸比较简单,只要拆开与差速器和变速器的连接及中间支撑即可。本处以桑塔纳2000为例说明其拆卸程序。

(1)拆开与差速器凸缘相连接传动轴后凸缘,在凸缘上做好标记,以便安装时作为参考,如图2-20所示。

(2)拆下中间支撑。

(3)拆开与变速器输出端的连接。对于凸缘连接,先做好标记,拧出螺栓,拆下传动轴。对于花键连接,只需向后抽出传动轴即可。为防止机油泄漏,再用油塞插入变速器输出端口。

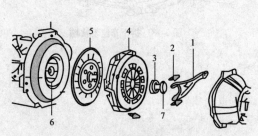

图2-19 离合器总成的结构和安装位置
1-拨叉;2-卡环;3-分离轴承;4-压力板;5-离合器片;6-飞轮;7-分离轴承

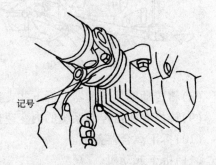

图2-20 拆开与差速器的连接

#### 2.4.2.5 拆卸驱动桥总成

1)凯美瑞200E乘用车驱动桥总成的拆卸

凯美瑞200E乘用车采用的是变矩器、自动变速器、差速器组合在一起的传动桥的形式,其传动桥车上拆下的过程详见2.4.2.1,解体、分解详见相关过程。

2)桑塔纳2000乘用车驱动桥总成的拆卸

(1)拆下半轴及差速器轴承盖紧固螺栓,从变速器壳体上取下半轴、主减速器轴承盖及差速器总成。

(2)拆下行星齿轮轴锁销(或卡簧),取出行星齿轮轴,并转动半轴齿轮,将行星齿轮从差速器壳中取出。拆下半轴齿轮及止推片。

(3)用拉力器从差速器壳上拉出里程表驱动齿轮、差速器轴承,用内拉力器从变速器壳体和差速器轴承盖上向内侧拉出轴承外圈,取出调整垫片,并拆下油封。

(4)拆下主减速器从动锥齿轮与差速器壳间的连接螺栓,压下主减速器从动锥齿轮。

#### 2.4.2.6 悬架的拆卸

详见相关章节。

#### 2.4.2.7 转向系统的拆卸

本章以桑塔纳2000乘用车的转向系统拆卸为例进行学习。

1)拆卸转向盘和转向管柱

转向盘与转向柱的分解如图2-21所示。

(1)拔开转向盘上盖板,拆下转向柱上段上端三角花键紧固螺母、垫圈,取下喇叭按钮盖板,拆卸喇叭按钮及有关线束插件。

(2)拆下转向柱套管的两只紧固螺钉,卸下套管。将转向柱上段往下压,使上段端部凸缘上的两只驱动销脱离转向柱下段,取出转向柱上段。

(3)取下转向柱防尘橡胶圈,松开夹箍的螺栓、螺母、垫圈,便可拆下转向柱下段。在转向盘受到很大冲击力或转向器受力被压向车厢时,位于转向柱上的安全元件被压缩,安全联轴器

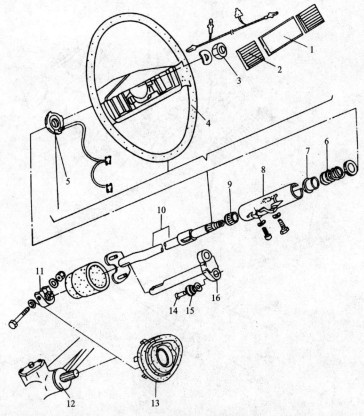

图 2-21 转向盘与转向柱分解图

1-转向盘盖板;2-喇叭按钮盖板;3-转向盘与转向柱紧固螺母 M16(45N·m);4-转向盘;5-接触环;6-压缩弹簧;7-连接圈;8-转向柱套管;9-轴承;10-转向柱上段;11-夹箍;12-动力转向器;13-转向柱防尘橡胶圈;14-转向减振尼龙销;15-转向减振橡胶圈;16-转向柱下段

脱开。

2)动力转向器和转向横拉杆的拆卸

图 2-22 所示为动力转向器和转向横拉杆。

(1)松开转向支架上分别与左、右横拉杆球销连接的防松螺母和齿条的螺母。

(2)分别拆下左、右横拉杆的球头一端。再拆下左、右横拉杆另一端球头螺母,这样分别拆下左、右横拉杆和齿条推力缸。

(3)拆下阀体罩壳的紧固螺栓,拆下阀门罩壳,同时拆下与阀体罩连接的进油管螺母、回油管连接管接头螺栓,拆下进、回油管。松开转向器外壳压盖螺栓,取出补偿弹簧、压块、补偿垫片、密封压座,这样便可抽出转向机构主动齿轮。

3)叶片泵的拆卸

(1)拆下叶片泵上进油、回油软管的紧固螺栓,排放掉叶片泵中的 ATF。

(2)拆下前支架上叶片泵的张紧螺栓。

(3)拆卸后支架上叶片泵的固定螺栓。

(4)松开中心支架上叶片泵的固定螺母和螺栓。

(5)把叶片泵固定在台虎钳上,拆卸滑轮和中间支架。

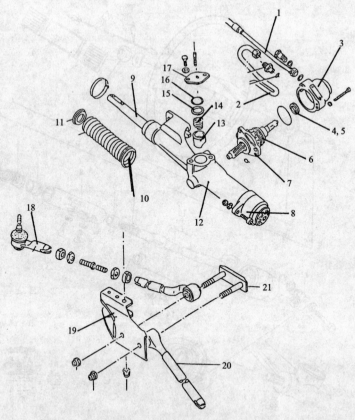

图 2-22 动力转向器和转向横拉杆

1-进油管;2-回油管;3-阀体罩壳;4-密封圈;5-轴承;6-转向机构主动齿轮;7-连接盖;8-密封罩;9-齿条;10-防尘罩;11-固定环;12-转向器外壳;13-压块;14-补偿弹簧;15-补偿垫片;16-密封压座;17-压盖;18-右横拉杆;19-转向支架;20-左横拉杆;21-连接件

这里应当注意,在安装叶片泵时,当用手指压在中间点上时,传动带应有 10mm 的挠度。

4)拆下储油罐

松开储油罐的安装支架螺栓和储油罐进油、回油软管的夹箍,从车上拆下储油罐。

2.4.2.8 制动系统的拆卸

制动系统在车上的拆卸可参照第 16 章相关的内容进行。

## 2.5 作 业

(1)汽车整车解体时的注意事项有哪些?
(2)汽车整车解体的步骤如何?

## 2.6 考核内容

汽车整车解体步骤及工具的使用。

# 第3章 曲柄连杆机构和配气机构的拆装

## 3.1 实验目的和要求

(1)掌握解体发动机的步骤及操作方法,曲柄连杆机构和配气机构及其主要零部件的结构组成及工作原理。
(2)掌握曲柄连杆机构和配气机构解体与装配的方法。
(3)了解主要零部件的装配标记。
(4)掌握活塞环拆装钳、气门弹簧拆装钳等拆装专用工具的操作与使用方法。

## 3.2 实验使用的工具、设备器材

(1)凯美瑞 200E 1AZ-FE 发动机一台。
(2)常用和专用工具各一套。
(3)拆装工作台、零件摆放架。

## 3.3 实验的注意事项及观察要点

(1)注意发动机拆装工具的正确使用方法和安全操作规程,注意拆装顺序。
(2)观察各部位装配记号,拆卸螺栓顺序。
(3)观察各部位间隙的调整(包括曲轴轴向间隙、气门间隙等)。
(4)重点观察正时链传动及可变气门正时机构的结构及工作原理。

## 3.4 实验内容及步骤

发动机曲柄连杆机构、配气机构主要由机体组成,如图 3-1 ~ 图 3-4 所示。
曲柄连杆机构主要由活塞连杆组和曲轴飞轮组组成。其主要作用是构成燃烧室,完成热能-机械能的转化,将动力输出给汽车传动系统,完成进气、压缩、排气等辅助行程。
机体组主要由汽缸体、汽缸盖等组成,活塞连杆组主要由活塞、活塞环、活塞销、连杆等组成,曲轴飞轮组主要由曲轴和飞轮组成。
配气机构主要由气门组、传动组组成,如图 3-1 ~ 图 3-5 所示。其作用是按照发动机的工作顺序和各缸工作循环的要求,定时开启和关闭进、排气门,使可燃混合气(汽油机)或新鲜空气(柴油机)准时进入汽缸,使发动机燃烧后的废气及时从汽缸内排出。
气门组主要有进气门、排气门、气门弹簧等组成,传动组主要由凸轮轴、正时机构、传动链条(或齿轮、带轮)等组成。

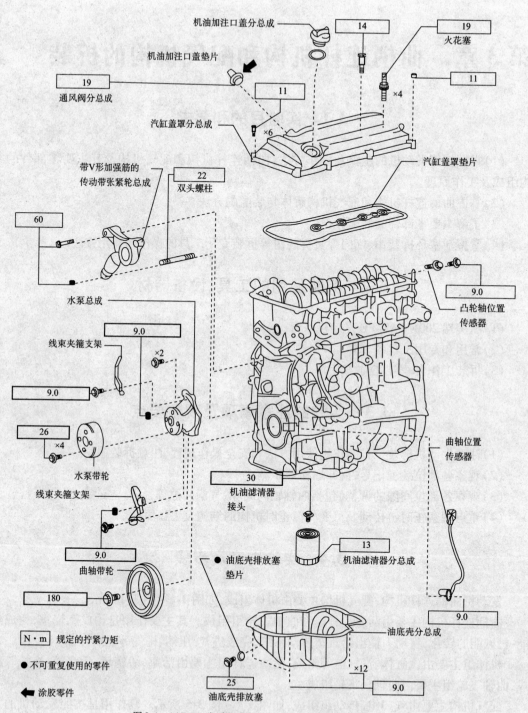

图 3-1 1AZ-FE 发动机曲柄连杆机构、配气机构分解图 1

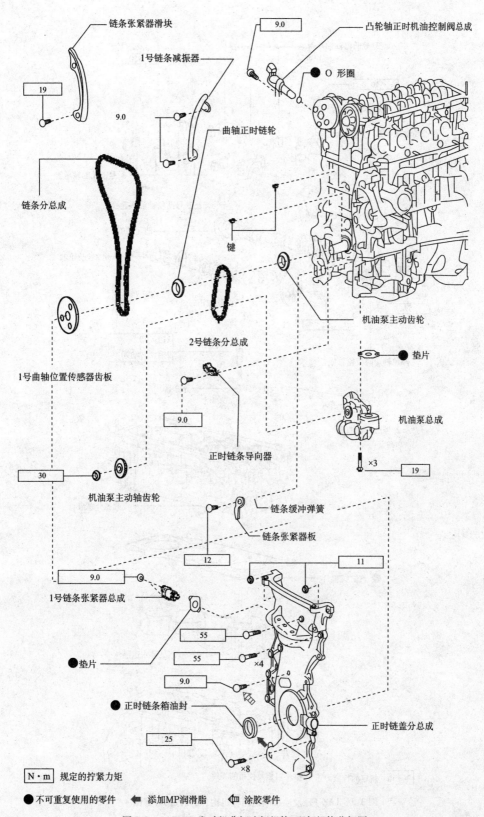

图 3-2 1AZ-FE 发动机曲柄连杆机构、配气机构分解图 2

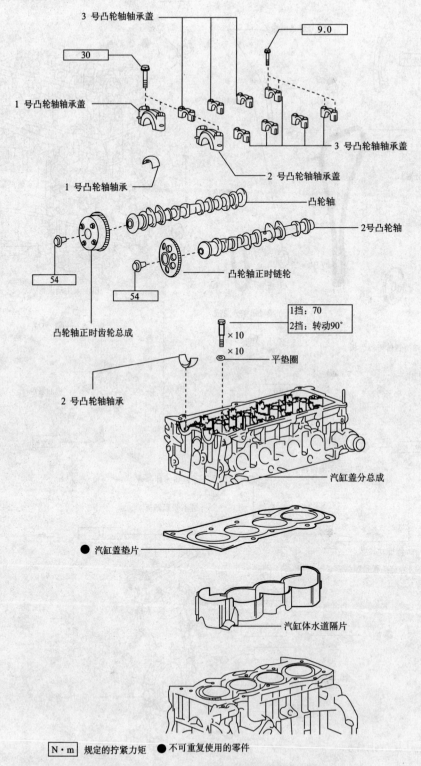

图 3-3　1AZ-FE 发动机曲柄连杆机构、配气机构分解图 3

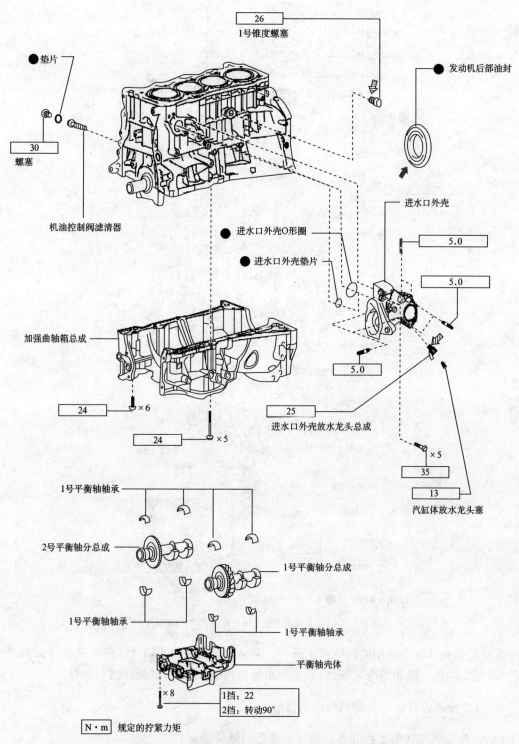

图 3-4　1AZ-FE 发动机曲柄连杆机构、配气机构分解图 4

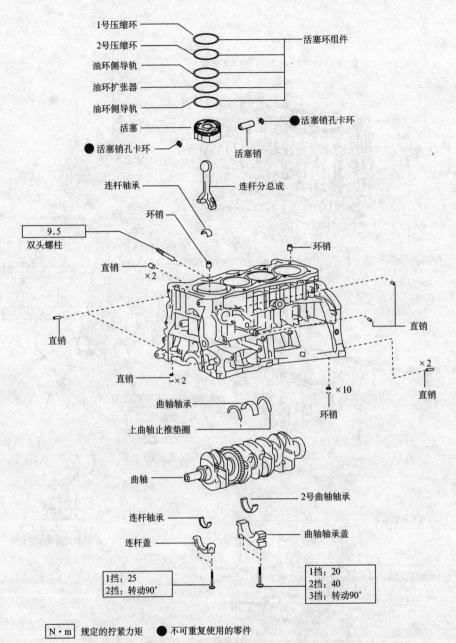

图 3-5　1AZ-FE 发动机曲柄连杆机构、配气机构分解图 5

发动机的解体应在专用的拆装架上进行。解体时应使用专用工具，先拆除发动机的外围附件，放尽发动机内机油和冷却液，然后按照由外到内、由上到下的顺序进行解体。

### 3.4.1　曲柄连杆机构和配气机构的拆卸

（1）从发动机翻转架上拆卸发动机带喷射器的燃油输送管。

（2）如图 3-6 所示，拆卸进气歧管的固定螺栓、螺母和进气歧管；如图 3-7 所示，从进气歧管上拆卸垫片。

（3）拆卸 2 号通风软管。

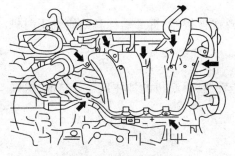
图3-6 进气歧管的拆卸

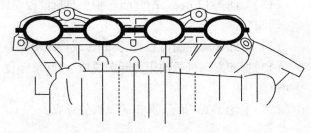
图3-7 进气歧管垫片的拆卸

（4）如图3-8所示，从汽缸体上拆卸1号进气歧管隔圈。

拆卸后如图3-9所示，用精密直尺和塞尺测量、检查进气歧管与汽缸盖接触面的翘曲，最大翘曲值为0.20mm。

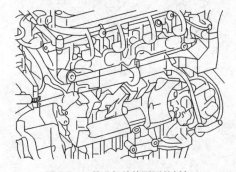
图3-8 1号进气歧管隔圈的拆卸

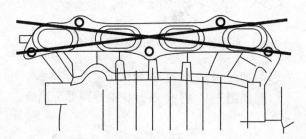
图3-9 进气歧管与汽缸盖接触面的翘曲检查

（5）拆卸驱动轴轴承支架的固定螺栓，卸下驱动轴轴承支架。

（6）拆卸机油液位尺分总成，拆卸螺栓和机油液位尺导管，从机油液位尺导管上拆卸O形圈。

（7）拆卸歧管支撑件。

（8）拆卸排气歧管转化器分总成。

拆卸后如图3-10所示，用精密直尺和塞尺测量、检查排气歧管转化器分总成与汽缸盖接触面的翘曲，最大翘曲值为0.70mm。

（9）拆卸发动机冷却系统的水泵、发动机的进水口、出水口、节温器、冷却液旁通管。

（10）拆卸发动机右侧安装支座。

（11）如图3-11所示，拆卸带V形加强筋的传动带张紧轮总成。

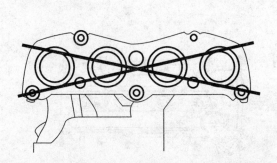
图3-10 排气歧管转化器分总成与汽缸盖接触面的翘曲检查

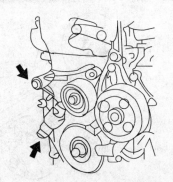
图3-11 传动带张紧轮总成的拆卸

（12）拆卸点火线圈总成。

（13）如图3-12所示,断开凸轮轴正时机油控制阀总成连接器,拆卸螺栓和凸轮轴正时机油控制阀总成。

（14）拆卸爆震控制传感器、拆卸无线设定冷凝器。

（15）拆卸发动机机油压力开关总成、冷却液温度传感器、拆卸机油加注口盖分总成、机油加注口盖垫片。

（16）如图3-13所示,拆卸通风阀分总成。

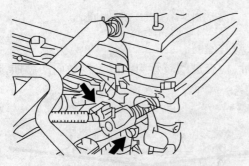 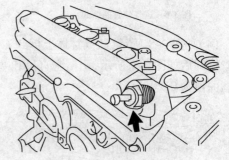

图3-12　凸轮轴正时机油控制阀总成的拆卸　　　图3-13　通风阀分总成的拆卸

（17）如图3-14所示,拆卸火花塞。

（18）如图3-15所示,拆卸机油滤清器分总成。

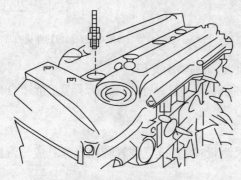 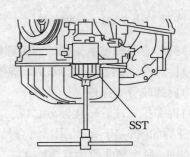

图3-14　火花塞的拆卸　　　图3-15　机油滤清器分总成的拆卸

（19）拆卸机油滤清器接头。

（20）如图3-16所示,断开发动机导线,拆卸 螺栓、螺母、汽缸盖罩、汽缸盖罩垫片。

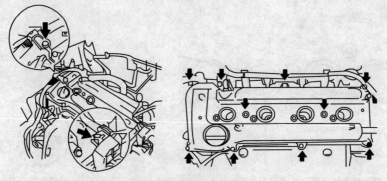

图3-16　汽缸盖罩的拆卸

(21)将1号汽缸置于压缩上止点。
(22)曲轴带轮的拆卸。
①如图3-17所示,用专用工具将带轮固定住,并松开带轮螺栓。
②如图3-18所示,用专用工具拆卸带轮螺栓和带轮。

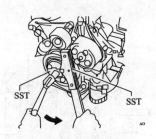 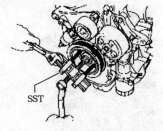

图3-17　松开带轮螺栓　　　　　图3-18　带轮螺栓和带轮的拆卸

(23)如图3-19所示,用刀切掉油封唇部,用胶带包住刀头的螺丝刀撬出正时链条箱油封。
(24)断开曲轴位置传感器连接器,拆下连接器夹箍和线束夹箍,从线束夹箍支架上拆下线束夹箍,拆下螺栓,然后拆下曲轴位置传感器。
(25)如图3-20所示,拆卸凸轮轴定位螺栓、凸轮轴位置传感器。

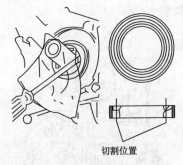 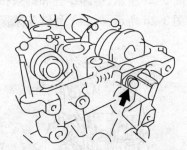

图3-19　正时链条箱油封的拆卸　　　图3-20　凸轮轴定位螺栓和凸轮轴位置传感器的拆卸

(26)拆卸油底壳。
如图3-21所示,拆卸螺栓、螺母,在曲轴箱和油底壳之间插入SST的刀片,切穿密封件并拆卸油底壳。

**注意:**
拆卸时不要损坏曲轴箱、链盖和油底壳的接触表面。
(27)如图3-22所示,拆卸1号链条张紧器总成。须使用链条张紧器转动曲轴。

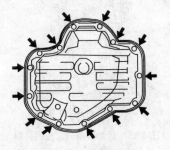 

图3-21　油底壳的拆卸　　　　　图3-22　1号链条张紧器总成的拆卸

43

(28)如图3-23所示,拆卸正时链盖分总成。
(29)如图3-24所示,拆卸1号曲轴位置传感器齿板。

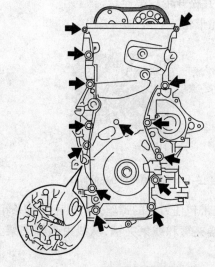
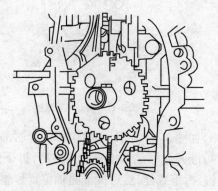

图3-23 正时链盖分总成的拆卸　　　图3-24 1号曲轴位置传感器齿板的拆卸

(30)如图3-25所示,拆卸螺栓和链条张紧器滑块。
(31)如图3-26所示,拆卸1号链条减振器。

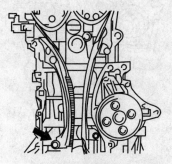

图3-25 链条张紧器滑块的拆卸　　　图3-26 1号链条减振器的拆卸

(32)如图3-27所示,拆卸螺栓和正时链条导向器。
(33)如图3-28所示,拆卸链条分总成。

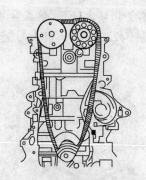

图3-27 正时链条导向器的拆卸　　　图3-28 拆卸链条分总成的拆卸

（34）如图 3-29 所示，拆卸曲轴正时链轮。

（35）2 号链条分总成的拆卸。

①如图 3-30 所示，按逆时针方向转动曲轴 90°，使机油泵驱动轴链轮的调节孔与机油泵的槽对准。

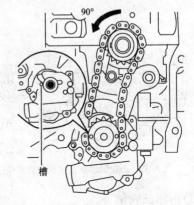

图 3-29　曲轴正时链轮的拆卸　　　　图 3-30　驱动轴链轮调节孔对准机油泵槽示意图

②如图 3-31 所示，将一个直径为 4mm 的金属条插入机油泵驱动轴链轮的调节孔内，将齿轮锁止，然后拆卸螺母。

③如图 3-32 所示，拆卸螺栓、链条张紧器板和弹簧。

④拆卸链条张紧器、机油泵从动链轮和链条。

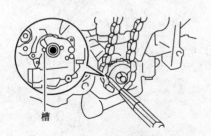
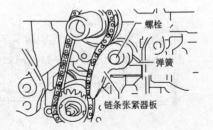

图 3-31　拆卸齿轮锁止螺母示意图　　　图 3-32　链条张紧器板和弹簧的拆卸

（36）如图 3-33 所示，从曲轴上拆卸 2 个带轮定位键。

（37）拆卸 2 号凸轮轴。

①如图 3-34 所示，用扳手稳住凸轮轴时，松开凸轮轴正时链轮的定位螺栓。

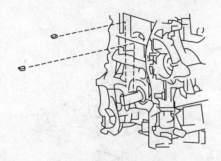
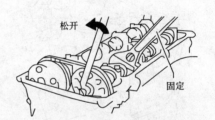

图 3-33　带轮定位键的拆卸　　　图 3-34　松开凸轮轴正时链轮的定位螺栓

②如图 3-35 所示，按图中所示顺序，分步骤均匀松开并拆卸 10 个轴承盖螺栓。

③拆卸轴承盖。
④如图3-36所示,用手稳住2号凸轮轴,拆卸凸轮轴正时链轮定位螺栓。
⑤从2号凸轮轴上拆卸凸轮轴正时链轮。
⑥从正时链条上拆卸凸轮轴正时链轮。

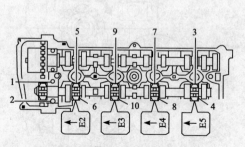

图3-35 凸轮轴轴承盖螺栓的拆卸顺序

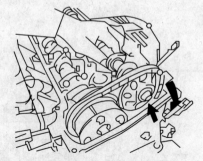

图3-36 凸轮轴正时链轮定位螺栓的拆卸

(38)拆卸凸轮轴。
①如图3-37所示,按图中所示顺序,分步骤均匀松开并拆卸10个轴承盖螺栓。
②拆卸5个轴承盖。
(39)如图3-38所示,拆卸1号凸轮轴轴承。

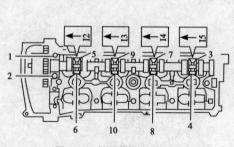

图3-37 轴承盖螺栓的拆卸

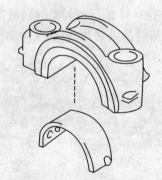

图3-38 1号凸轮轴轴承的拆卸

(40)如图3-39所示,拆卸2号凸轮轴轴承。
(41)如图3-40所示,用台虎钳夹住凸轮轴、拆卸凸轮轴正时链轮的凸缘螺栓,拆卸凸轮轴正时链轮。

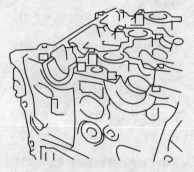

图3-39 2号凸轮轴轴承的拆卸

图3-40 凸轮轴正时链轮的拆卸

(42) 拆卸凸轮轴正时齿轮总成。
①如图 3-41 所示,用台虎钳夹住凸轮轴,并确保凸轮轴正时齿轮不能旋转。
②用聚氯乙烯带盖住所有机油接口,除提前侧接口以外。
③如图 3-42 所示,施加 100kPa 的压力到机油通路上,然后按提前方向(逆时针方向)用手转动凸轮轴正时齿轮。
注意:
用抹布或一块布盖住通路,以防机油溅出。

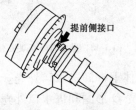 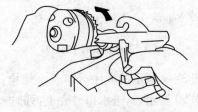

图 3-41 凸轮轴定位　　图 3-42 凸轮轴正时机构机油通路预加压力

④如图 3-43 所示,拆卸凸轮轴正时齿轮的凸缘螺栓。
注意:
不要拆卸其他 4 个螺栓,如果打算重复使用齿轮,要确保在安装齿轮前释放直销锁止。
(43) 如图 3-44 所示,拆卸汽缸盖分总成。
①按图中所示顺序,分步骤用 10mm 双六角套筒扳手均匀松开并卸下 10 个汽缸盖螺栓和 10 个平垫圈。

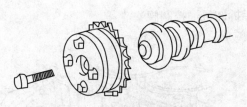 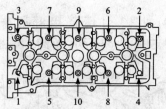

图 3-43 凸轮轴正时齿轮的拆卸　　图 3-44 汽缸盖螺栓和平垫圈的拆卸

②如图 3-45 所示,使用刀头被胶带包住的螺丝刀,在汽缸盖和汽缸体之间撬动,并拆卸汽缸盖。
(44) 如图 3-46 所示,拆卸汽缸盖垫片。

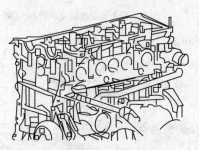 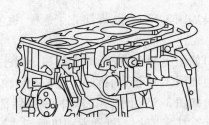

图 3-45 汽缸盖的拆卸　　图 3-46 汽缸盖垫片的拆卸

(45) 如图 3-47 所示,使用尖嘴钳拆卸汽缸体水道隔片。
(46) 拆卸进水口外壳放水龙头总成。

（47）进水口外壳的拆卸。

①如图 3-48 所示,用 E5 套筒扳手拆卸进水口外壳双头螺柱。

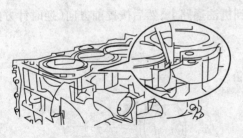
图 3-47 汽缸体水道隔片的拆卸

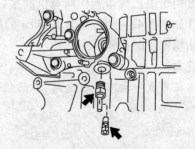
图 3-48 进水口外壳双头螺柱的拆卸

②按如图 3-49 所示的顺序拆卸 5 个螺栓,从汽缸体上拆卸进水口外壳。

③如图 3-50 所示,从进水口外壳上拆卸进水口外壳 O 形圈和进水口外壳垫片。

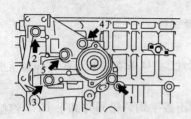
图 3-49 进水口外壳的拆卸

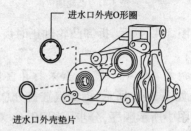
图 3-50 进水口外壳 O 形圈和进水口外壳垫片的拆卸

（48）如图 3-51 所示,用 8mm 套筒扳手拆卸机油控制阀滤清器。

（49）如图 3-52 所示,拆卸 1 号锥度螺塞。

图 3-51 机油控制阀滤清器的拆卸

图 3-52 1 号锥度螺塞的拆卸

（50）如图 3-53 所示,拆卸 3 个螺栓、机油泵和垫圈、拆卸机油泵总成。

（51）如图 3-54 所示,拆卸 1 号和 2 号平衡轴分总成。

（52）如图 3-55 所示,拆卸 1 号平衡轴轴承。

（53）如图 3-56 所示,用刀切掉油封唇部,用刀头被胶带包住的螺丝刀撬出油封,拆卸发动机后部油封。

（54）如图 3-57 所示,按如图所示的顺序,均匀松动并拆卸 11 个螺栓,用螺丝刀在曲轴箱和汽缸体之间撬动,拆除曲轴箱,拆卸加强曲轴箱总成。

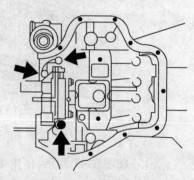
图 3-53 机油泵总成的拆卸

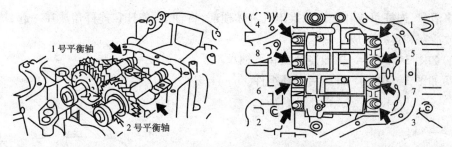

图3-54 1号和2号平衡轴分总成的拆卸

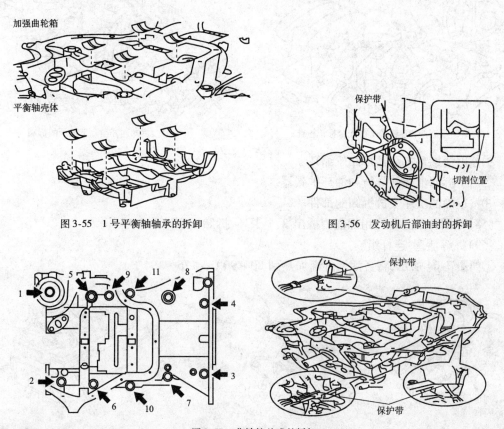

图3-55 1号平衡轴轴承的拆卸　　　　图3-56 发动机后部油封的拆卸

图3-57 曲轴箱总成的拆卸

(55)拆卸活塞-连杆组总成。

①如图3-58所示,用倒角铰刀除去汽缸顶部的所有积炭。

②如图3-59、图3-60所示,检查连杆和连杆盖上的配合标记是否对齐,确保正确装配。

图3-58 清除汽缸顶部积炭

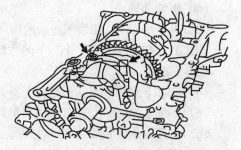

图3-59 松开2个连杆盖螺栓

49

③将活塞、连杆总成和上轴承推出汽缸体顶部,将轴承、连杆和连杆盖放在一起,按正确的次序安放活塞和连杆总成。

(56)如图3-61所示,拆卸连杆盖和下轴承。

(57)如图3-62所示,拆卸活塞环组件。

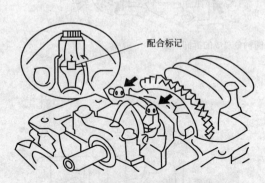

图3-60 连杆和连杆盖上的配合标记检查

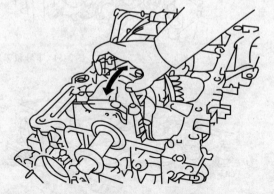

图3-61 拆卸连杆盖和下轴承的拆卸

①使用活塞环扩张器拆卸压缩环。
②用手拆卸油环侧导轨和油环扩张器。
③按正确的次序安放拆卸的部件。

(58)如图3-63所示,用螺丝刀撬出2个卡环,拆卸活塞销孔卡环。

(59)拆解活塞-连杆组。

①如图3-64所示,将各活塞逐渐加热到80~90℃(176~194℉)。

图3-62 活塞环组件的拆卸　　图3-63 活塞销孔卡环的拆卸　　图3-64 加热活塞

②如图3-65所示,用塑料锤和铜棒轻轻敲出活塞销,并拆卸连杆。

**注意:**

活塞与活塞销是配套的,按正确的次序安放活塞、活塞销、活塞环、连杆和轴承。

(60)拆卸曲轴。

①如图3-66所示,按如图所示的顺序,均匀松动并拆卸10个主轴承盖螺栓。
②如图3-67所示,用2个卸下的主轴承螺栓来拆卸5个主轴承盖和5个下轴承。
③拆下曲轴。

(61)如图3-68所示,从汽缸体上拆卸上曲轴止推垫圈。

(62)如图3-69所示,从汽缸体上拆卸5个上主轴承,并按正确的顺序安放轴承。

(63)如图3-70所示,从5个主轴承盖上拆卸5个下主轴承,并按正确的顺序安放。

(64)拆卸双头螺柱。

（65）清洁汽缸体。

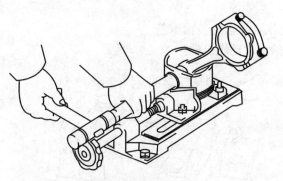

图 3-65 活塞销的拆卸

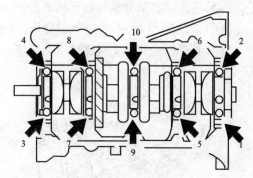

图 3-66 主轴承盖螺栓的拆卸

图 3-67 主轴承盖和下轴承的拆卸

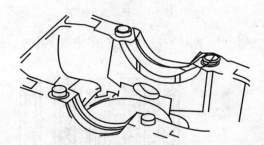

图 3-68 曲轴止推垫圈的拆卸

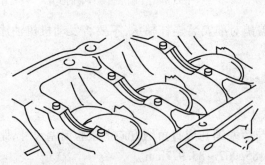

图 3-69 曲轴主轴承的拆卸

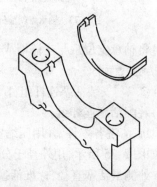

图 3-70 主轴承盖上主轴承的拆卸

### 3.4.2 曲柄连杆机构、配气机构的装配

曲柄连杆机构、配气机构的装配顺序与拆装相反，在此仅简要叙述总体过程和几项注意事项。

#### 3.4.2.1 安装曲轴-飞轮组

（1）将清洗干净的汽缸体倒置于安装支架上，将带有机油槽的上轴承安装到汽缸体上。不要将发动机机油涂抹在轴承和其接触表面上。

（2）将下轴承安装到轴承盖上，安装 2 号曲轴轴承。

（3）将 2 个止推垫圈安装在汽缸体 3 号轴颈下面，且机油槽朝外（图3-71），安装上曲轴止推垫圈（图3-72），轴向撬动曲轴检查其轴向间隙。

(4)将发动机机油涂抹在上轴承上,然后将曲轴安装到汽缸体上。

(5)将发动机机油涂抹在下轴承上。

(6)如图 3-73 所示,检查朝前标记,并在汽缸体上安装轴承盖。

(7)在螺纹上和轴承盖螺栓下面涂抹一薄层发动机机油。

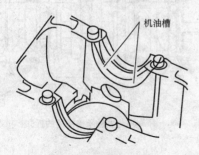 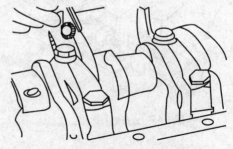

图 3-71 机油槽示意图　　　　　图 3-72 曲轴轴向间隙的检查

(8)如图 3-74 所示,按图中数字序号,连续分 2 步拧紧主轴承盖螺栓。

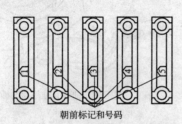 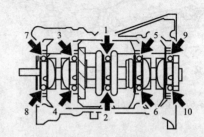

图 3-73 轴承盖朝前标记　　　　图 3-74 主轴承盖螺栓紧固次序

(9)将轴承定位爪与连杆槽或连杆盖槽对准安装连杆轴承,不要将发动机机油涂抹在轴承或其接触表面上。

### 3.4.2.2 安装活塞连杆组件

(1)装配活塞连杆组。

①彻底清洗各零件,并用压缩空气吹干净。

②如图 3-75 所示,用外径千分尺在与活塞销孔成直角的方向上检验活塞尺寸,距活塞顶 44.4mm 处测量活塞直径,标准活塞直径为:85.967~85.977mm。

③如图 3-76、图 3-77 所示,检验活塞环的各部位间隙。

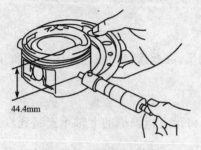 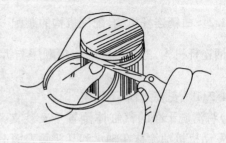

图 3-75 活塞直径的测量　　　　图 3-76 活塞环与环槽侧隙的测量

a. 用塞尺测量新活塞环与活塞环槽壁之间的间隙。

b. 检查活塞环端隙。用活塞将活塞环推入,使其超过活塞环行程底部一点,距汽缸体顶面

110mm,使用塞尺测量端隙。

④安装活塞。

a. 用螺丝刀将新的卡环安装在活塞销孔的一端,确保卡环的末端缺口与活塞上的销孔缺口部分没有对准。

b. 将活塞逐渐加热到 80~90℃（176~194℉）。

c. 如图 3-78 所示,将活塞和连杆的朝前标记对准,并用拇指推入活塞。

d. 用螺丝刀将新的卡环安装在活塞销孔的另一端,确保卡环的末端缺口与活塞上的销孔缺口部分没有对准。

e. 试着在活塞销上前后移动活塞,以检查活塞和活塞销之间的装配情况。

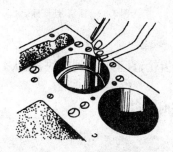 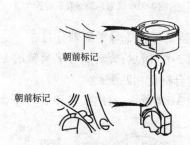

图 3-77 活塞环槽端隙的测量　　　图 3-78 活塞和连杆的朝前标记

⑤安装活塞环组件。

a. 如图 3-79 所示,用手安装油环扩张器和 2 个油环侧导轨。

b. 如图 3-80 所示,用活塞环扩张器安装 2 个压缩环,以使得油漆标记位于如图所示的位置,2 号压缩环代码标志(T)朝上。

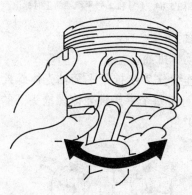 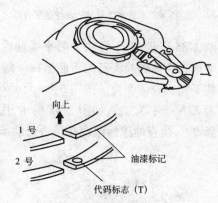

图 3-79 安装油环扩张器和油环侧导轨　　　图 3-80 压缩环标记

(2)放置活塞环,并使活塞环端部安装位置如图 3-81 所示。

(3)将活塞连杆组装入汽缸。将发动机机油涂抹在汽缸壁、活塞和连杆轴承表面,检查活塞环端口的位置,将活塞顶面上的箭头指向发动机的前端(图 3-82),并按缸号的标记依次将组装好的活塞连杆组从汽缸的上端装入汽缸,用活塞环箍压缩活塞环,用锤子木柄将活塞推入汽缸内,使连杆大头落于曲轴连杆轴颈上,按标记扣合连杆轴承盖,并按规定的力矩拧紧连杆螺栓。

(4)安装 1 号平衡轴轴承。安装曲轴箱和平衡轴壳体内的轴承,不要将发动机机油涂抹在轴承和壳体接触表面上,在轴承上涂抹一薄层发动机机油。

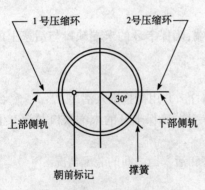
图3-81 活塞环端部安装位置

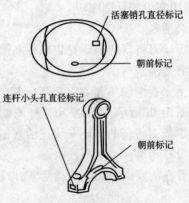
图3-82 活塞、连杆标记

(5)安装1号和2号平衡轴分总成。

①如图3-83所示,旋转1号平衡轴的1号从动齿轮,直至其碰到挡块,确认1号和2号从动齿轮的配合标记相匹配。

②如图3-84所示,对准1号和2号平衡轴的正时标记。

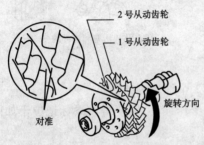
图3-83 1号和2号从动齿轮的配合标记

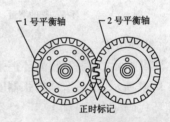
图3-84 1号和2号平衡轴的正时标记

③如图3-85所示,将1号和2号平衡轴放在曲轴上。

④在平衡轴壳体螺栓头部的下面涂抹一薄层发动机机油。

⑤安装平衡轴壳体螺栓。按图3-86所示顺序,连续分2步拧紧平衡轴壳体螺栓,第一步拧紧扭矩为22N·m;第二步,如图3-87所示,用油漆标记每个平衡轴壳体螺栓头部的前侧,将螺栓再拧紧90°,检查油漆标记现在是否与前端成90°角。

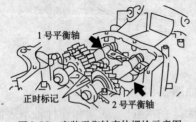
图3-85 安装平衡轴壳体螺栓示意图

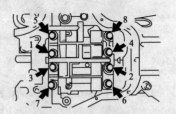
图3-86 螺栓紧固次序

(6)安装加强曲轴箱总成。

(7)安装发动机后部油封。

(8)安装1号锥度螺塞。

(9)安装机油控制阀滤清器,安装机油控制阀滤清器时不要碰到筛网。

(10)安装进水口外壳。将黏结剂涂抹在放水龙头的螺纹上,安装放水龙头,将放水龙头塞安装到放水龙头上。

(11)安装汽缸体水道隔片。

(12)安装汽缸盖垫片。

(13)安装汽缸盖分总成。

(14)安装凸轮轴正时油控制阀总成。

(15)安装凸轮轴正时齿轮总成。

(16)安装凸轮轴正时链轮。

(17)安装1号凸轮轴轴承。

(18)安装2号凸轮轴轴承。

(19)安装1号凸轮轴。

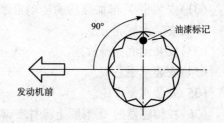

图3-87 用油漆标记每个平衡轴壳体螺栓头部的前侧

在1号凸轮轴的轴颈部分涂抹一薄层发动机机油,检查朝前标记和号码,并检查顺序是否如图3-88所示,然后将轴承盖安装到汽缸盖上,在轴承盖螺栓的螺纹上和头部下涂抹一薄层发动机机油,按图3-89中所示顺序,分步骤均匀拧紧10个轴承盖螺栓。

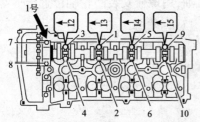 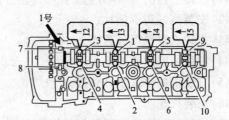

图3-88 1号凸轮轴朝前标记及轴承盖顺序　　图3-89 1号凸轮轴轴承盖螺栓紧固次序

(20)安装2号凸轮轴。

在2号凸轮轴的轴颈部分涂抹一薄层发动机机油,检查朝前标记和号码,并检查顺序是否如图3-90所示,然后将轴承盖安装到汽缸盖上,在轴承盖螺栓的螺纹上和头部下涂抹一薄层发动机机油,按图3-91中所示顺序,分步骤均匀拧紧10个轴承盖螺栓。

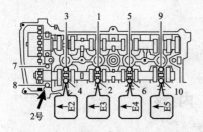 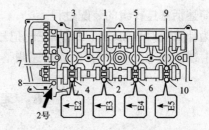

图3-90 凸轮轴朝前标记及轴承盖顺序　　图3-91 2号凸轮轴轴承盖螺栓紧固次序

(21)安装钥匙。

(22)安装2号链条分总成。

(23)安装曲轴正时链轮。

(24)安装1号链条减振器。

(25)安装链条分总成。

(26)安装链条张紧器滑块。

(27)安装正时链条导向器。

(28) 安装 1 号曲轴位置传感器齿板。

(29) 安装正时链条箱油封。

(30) 安装正时链盖分总成。

(31) 安装带 V 形加强筋的传动带张紧轮总成。

(32) 安装油底壳分总成。

(33) 安装油底壳排放塞。

(34) 安装水泵总成。

(35) 安装水泵带轮。

(36) 在传感器的 O 形圈上涂抹一薄层发动机机油,安装曲轴位置传感器,将曲轴位置传感器的夹箍安装到水泵上。

(37) 安装曲轴带轮。

(38) 安装 1 号链条张紧器总成。

(39) 检查气门间隙。

(40) 调整气门间隙。

(41) 在传感器的 O 形圈上涂抹一薄层发动机机油,用螺栓安装凸轮轴位置传感器。

(42) 安装汽缸盖罩垫片。

(43) 安装汽缸盖罩分总成。

(44) 安装机油滤清器接头。

(45) 安装机油滤清器分总成。

(46) 安装火花塞。

(47) 将黏结剂涂抹到通风阀的螺纹上,安装通风阀分总成。

(48) 安装机油加注口盖垫片。

(49) 安装机油加注口盖分总成。

## 3.5 习　题

(1) 简述活塞连杆组的装配过程。

(2) 为什么要对准曲轴和凸轮轴正时记号?

(3) 简述调整气门间隙的"两速快速调整法"。

## 3.6 考核内容

(1) 正确拆装活塞连杆组。

(2) 正确拆装曲轴飞轮组。

(3) 正确拆装气门(选一组气门即可)。

# 第4章 汽油机燃料供给系统的拆装

## 4.1 实验的目的和要求

(1)观察、了解汽油机燃料供给系统的组成、作用和工作原理。
(2)拆装汽油燃料供给系统各组成部件,掌握其结构、工作原理及检测方法。

## 4.2 实验使用的工具、设备器材

(1)拆装工具若干套,丰田拆装专用工具一套。
(2)凯美瑞200E 1AZ-FE、卡罗拉1ZR-FE发动机燃料供应系统泵、拆装实验台。

## 4.3 实验注意事项及观察要点

(1)注意观察燃料供应系统的基本组成、结构和工作原理。
(2)实验时,注意工具的使用方法、拆装的程序,观察主要部件在系统中的位置。
(3)实验中,应学习掌握检测的方法。

## 4.4 实验内容及步骤

汽油机燃料供给系统的组成如图4-1～图4-5所示。主要由燃油箱组件、汽油泵组件、喷油器、燃油管、燃油压力脉动衰减器、控制机构、进排气管组件等组成,其作用是根据发动机工作需要,提供符合发动机工作工况的最佳空燃比的混合气,并将燃烧废气排出缸外。

燃料供给系统的故障率是汽车发动机发生故障较高频率的总成,因此,了解、掌握燃料供给系统的结构、工作原理、拆装、检测是非常重要的。

### 4.4.1 汽油发动机燃油系统的拆卸

(1)断开蓄电池负极端子上的电缆,释放燃油系统压力。
①拆卸后座椅软垫总成。
②拆卸后地板维修孔盖。
③断开燃油泵连接器。
④起动发动机,以在燃油泵不工作状态下排空管路内残留的燃油,即泄压。
⑤发动机停转后,将点火开关关闭。
⑥拆卸加油口盖,以释放燃油箱内的压力。
⑦将电缆从蓄电池负极端子断开。

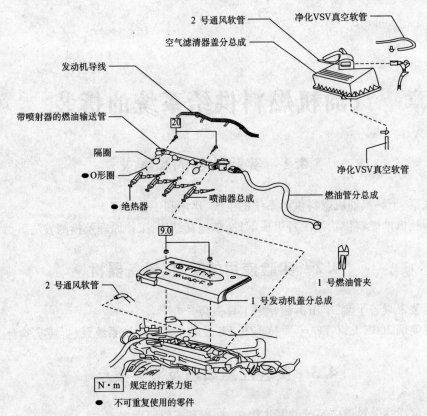

图 4-1 汽油燃料供给系统喷油器组件 1

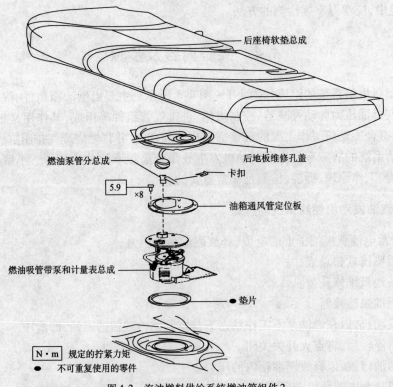

图 4-2 汽油燃料供给系统燃油箱组件 2

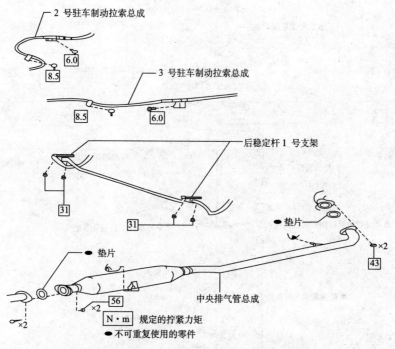

图 4-3 汽油燃料供给系统燃油箱组件 3(含排气管组件)

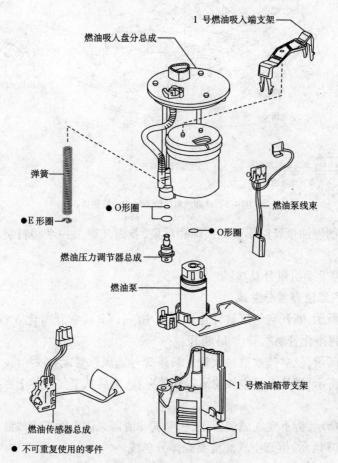

图 4-4 汽油燃料供给系统燃油泵组件 4

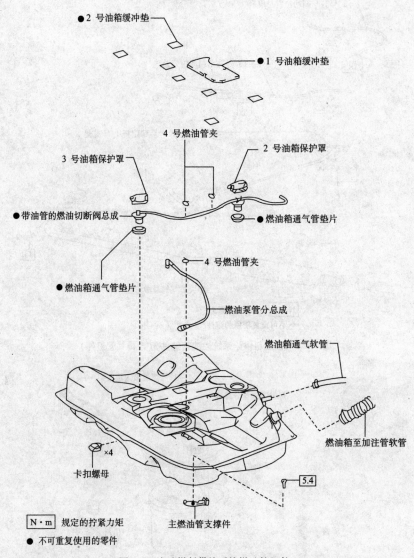

图 4-5 汽油燃料供给系统燃油箱组件 5

⑧为使断开的燃油泵管路不受到损坏和污染,要为其罩上一个塑料袋,在连接处下面,放置一个容器。

(2)拆卸 1 号发动机罩分总成。

(3)拆卸空气滤清器盖分总成。

①如图 4-6 所示,断开空气流量计连接器(*1)和(*2),断开净化 VSV 的 2 根真空软管(*3),从夹箍上将净化管路软管(*4)断开。

②如图 4-7 所示,从空气滤清器软管上断开 2 号通风软管。

③如图 4-8 所示,锁住 1 号空气滤清器软管夹箍,然后从节气门体上断开 1 号空气滤清器软管。

④如图 4-9 所示,拆下空气滤清器盖,从空气滤清器壳体上拆下空气滤清器滤芯。

(4)如图 4-10 所示,拆卸空气滤清器壳体分总成。

(5)拆卸节气门体。

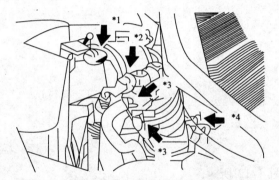

图4-6 空气流量计连接器、净化VSV真空软管断开示意图

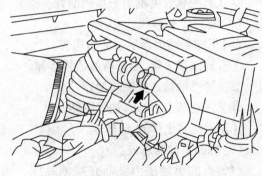

图4-7 断开2号通风软管

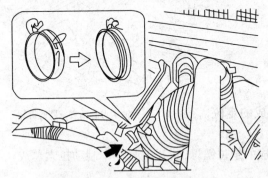

图4-8 断开1号空气滤清器软管

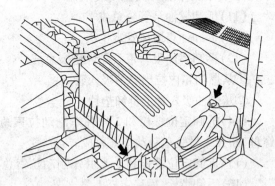

图4-9 拆下空气滤清器滤芯

①断开节气门位置传感器连接器和线束夹箍。
②拆下燃油管路支架和节气门体。
③如图4-11所示，从节气门体上断开净化管路软管、冷却液旁通软管、2号冷却液旁通软管、1号节气门体软管。

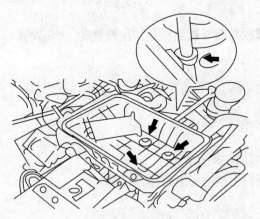

图4-10 拆卸空气滤清器壳体分总成

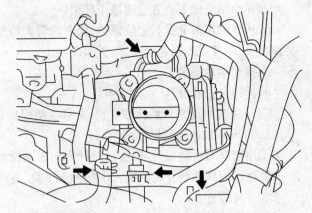

图4-11 断开净化管路软管、冷却液旁通软管、2号冷却液旁通软管、1号节气门体软管

④从进气歧管上拆下垫片。
(6)断开燃油管分总成。
①拆卸1号燃油管夹。
②如果连接器和油管卡在一起，则捏住连接器，并推拉油管使其分离。

③从燃油软管夹箍上分离燃油管。

(7) 断开 2 号通风软管。

(8) 拆卸带喷射器的燃油输送管。

①拆卸线束夹箍,断开喷油器连接器。

②拆卸燃油输送管和喷油器。

③从汽缸盖上拆卸输油管隔圈。

④从汽缸盖上拆卸 绝热器。

(9) 拆卸喷油器总成。

(10) 拆卸燃油压力脉动衰减器总成。如图 4-12 所示,拆卸螺栓和燃油压力脉动衰减器。

(11) 拆卸燃油泵管分总成。

(12) 拆卸油箱通风管定位板。

(13) 拆卸燃油吸管带泵和计量表总成。

①从燃油箱内拉出燃油吸入管。

②从燃油吸入管上拆卸垫片。

图 4-12 燃油压力脉动衰减器的拆卸

(14) 拆卸定位螺栓和 2 号驻车制动拉索总成的定位螺母,断开 2 号驻车制动拉索总成。

(15) 拆卸定位螺栓和 3 号驻车制动拉索总成的定位螺母,断开 3 号驻车制动拉索总成。

(16) 拆卸螺栓、后稳定杆 1 号支架。

(17) 拆卸油箱保护罩中央下部。

(18) 拆卸油箱总成。

①先捏燃油管固定器的凸齿,以使锁止的定位爪脱开,并将其拉下;然后拉出油箱主管,断开燃油泵管路。

②从活性炭罐上断开燃油排放软管。

③在油箱总成下放置变速器千斤顶。

④从燃油箱带上拆卸定位螺栓,松开软管夹箍螺栓并断开燃油箱至加注管软管,松开软管夹箍螺栓,断开燃油箱通气软管,拆卸燃油箱。

⑤拆卸销油箱带。

⑥拆卸卡扣螺母。

(19) 通过滑动来分别拆卸 2 号、3 号油箱保护罩。

(20) 拆卸带油管的燃油切断阀总成。

①用螺丝刀松动定位爪,按逆时针方向转动保护装置,将其卸下。

②在切断阀和垫片之间插入卡扣拆卸工具,逐渐向上推起切断阀,将其卸下。

③分离管夹。

④拆卸通气管垫片。

(21) 拆卸燃油泵管分总成。

(22) 拆卸主燃油管支撑件。

(23) 拆卸 4 号燃油管夹。

(24) 拆卸 1 号、2 号油箱缓冲垫。

### 4.4.2 汽油发动机燃油系统的检测

#### 4.4.2.1 检查燃油泵运行情况和是否漏油

(1)检查燃油泵运行情况。将智能测试仪连接到 DLC3 上,按说明书要求操作、检查燃油入口管内来自燃油管路的压力,检查能否听到燃油箱中燃油流动的声音,如果听不到声音,检查集成继电器、燃油泵、ECM 和接线连接器。

(2)检查是否漏油。
①检查燃油系统各处有无漏油,如果有漏油,根据需要维修或者更换部件。
②关闭点火开关。
③将智能测试仪与 DLC3 断开。

#### 4.4.2.2 检查燃油压力

(1)用电压表测量蓄电池电压,标准电压为 11~14V。
(2)释放燃油系统压力,断开蓄电池负极(-)端子电缆。
(3)从燃油管连接器上拆卸 1 号燃油管夹,从主燃油管上断开燃油软管。
(4)如图 4-13 所示,用 SST 安装 SST(压力表)和燃油管连接器。
(5)擦净汽油,重新将电缆连接到蓄电池负(-)极端子上。
(6)用智能测试仪与 DLC3 测量燃油压力,燃油压力应为 304~343kPa,如果压力高,更换燃油压力调节器,如果压力低,则检查燃油软管、连接器、燃油泵、燃油滤清器和燃油压力调节器。
(7)将智能测试仪与 DLC3 断开。
(8)起动发动机,测量急速时的燃油压力,燃油压力应为 304~343kPa。
(9)停止发动机,检查并确保发动机停止后,燃油压力可以保持规定值达 5min,燃油压力为 147kPa 或更高,如果燃油压力不符合规定,则检查燃油泵、压力调节器和(或)喷油器。

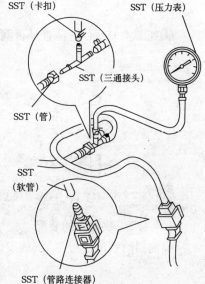

图 4-13 压力表和燃油管的连接

(10)检查燃油压力后,从蓄电池负极(-)端子上断开电缆,并小心地拆卸 SST,以防止汽油溅出。
(11)重新连接主燃油管(燃油管连接器)。
(12)将 1 号燃油管夹安装到燃油管连接器上。

### 4.4.3 汽油发动机燃油系统的装配

汽油发动机燃油系统的装配过程与拆卸过程相反,在此不再赘述。

### 4.4.4 喷油器的检测与装配

#### 4.4.4.1 喷油器的检测

(1)如图 4-14 所示,测量喷油器端子之间的电阻,20℃(68℉)时为 11.6~12.4Ω。

(2)检查喷油器的喷油量。

①如图4-15所示,连接SST(燃油管连接器)到SST(软管),然后将其连接到燃油管(车辆侧),将O形圈安装到喷油器上。

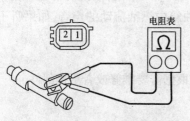
图4-14 喷油器端子之间的电阻的测量

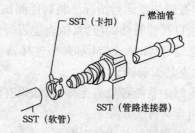
图4-15 燃油管与SST(软管)的连接

②如图4-16所示,将SST(接头和软管)连接到喷油器上,并用SST(夹箍)夹住喷油器和接头。

③如图4-17所示,将SST(导线)与喷油器和蓄电池连接15s,并用量筒测量喷油量。检测每个喷油器2~3次。标准喷油量为每15s喷油76~92cm$^3$,各喷油器之间的标准差值为16cm$^3$或更少。

④如图4-18所示,检查是否漏油,漏油量应为每分钟少于一滴燃油。

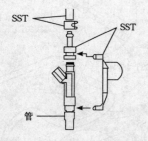
图4-16 SST(接头和软管)与喷油器的连接

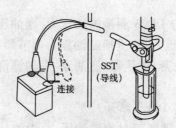
图4-17 喷油器喷油量的检测

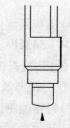
图4-18 喷油器漏油检测

4.4.4.2 喷油器的装配

喷油器的装配过程与"汽油发动机燃油系统拆卸"相关内容相反,在此不再赘述。

## 4.5 作 业

(1)汽油机燃料供给系统由哪些部件组成?

(2)输油泵拆装顺序如何?

(3)喷油器的拆装顺序如何?检测项目有哪些?

## 4.6 考核内容

(1)燃料供给系统的拆装,并说明各部分名称、作用。

(2)输油泵的拆装。

(3)常用工具的使用方法。

# 第5章 柴油机燃料供给系统的拆装

## 5.1 实验的目的与要求

(1)了解柴油机燃油供给系统的组成、作用与工作原理。
(2)了解如何在发动机上调整喷油泵的装机正时以及装机正时对发动机性能的影响。
(3)了解喷油泵、调速器、喷油器的基本结构与工作原理。

## 5.2 实验使用的设备与工具

(1)通用工具,喷油泵齿轮专用顶拔器(VE泵、P型泵),VE泵预行程调整仪。
(2)发动机翻转台架、装有VE泵的发动机、装有P型泵的发动机。
(3)A型泵、VE型分配泵若干,专用拆装工具。
(4)共轨燃油系统专用拆装工具。

## 5.3 实验注意事项及观察要点

(1)注意观察基本组成,燃油管路的布置,控制原理,喷油器的开启压力调整方法。
(2)各缸的分泵元件必须分别摆放。
(3)注意共轨系统高压燃油会导致人身伤害。

## 5.4 拆装方法与步骤

### 5.4.1 拆装直立式(A型)喷油泵

#### 5.4.1.1 从发动机上拆卸喷油泵

(1)准备工作。清理脏物,拆下所有燃油管,拆下控制连接杆,拆下电磁线圈。
(2)用专用工具转动发动机,确定第一缸的TDC(压缩上止点)位置。缓慢转动曲轴的同时,把TDC正时销推入凸轮轴齿轮的孔中,如图5-1a所示。注意确保在确定TDC位置后退出TDC正时销。
(3)拆下齿轮盖检修帽 从喷油泵轴上拆下螺母和垫圈。用专用燃油泵齿轮顶拔器,将喷油泵驱动齿轮从轴上松开。对装有PES6P喷油泵的发动机,必须拆下喷油泵支架,如图5-1b、c所示。
(4)拆下喷油泵法兰上的装配螺母,拆下喷油泵,如图5-1d所示。

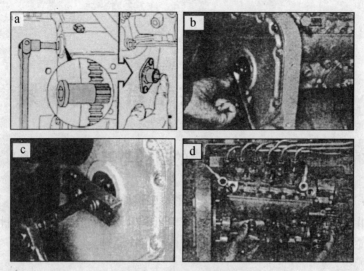

图 5-1　在发动机上拆卸喷油泵

### 5.4.1.2　喷油泵的分解与组装

A 型泵分解专用工具如图 5-2 所示。图 5-3 所示为 A 型泵分解图。

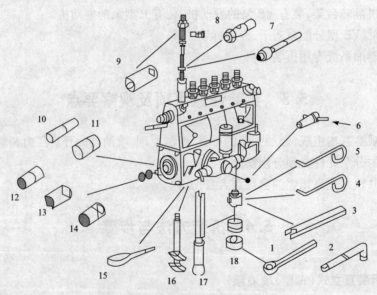

图 5-2　A 型泵拆装工具

1-棘轮手柄；2-L 形手柄；3-滚轮体夹（A 泵）；4-滚轮体保持器（9mm 升程）；5-滚轮体保持器；6-扳手；7-出油阀顶拔器；8-出油阀密封圈导向；9-22mm 长套筒；10-油封导向；11-油封导向；12-14mm 套筒；13-17mm 套筒；14-19mm 套筒；15-弹簧夹持器；16-柱塞夹持器；17-滚轮体插件；18-专用工具

（1）A 型泵的分解。

①将喷油泵紧固在翻转架上。

②将扳手固定在提前器上，然后用套筒扳手拆卸圆螺母，将取出器装在提前器上，拆下提前器。

③将联轴器装在凸轮轴上。

④松开两个螺栓 3，拆下窗口盖板 2，松开螺母 21，卸下输油泵。

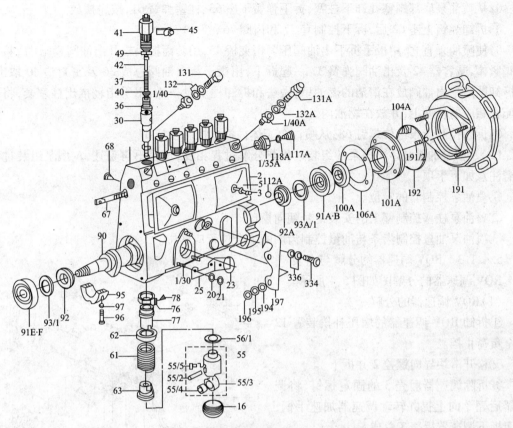

图 5-3 A 型泵分解图

1-泵体元件;2-窗口盖板;3-螺栓;5-平垫片;16-螺塞;20-弹簧垫片;21-螺母;23-O 形圈;25-支架;30-柱塞;36-出油阀;37-出油阀弹簧;40-密封垫 41-出油阀紧帽;42-减容器;45-夹板;49-O 形圈;55-挺柱;56/1-密封垫;61-柱塞弹簧;62-弹簧上座;63-弹簧下座;67-齿杆;68-定位螺钉;76-齿圈;77-油量控制套;78-螺钉;90-凸轮轴;91-轴承;92-轴套;93-垫片;95-中间轴承;96-螺钉;97-密封垫片;100A-油封;101A-轴承座;104A-螺钉;112A-半圆键;106A-调整垫片;117A-螺钉;118A-密封垫;131-紧油螺钉;131A-回油螺钉;132-密封垫;191-法兰;192-O 形圈;194-平垫片;195-弹簧垫片;196-螺母;197-支架;334-润滑油进油螺钉;336-密封垫片

⑤转动凸轮轴90,直到挺柱55位于上止点位置为止。把挺柱保持器插入挺柱上的小孔中,抬起挺柱,隔开挺柱与凸轮轴。对螺栓调整型挺柱,把挺柱保持板插在挺柱调整螺栓与锁紧螺母之间。

⑥拆去调速器。

⑦用木槌轻轻敲击调速器壳,使其与喷油泵壳体分开。

⑧将喷油泵侧放,并用 L 形手柄拆下螺塞16。用螺丝刀拆下固定中间轴承95用的螺钉96。

⑨将喷油泵垂直地装在万向翻转台上,从凸轮轴上拆下联轴器。

⑩转动凸轮轴直到其驱动侧键槽朝向正上方。然后把油封导套装在凸轮轴90上。用扳手拆下螺栓,用木锤从调速器侧轻敲凸轮轴端,用螺丝刀拆下轴承座101A。从驱动侧一边拆卸凸轮轴及中间轴承。

⑪再次把喷油泵侧放,将挺柱插入器插进底部螺塞孔内,用挺柱插入器推动挺柱55,同时拆下挺柱保持器,经轴承端盖孔将夹具插入泵内,卡住挺柱并将其从喷油泵壳体卸下。

⑫从喷油泵底部螺塞孔卸下柱塞,拆下弹簧下座63、柱塞弹簧61,按序摆放。

⑬拆卸弹簧上座62后,拆下控制套77和齿圈76。

⑭使喷油泵直立,用扳手拆下出油阀压紧帽夹板45,用套筒扳手松开出油阀紧帽41,将出油阀紧帽、减容器42及出油阀弹簧37一起拆下,用镊子将出油阀总成36及密封垫40取出,按拆卸顺序把出油阀放在清洁的燃油里,做法和拆卸柱塞时一样,用手指轻推出柱塞套,将其装配在相应的柱塞上,并放在燃油内。

⑮拆卸控制齿条定位螺钉68,从喷油泵壳体内抽出控制齿杆67。

(2) A 型泵的组装。A 型泵的组装过程与分解过程相反,这里不再赘述,A 型泵组装过程中需注意如下事项:

①喷油泵控制套的定位。

②喷油泵柱塞控制壁上的安装记号朝向窗口。

③喷油泵油量控制齿条与油量控制齿圈的啮合位置应居中。

#### 5.4.1.3 RQV 调速器的分解与组装

RQV 调速器的分解图如图 5-4 所示。

(1) RQV 调速器的分解。

①拆卸 RQV 调速器的增压补偿装置 12 或全负荷止挡。

②松开滑块导向螺栓 2 并拆下。

③拆除调速器后壳 3 的固定螺钉,将调速器后壳 3 向上提并转动调速器加速手柄,从而拆下调速器后壳 3 总成。

④松开调速器杠杆 11 与齿杆连接杆 10 销上的卡簧,向后摆动调速器杠杆 11 使其成水平状态,向后拉出调速器杠杆,取出导向块 4,用一个皮筋将齿杆连接杆 10 挂住,防止安装动凸轮轴时,引起齿杆连接杆和齿杆变形。

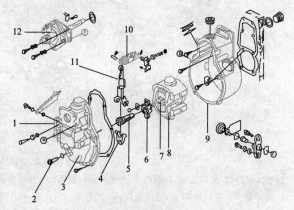

图 5-4 RQV 调速器分解图
1-速度调节手柄;2-导向螺栓;3-调速器后壳;4-导向块;5-滑套;6-滑套导向装置;7-传动销;8-飞锤组件;9-调速器前壳;10-齿杆连接杆;11-杠杆;12-增压补偿装置

⑤取掉滑套 5 与飞锤组件 8 的传动销 7 上的卡簧,转动凸轮轴使传动销 7 处于垂直位置,向上取出传动销 7,取出滑套 5。

⑥松开滑套导向装置 6 的固定螺钉锁片,旋出固定螺钉,取出滑套导向装置 6。

⑦用专用工具松开飞锤组件 8 的固定螺母,使用专用拉拔器拉出飞锤组件 8。

⑧用专用工具拆卸飞锤弹簧预紧力调整螺母,可取出调速器弹簧组件,注意将两个飞锤内的弹簧组件分别摆放。

(2) RQV 调速器的组装。RQV 调速器的组装过程与拆卸过程相反,不再赘述。组装过程中需作如下测量:

①弹簧预紧力的设定。安装弹簧组件时,使得两个飞锤的弹簧预紧力调整螺母上平面到导向螺栓平面顶端的距离为 1mm,如图 5-5 所示。

②飞锤轴向定位。调整调整垫片的厚度,保证飞锤能相对于调速器轴套相对转动但无轴向窜动,如图 5-6 所示。

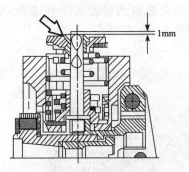

图 5-5 弹簧预紧力

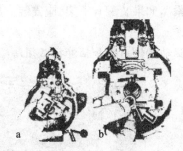

图 5-6 飞锤的轴向定位

③曲线导向板的位置。曲线导向板的位置会影响调速器的杠杆比,在装配时需进行曲线导向板位置的测量。在滑动塞导向销处于曲线导向板最大位置时,需保证导向销中心线到调速器壳体接合面间的距离符合设计要求。具体测量如图5-7所示。

④滑套尺寸(俗称滑套位置)。滑套尺寸同样会影响调速器的杠杆比,所以在装配时需对其尺寸进行调整,调整以后用专用量规检查,专用量规卡在滑套与导向块连接槽内,其规脚正好与调速器壳体接触,如图5-8所示。此外,安装时需注意滑套传动连接有无间隙、导向块及滑动塞的方向。

图 5-7 曲线导向板的位置

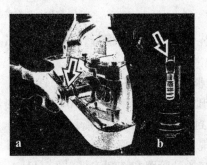

图 5-8 滑套尺寸

### 5.4.1.4 A型泵装配到发动机上

(1)确保发动机的第一缸在压缩上止点。

(2)拆下喷油泵调速器壳体上正时销堵塞,拆下正时销,转动喷油泵轴,使得正时销与正时指针对正,将正时销反过来,使正时销的槽口卡在喷油泵的正时指针上,安装正时销堵塞,如图5-9所示。

图 5-9 喷油泵的正时销

(3)确保机油油孔和定位盘上的O形密封圈安装正确,且没有损坏,用清洁的机油润滑安装法兰,使喷油泵轴滑动进入驱动齿轮,把喷油泵法兰放置到装配螺柱上,装配螺母并按规定拧紧力矩拧紧。如果装配有支架,应安装支架,如图5-10a、b所示。

**注意:**

燃油泵驱动齿轮内径和轴外径必须洁净并且干燥,然后才能安装齿轮。

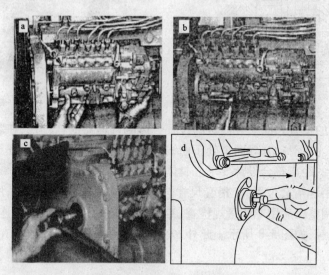

图5-10 在发动机上安装A型泵

(4)安装驱动齿轮固定螺母和垫圈,如图5-10c所示。

**注意:**

为防止损坏正时销,不要超过规定的力矩。这不是固定螺母的最终力矩。

(5)退出发动机正时销(图5-10d),拆下喷油泵正时销堵塞,将正时销掉头安装,安装正时销堵塞和密封垫圈,如图5-11a所示。

(6)按规定力矩拧紧喷油泵驱动齿轮螺母。

(7)安装燃油管路和控制连杆(图5-11b)。

**注意:**

发动机运转前必须事先润滑调速器室,如不能事先润滑,会使调速器过早磨损。

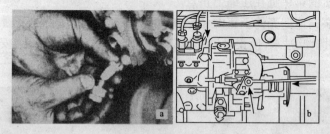

图5-11 在发动机上安装喷油泵

### 5.4.2 VE分配泵的拆装(以CUMMINS B系列发动机为例)

#### 5.4.2.1 从发动机上拆卸VE分配泵

(1)按住柴油机上的正时销(正时齿轮室靠近分配泵处),缓慢地转动曲轴,以确定第一缸压缩冲程上止点的位置。当正时销插入凸轮轴齿轮上的孔时,第一缸处于压缩冲程的上止点

(与 A 型泵拆卸一样)。

(2)拆下分配泵驱动轴盖,将分配泵传动轴齿轮螺母拧松几圈。

(3)用齿轮顶拔器拉出齿轮直到端面与螺母相靠,然后卸下顶拔器和螺母(与 A 型泵相似)。

(4)松开全部喷油器的高压油管接头,卸下分部油管,并用塑料保护罩罩住分配泵出油接头和喷油器进油接头,从分配泵上卸下进油接头和回油接头,并用塑料保护罩罩住。

(5)拆开排气制动和速度控制杆拉索,以及电磁式停油阀导线。

(6)在支撑分配泵质量后,从分配泵法兰上拆掉紧固螺母(与 A 型泵相似),然后从柴油机上拉出分配泵。

#### 5.4.2.2 分配泵的分解。

分配泵的分解图如图 5-12 所示,分配泵的分解次序如下:

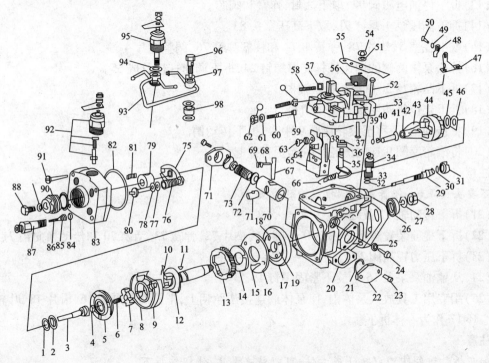

图 5-12 VE 型分配泵分解图

1-垫片;2-槽形垫片;3-柱塞;4-调整垫片;5-凸轮盘;6-弹簧;7-联轴器;8-滚轮;9-滚轮座圈;10-减振块;11-键;12-传动轴;13-传动齿轮;14-垫片;15-紧固螺钉;16-输油泵泵盖;17-偏心环;18-滑片;19-叶轮;20-泵体;21-O 形圈;22-盖板;23-星形螺钉;24-支撑螺钉;25-密封垫片;26-油封;27-弹簧垫片;28-螺母;29-调速器飞锤轴;30-O 形圈;31-锁紧螺母;32-O 形圈;33-O 形圈;34-压力控制阀;35-加速轴;36-垫片;37-油封;38-泵盖油封;39-堵头;40-卡簧;41-滑套;42-飞锤垫片;43-飞锤;44-飞锤支架;45-垫片;46-成形垫片;47-夹箍座;48-压板;49-垫片;50-螺钉;51-弹簧垫圈;52-螺钉;53-泵盖;54-螺母;55-速度控制杆;56-复位弹簧;57-螺钉;58-高速限位螺钉;59-O 形圈;60-全负荷调节螺栓;61-垫片;62-螺母;63-弹簧挂座;64-减振弹簧;65-调速杠杆总成;66-调速弹簧;67-传动销;68-定位销;69-锁夹;70-活塞;71-传动换向销;72-调整垫片;73-提前器弹簧;74-盖板;75-柱塞弹簧下座;76-柱塞弹簧;77-柱塞弹簧上弹簧座;78-垫片;79-油量控制套;80-弹簧导向杆;81-支撑弹簧;82-密封圈;83-泵头;84-出油阀片;85-出油阀;86-出油阀弹簧;87-出油阀紧座;88-螺钉;89-垫片;90-螺塞;91-垫片;92-停油电磁阀;93-回油管;94-密封垫片;95-回油电磁阀;96-进油螺钉;97-垫片;98-垫圈

(1)让喷油泵处于水平位置。

(2)旋下回油电磁阀 95(或回油接头)及进油螺钉 96,拆下回油管 93。

(3)从速度控制杆 55 上拆下螺母 54,弹簧垫圈 51。

(4)在速度控制杆 55 和加速轴 35 上做对准记号。

(5)拆下速度控制杆 55 和扭力复位弹簧 56。

(6)拆下泵盖上的槽头螺钉 52,取下泵盖 53,再用木锤轻轻敲击加速轴 35 的端部,将加速轴拆下。

(7)从调速杠杆总成 65 上取下调速弹簧 66 和减振弹簧 64。

(8)拆下调速器飞锤轴 29。

(9)拆下滑套 41、垫片 42、飞锤 43、飞锤支架 44。然后取下垫片 45 和 46。

(10)使喷油泵处于垂直位置。

(11)拆下螺塞 90。

(12)拆卸出油阀紧座 87、弹簧 86、出油阀 85 和垫片 84 并分别摆放。

(13)拆下停油电磁阀 92,取下油封、弹簧和阀芯。

(14)拆下高压泵头螺钉 91,取下高压泵头 83。

(15)取下柱塞 3、垫片 78、弹簧座 77 和柱塞弹簧 76、调整垫片 4。

(16)拧松泵体两侧的调速杠杆支撑螺钉 24,拆下调速杠杆总成 65。

(17)拆下凸轮盘 5、弹簧 6 和联轴器 7。

(18)拆下定位销防脱罩和定位销 68。

(19)将传动销 67 移至滚轮座圈 9 中心,拆下传动销。

(20)将滚轮座圈 9 连同滚轮 8 一起垂直提起。

**注意:**

不要丢失滚轮、弹簧座或调换滚轮的位置。

(21)拆下传动轴 12 及键 11。

(22)拆下提前装置盖板 74、22,O 形圈 21、垫片 72、弹簧 73、活塞 70 和传动换向销 71。

(23)拆下压力控制阀 34。

(24)从输油泵泵盖 16 上旋下紧固螺钉 15。

(25)用专用工具放入泵体内,使泵体的连接法兰朝上,把输油泵泵盖 16、滑片 18、叶轮 19 和偏心环 17 作为一体拆下。

**注意:**

如在拆卸过程中难以拆下或卡住,可以敲击泵体,使组件拆下。

#### 5.4.2.3  组装 VE 分配泵

1)装配前的检查

(1)检查出油阀的密封锥面、减压环带和导向面,不得有明显的划痕,否则应予更换。

(2)将高压泵头(或控制套筒)稍为倾斜,抽出柱塞约 1/3,然后松开,柱塞应在本身重量下自由下滑到高压泵头(或控制套筒)内。再将柱塞抽出,转动任意角度,反复进行试验,其结果应相同。若柱塞在高压泵头(或控制套筒)中发生卡滞现象,则应予更换整套零件。

将调速杠杆机构的支撑杆的球头装入控制套筒的圆形凹坑内,检查是否能自由移动而无游隙。

(3)用直角尺检查柱塞弹簧的垂直度,最大垂直度为 2mm,如超过规定值,则应予更换。

(4)用百分表测量滚轮的高度,高度偏差为 0.02mm。若不符合规定值,则应予更换整套的滚轮圈和滚柱,如图 5-13 所示。

(5)将电磁阀与蓄电池连接,在接通或切断电源时,应发出"咔嗒"声。若电磁阀动作不良,则应予更换。

用电阻表测量电磁阀的电阻,当电源电压为12V时,电阻值应为$(7.4\pm0.5)\Omega$,峰值电流应为2A;当电源电压为24V时,电阻值应为$(29.5\pm2.5)\Omega$,峰值电流应为1A。若电阻值不在规定范围内,则应予更换。

(6)检查调整柱塞弹簧垫片的厚度 将柱塞弹簧导向销、上下弹簧座、弹簧预紧力调整垫片、柱塞弹簧、上下柱塞垫片和柱塞一起装到高压泵头内,再用深度尺测量距离$KF$,如图5-14所示,选择适用垫片的厚度,使$KF$值符合要求。

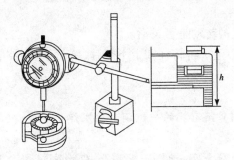
图5-13 滚轮体高度偏差测量

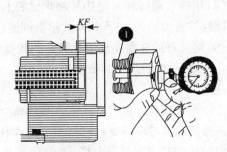
图5-14 $KF$值测量

2)组装的注意事项

(1)分配泵在装配前各零件必须经过严格的冲洗,并将待装的所有零件在清洁的柴油中进行粗洗、精洗,然后才能进行装配。

(2)柱塞、柱塞套、控制套筒、滚轮、出油阀偶件等精密选配零件,不能互换,在装配时必须保持原装配位置。

(3)偏心环及供油定时机构正时活塞的安装方向,在装配时应根据喷油泵的旋向而异,不能装错,否则就无法工作。

(4)各主要螺钉、螺母的拧紧力矩应符合要求。

(5)装配好的分配泵如用手转动输入传动轴,应能灵活转动,无异常响声。

3)分配泵的组装

(1)专用工具将压力控制阀装在泵体上,并拧紧,拧紧力矩为$8\sim9\text{N}\cdot\text{m}$。将二级输油泵的偏心环、泵轮、滑片和支撑环装入泵体内用沉头螺钉紧固。

注意:

偏心环的安装方向不能装反;偏心环与支撑环的出油孔必须对正。

(2)将传动齿轮半圆键、垫片装到传动轴上,并将两个新的橡胶减振块放在传动齿轮内,再将传动轴总成装进泵体内,转动传动轴不应有卡滞现象。

(3)将滑轮装在正时活塞内,再将正时活塞总成装到泵体下部的垂直通孔内。

注意:

正时活塞安装方向不能装反。

(4)将滚轮和垫圈装到滚轮圈上,再将滚轮圈装入泵体内。用传动销把传动换向销、正时活塞与滚轮圈连接起来,然后将定位销和防脱罩装牢。最后将新的O形密封圈、调整垫片、弹簧、左右盖板装上,并用端盖螺钉拧紧,拧紧力矩为$6\sim8\text{N}\cdot\text{m}$。

(5)调整柱塞垫片,将联轴器、端面凸轮盘、原柱塞调整垫片和柱塞装上。

**注意：**

不装联轴器弹簧。再将高压泵头装好，并用紧固螺栓拧紧，拧紧力矩为 12N·m。

(6) 用深度尺测量距离，如图 5-15 所示，K 值须符合装配尺寸规定，如不符合规定值，调整柱塞垫片厚度，将高压泵头、柱塞、柱塞调整垫片和端面凸轮盘拆下。

(7) 将联轴器弹簧和端面凸轮盘装上，使凸轮盘传动销钉朝上。

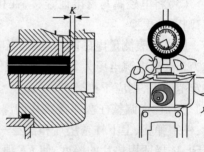

图 5-15　K 值测量

(8) 用槽肩螺钉和密封垫片将调速杠杆机构装上，槽肩螺钉拧紧力矩为 11.5N·m。检查调速杠杆机构转动是否灵活。

(9) 将选好的柱塞调整垫片装在凸轮盘的中心上。再将柱塞上下垫片、弹簧下座、控制套筒装在柱塞上，然后装上弹簧上座。

**注意：**

凸轮盘传动销钉应对准柱塞末端的缺口；控制套筒有孔的一侧朝向柱塞弹簧下座；控制套筒的圆形凹坑应对准调速杠杆机构的支撑杆的球头。

(10) 先将柱塞弹簧导向杆、弹簧调整垫片、弹簧上座、导杆压缩弹簧、O 形密封圈涂上润滑脂，并装到高压泵头上。再将高压泵头装好，并用圆头螺钉拧紧，拧紧力矩为 12N·m。

(11) 将新的密封垫片、出油阀、出油阀弹簧及出油阀紧座装入高压泵头内，再将出油接头拧紧，拧紧力矩为 35～45N·m。

(12) 将新的 O 形密封圈和螺塞装在高压泵头上，并拧紧，拧紧力矩为 60～80N·m。

(13) 将飞锤、止推垫圈、调速器滑套装到飞锤支架上，再将新的 O 形密封圈装在调速器轴上，最后将调速器飞锤轴、定向垫片、垫圈与飞锤支架总成装在一起。

(14) 用塞尺测量飞锤支架的轴向间隙，轴向间隙应为 0.15～0.35mm，若不在规定范围内，可用定向垫片进行调整。垫片规格有 1.05mm、1.25mm、1.45mm、1.65mm 和 1.85mm 五种。

(15) 用深度尺测量调速器飞锤轴凸出量，若不在规定范围内，可旋转调速器飞锤轴进行调整。调整后，用内六角扳手固定调速器飞锤轴，将锁紧螺母装上，并拧紧，拧紧力矩为 25～30N·m。

(16) 在壳体盖的环槽内装入新的密封圈，再把调速弹簧与定位轴、缓冲弹簧及挂座连接上，然后将壳体盖用紧固螺栓拧紧。

(17) 将新的 O 形密封圈和电磁式停油阀装到高压泵头上。

(18) 在溢流口装上螺塞，将进油接头接上空气软管，并将分配泵浸在清洁的柴油里，送入压力为 0.15MPa 的空气，检查是否漏气。然后再送入压力为 0.5MPa 的空气，进一步检查其密封程度。

#### 5.4.2.4　在发动机上安装 VE 分配泵

(1) 用预行程调整仪将分配泵调整至规定的柱塞行程后，固定泵轴；或将分配泵轴上的半圆键与泵壳法兰上的刻线准确对中后，固定泵轴。

(2) 将柴油机摇转至第一缸压缩冲程上止点位置。

(3) 将双头螺柱一端涂上 GY-255 胶，并装入齿轮室，再把分配泵密封垫套在双头螺柱上。

(4) 将分配泵装在螺栓上，轴的锁紧螺栓朝外，用手拧动紧固螺母 3～4 扣。

**注意：**

必须保证分配泵可以在螺栓上自由转动。

(5)从传动轴上拆下螺母和垫圈,用无纺布或绸布擦净轴,将月牙键装入轴的键槽内,并检查键的顶面是否平行于轴。

(6)安装传动齿轮时,齿轮上的英文字母必须对准凸轮轴齿轮上的"O"。

B 系列各种型号发动机的传动齿轮的英文字母为:

A:4B 3.9;B:4BT 3.9、4BTA 3.9;C:6BT 5.9、6BTA 5.9;D:6B 5.9。

(7)拧紧传动轴中心螺母,拧紧力矩为 15N·m。

(8)为了消除间隙,把泵朝齿轮旋转的反方向转动,直到齿轮靠到凸轮轴齿轮上,然后拧紧中心螺母,拧紧力矩为 24N·m。

(9)再拧紧传动轴中心螺母,拧紧力矩为 65N·m。

(10)松开传动轴锁紧螺栓,使挂在泵上的垫片能插入螺栓头下面,再拧紧锁紧螺栓,拧紧力矩为 13N·m。

(11)检查分配泵传动齿轮齿隙 $A = 0.08 \sim 0.33$mm。

#### 5.4.2.5 检查分配泵的供油正时

(1)将柴油机摇转至第一缸压缩冲程上止点(TDC)。

(2)用 12mm 扳手卸下高压泵头中部的放气螺钉。

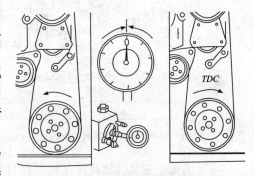

图 5-16 分配泵预行程调整仪

(3)拆下一根或几根高压油管,安装分配泵预行程调整仪,预压缩百分表至 3.0mm,如图 5-16 所示。

(4)将发动机反转至预行程调整仪指针不动为止,再将预行程调整仪的百分表在预压缩 1mm 情况下,调到零位。

(5)将柴油机回转(按正常旋转方向转动)至第一缸压缩上止点(TDC)。观察预行程调整仪指针回转的读数,在正时销插入时(TDC 位置)的读数即为柱塞行程。6BT118-01 型柴油机分配泵的柱塞行程为$(2.35 \pm 0.06)$mm。

(6)如果读数不对,用 13mm 扳手拧松分配泵法兰的坚固螺栓,然后转动泵体,直到预行程调整仪显示读数相当于正确的柱塞行程为止。

(7)最后拧紧法兰坚固螺栓,拧紧力矩为 10N·m。

(8)重复一次上述检查程序,以保证分配泵正时的实际准确性。

(9)拆下预行程调整仪,用 12mm 扳手装上放气螺钉,拧紧力矩为 10N·m。

上述方法是根据转动分配泵使端面凸轮盘转离或转向滚轮而达到调整供油正时目的的,因此,此法能有效地提前或延迟供油的始点。

### 5.4.3 在发动机上拆装共轨燃油系统

#### 5.4.3.1 在发动机上拆装共轨燃油系统的注意事项

(1)现代柴油喷油系统是由高精度的零件组成,针对于这种高精度的技术,在操作燃油系统过程中一定要保持高度的清洁性,因为,即使只有 0.2mm 的脏物都可能会使组件失灵,并导致发动机损伤。

(2)泄漏出来的高压燃油接触到高温发动机零件或者排气装置时可能会点燃,有发生火灾的危险。

#### 5.4.3.2 从发动机上拆卸共轨燃油高压泵

本节以康明斯 ISBe 发动机为例介绍如何从发动机上拆卸共轨燃油高压泵,拆卸步骤如下:

(1)松开并拆除坚固螺栓 a,如图 5-17 所示。

(2)拆除燃油滤清器总成底座 b,如图 5-17 所示。

(3)松开并拆除紧固螺母 1,如图 5-18 所示。

(4)沿双头螺柱 2 向后抽出高压泵,如图 5-18 所示。

(5)取下高压油泵垫板 4,如图 5-18 所示。

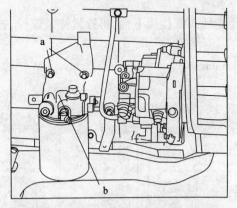
图 5-17　ISBe 发动机共轨高压泵的安装位置

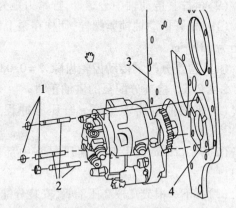
图 5-18　共轨高压泵的固定

在发动机上安装共轨高压泵时所有 O 形密封圈必须更换,具体的安装步骤如下:

(1)将高压油泵垫板 4 安装到双头螺柱 2,如图 5-18 所示。

(2)沿双头螺柱 2 将高压油泵插入到正时室,旋入并按规定力矩拧紧紧固螺母 1,如图 5-18 所示。

(3)安装滤清器。从发动机上拆卸和装配博世 CP2 和 CPN2 系列油泵、电装的 HP0 油泵以及德尔福共轨高压油泵时需要对装机正时,拆卸和装配时需要予以重视。如果装机正时不正确,发动机将无法起动。

#### 5.4.3.3 从发动上拆装共轨喷油器

本章以康明斯 ISBe 发动机为例介绍如何从发动机上拆装共轨喷油器,共轨喷油器的拆卸和装配过程参见图 5-19 和图 5-20 所示步骤,这里不再一一列出。

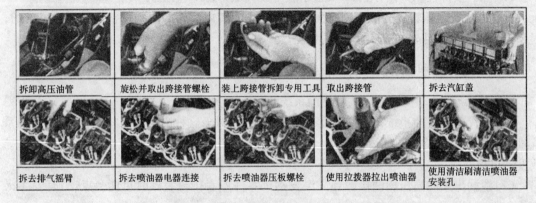
图 5-19　四气门发动机共轨喷油器的拆卸过程

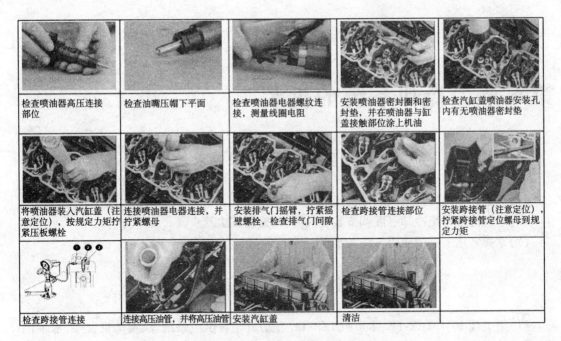

图 5-20　四气门发动机共轨喷油器的装配过程

## 5.5　作　业

（1）在发动机上拆卸与安装喷油泵时，有哪些注意事项？
（2）A 型泵组装时有哪些注意事项？
（3）A 型泵通过哪些元件进行供油量均匀性调整？
（4）为什么从发动机拆装共轨高压泵时，有些需要对装机正时，有些不要对装机正时？

## 5.6　考 核 内 容

（1）从柴油机上拆卸和装配燃油系统零件步骤的正确性。
（2）在拆装过程中各种专用工具的使用情况。
（3）对燃油系统部件组装时一些测量要素的理解情况。

# 第6章　冷却系统的拆装

## 6.1　实验的目的和要求

(1)熟悉发动机冷却系统的结构组成、工作原理。
(2)掌握冷却系统冷却强度调节装置的拆装、检测方法及步骤。
(3)掌握常用工具的使用方法和步骤。

## 6.2　实验使用的工具、设备器材

(1)凯美瑞200E 1AZ-FE、卡罗拉1ZR-FE发动机燃料供应系统泵、发动机台架、水泵、节温器等各1个。
(2)丰田专用顶拔器、压器、冷却液温度计、加热装置、常用工量具若干。

## 6.3　实验注意事项及观察要点

(1)观察发动机冷却强度的调节方法、路线、机构组成,分析器调节原理。
(2)观察水流量调节装置中散热器、水泵、节温器、水道等之间的相互连接关系及安装位置,观察空气调节装置中电动风扇及其控制装置的安装位置。
(3)熟悉散热器、水泵、缸体与缸盖水套、冷却液温度表、传感器、节温器等主要零件的总体构造。

## 6.4　实验的方法和步骤

发动机的冷却系统主要由水流量调节装置,包括散热器、水泵、节温器、水道(缸体及缸盖)、水管等;空气流量调节装置,包括电动风扇及控制装置;冷却介质——冷却液组成。其结构组成如图6-1所示。其作用是为保证发动机工作的动力性、经济性、环保性所需的缸内燃烧条件,除起动、暖机状态外,冷却液的温度始终在80~95℃,否则将由两套调整装置通过调节冷却液的流量或空气流动的流量来调整冷却液温度。

本文以丰田凯美瑞200E乘用车1AZ-FE发动机冷却系统拆装为例阐述发动机冷却系统的拆装过程。

### 6.4.1　水泵的拆装

#### 6.4.1.1　水泵的拆卸
(1)在发动机工作台上拆卸发动机V形带,拆卸发电机总成。

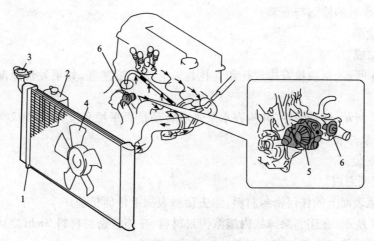

图 6-1 冷却系统示意图

1-散热器;2-储液罐;3-散热器盖;4-冷却风扇;5-水泵;6-节温器

(2)如图 6-2 所示,用 SST 拆卸 4 个螺栓和水泵带轮。

(3)拆卸水泵总成。

①如图 6-3 所示,从水泵上拆卸曲轴位置传感器的夹箍,从夹箍支架上断开曲轴位置传感器的导线。

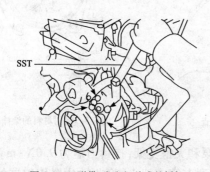

图 6-2 V 形带、发电机总成的拆卸

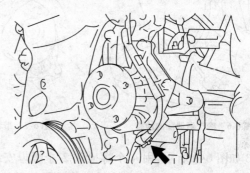

图 6-3 传感器夹箍、曲轴位置传感器的导线的拆卸

②如图 6-4 所示,拆卸 4 个螺栓、2 个螺母和夹箍支架。

③如图 6-5 所示,用螺丝刀在水泵和汽缸体之间撬动,然后拆卸水泵,在使用螺丝刀前,用胶带缠住螺丝刀的刀头,小心不要损坏水泵和汽缸体的接触面。

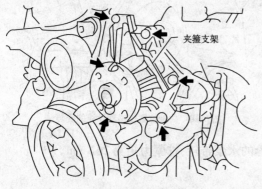

图 6-4 夹箍支架的拆卸

图 6-5 水泵的拆卸

### 6.4.1.2 水泵的检测与安装

1)水泵的检测

检查水泵总成。

①如图6-6所示,目视检查排放孔和气孔是否有冷却液泄漏,如果发现泄漏,则更换水泵总成。

②如图6-7所示,转动带轮,并检查水泵轴承转动是否平稳且没有"咔嗒"声,如果转动不平稳,则更换水泵总成。

2)水泵的安装

(1)安装水泵总成。

①拆卸接触表面上的任何密封材料,除去接触表面上任何机油。

②如图6-8所示,在连续涂抹线内施涂密封材料,在施涂密封材料3min之内设定、安装这些零件,否则,必须将已涂抹的密封材料清除并重新施涂。

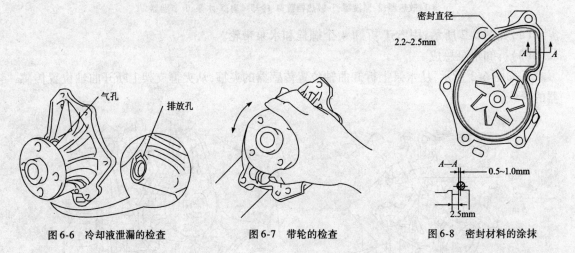

图6-6 冷却液泄漏的检查　　图6-7 带轮的检查　　图6-8 密封材料的涂抹

③如图6-9所示,用4个螺栓和2个螺母安装水泵和夹箍支架,拧紧力矩为9.0N·m。

④如图6-10所示,将曲轴位置传感器的导线安装到夹箍支架上,将曲轴位置传感器的夹箍安装到水泵上。

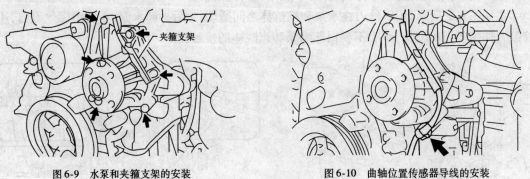

图6-9 水泵和夹箍支架的安装　　图6-10 曲轴位置传感器导线的安装

(2)安装水泵带轮。用SST安装带有4个螺栓的水泵带轮,拧紧力矩为26N·m。

(3)安装发电机总成。

(4)安装V形带。

(5)加注冷却液。

### 6.4.2 节温器的拆装

节温器的位置及零件分解图如图 6-11 所示。

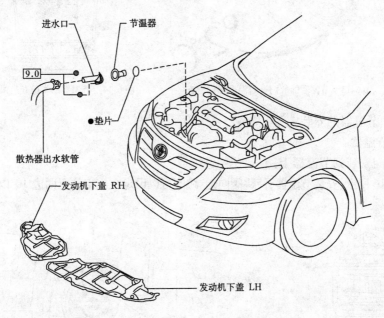

图 6-11 节温器的位置及零件分解图

#### 6.4.2.1 节温器的拆卸

(1)将发动机安装在维修工作台上。
(2)在点火开关切断的情况下,拔下蓄电池搭铁线。
(3)排放冷却液。
(4)断开散热器出水软管。
(5)如图 6-12 所示,从汽缸体上断开、拆卸进水口,拆卸节温器和垫片、节温器。

#### 6.4.2.2 节温器的检查

(1)如图 6-13 所示,检查节温器上的气门开启温度标记。
(2)将节温器浸没在水中,逐渐将水加热。

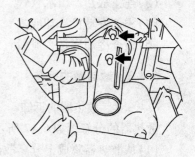

图 6-12 进水口、节温器的拆卸

(3)如图 6-14 所示,检查节温器的气门开启温度,标准气门开启温度为 80~84℃(176~183 ℉),如果阀开启温度不符合规定,应更换节温器。
(4)如图 6-15 所示,检查气门升程。
①标准气门升程:在 95℃(203 ℉)时为 10mm(0.39in)或以上,如果气门升程不符合规定,应更换节温器。
②当节温器在低温时(低于 77℃、171 ℉),检查阀是否完全关闭,如果没有完全关闭,则更换节温器。

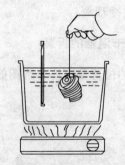

图 6-13 节温器的气门开启温度标记检查　　图 6-14 节温器的气门开启温度检查

#### 6.4.2.3 节温器的安装

(1) 安装节温器。

① 将新垫圈安装到节温器上。

② 如图 6-16 所示,安装节温器,使跳阀向上,跳阀可以设定在规定位置两边 10°以内的范围内。

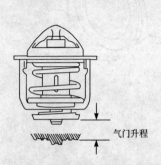

图 6-15 气门升程的检查　　图 6-16 节温器跳阀的安装

(2) 安装进水口。

(3) 连接散热器出水软管。

(4) 添加发动机冷却液。

(5) 检查冷却液是否泄漏。

### 6.4.3 散热器的拆装

#### 6.4.3.1 散热器的拆卸

散热器的分解图如 6-17 所示。

(1) 从散热器总成上分离散热器软管。

(2) 从散热器总成上断开散热器进水软管。

(3) 从散热器总成上断开机油冷却器入口软管。

(4) 从散热器总成上断开机油冷却器出口软管。

(5) 拆卸散热器上支架。

① 断开喇叭连接器。

② 从散热器上支架上分离发动机罩锁扣总成。

③ 拆卸夹箍,并从散热器上支架上分离发动机罩锁控制拉索。

④ 拆卸散热器上支架。

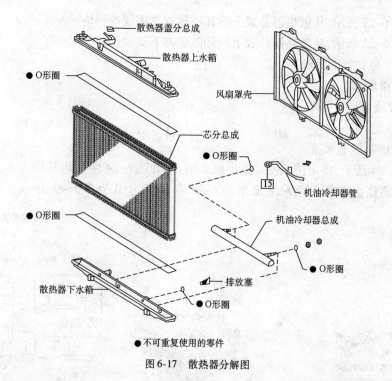

图 6-17 散热器分解图

(6)拆卸散热器总成。

①如图 6-18 所示,拆卸 3 个夹箍并断开 2 个连接器。

②如图 6-19 所示,拆卸螺栓,并从散热器总成上分离冷凝器总成。

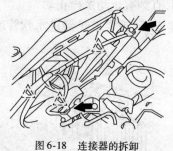

图 6-18 连接器的拆卸

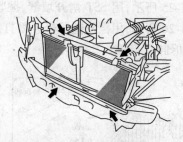

图 6-19 冷凝器总成的分离

③如图 6-20 所示,从车身拆卸散热器总成。

(7)如图 6-21 所示,松开 3 个卡式装配件,并用散热器的电动机抬起电动机总成。

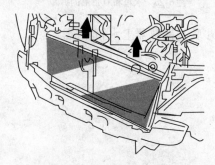

图 6-20 散热器总成的拆卸

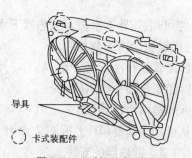

图 6-21 电动机总成的抬起

(8)如图 6-22 所示,从散热器总成上拆卸散热器支撑缓冲垫块。

(9)如图 6-23 所示,从散热器总成上拆卸散热器下支架。

#### 6.4.3.2 散热器的拆解

(1)拆卸排放塞。

①拆卸排放塞。

②拆卸 O 形圈。

(2)拆卸散热器上水箱。

①如图 6-24 所示,将定位爪安装到大修手柄上,如图 6-24 所示将其插入 A 部位的孔中,握住手柄时,调整止动螺栓,使尺寸 B 如图 6-24 所示,尺寸 B 为 0.2~0.3mm。

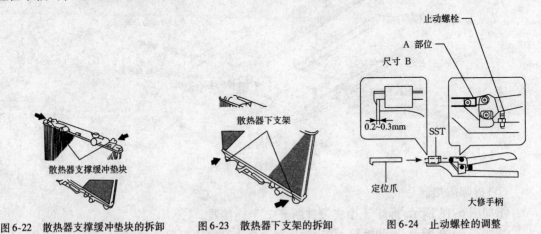

图 6-22 散热器支撑缓冲垫块的拆卸　　图 6-23 散热器下支架的拆卸　　图 6-24 止动螺栓的调整

②如图 6-25 所示,用 SST 凿开填缝,握紧手柄,直到被止动螺栓止动。

③如图 6-26 所示,用橡胶锤子轻轻敲打散热器支架(或者散热器进水软管或出水软管),并拆卸水箱,拆卸 O 形圈。

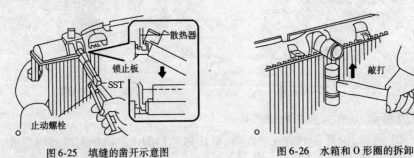

图 6-25 填缝的凿开示意图　　图 6-26 水箱和 O 形圈的拆卸

(3)拆卸散热器下水箱。散热器下水箱的拆卸步骤与散热器上水箱相同。

(4)拆卸机油冷却器总成。

①拆卸螺栓和冷却器导管(A)。

②拆卸螺母和平垫圈(B)。

③拆卸机油冷却器(C)。

④从机油冷却器(D)上拆卸 2 个 O 形圈。

#### 6.4.3.3 散热器的安装

按拆卸的相反顺序安装散热器。

## 6.5 作 业

(1)冷却系统的作用是什么？工作原理如何？发动机温度过高、过低会有何危害？
(2)绘图说明冷却液大、小循环的过程路线。

## 6.6 考核内容

正确拆装散热器、水泵、节温器和连接水管。

# 第 7 章　润滑系统的拆装

## 7.1　实验的目的要求

(1)熟悉发动机润滑系统的结构组成和相互装配关系以及润滑油路的路线。
(2)掌握机油泵的拆装方法和步骤。
(3)掌握常用工具的使用方法和步骤。

## 7.2　实验使用工具、设备器材

(1)凯美瑞 200E 1AZ-FE、卡罗拉 1ZR-FE 发动机、发动机台架各 1 个。
(2)专用工具、常用工具若干。

## 7.3　拆装注意事项及观察要点

(1)掌握机油泵、机油滤清器、油底壳等的拆装方法。
(2)观察润滑油路的路线。
(3)正确使用工具,注意安全操作规程。

## 7.4　实验的方法和步骤

发动机润滑系统主要由机油泵、机油滤清器、油路、旁通阀、限压阀等组成,结构零件分解图如图 7-1、图 7-2 所示。

本章以凯美瑞 200E 乘用车 1AZ-FE 发动机润滑系统为例学习发动机润滑系统的拆装知识。

### 7.4.1　机油滤清器的拆装

(1)如图 7-3 所示,用 SST09228-06501 拆卸机油滤清器。
(2)机油滤清器总成的安装
①检查并清洁机油滤清器安装表面。
②给新的机油滤清器垫片涂上干净的发动机机油。
③用手轻轻地转动机油滤清器到指定位置。旋转到滤清器接触到支座时,拧紧滤清器。
④用 SST SST 09228-06501 拧紧机油滤清器。
根据不同的作业面积,选择以下步骤:如果作业面积足够宽敞,用扭力扳手拧紧机油滤清器,拧紧力矩为 13N·m;如果作业环境不够宽敞,不能使用扭力扳手,用手将机油滤清器拧到

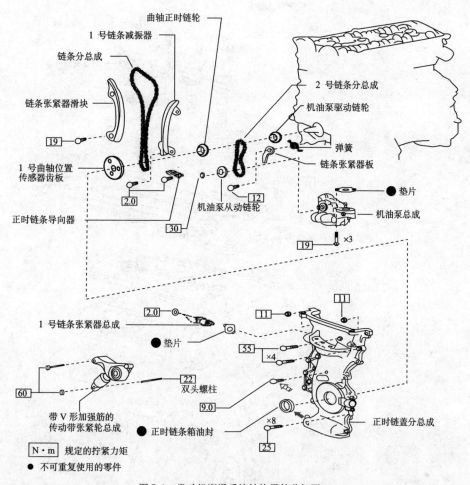

图 7-1 发动机润滑系统结构零件分解图 1

3/4 圈或使用其他扳手拧紧。

### 7.4.2 油底壳的拆装

(1)油底壳的拆卸。
①将发动机前端置于维修工作台上。
②放出发动机机油。
③如图 7-4 所示,拆卸 12 个螺栓和 2 个螺母,在曲轴箱和油底壳之间插入 SST 09032-00100 的刀片,切穿密封件并拆卸油底壳。

**注意:**

不要损坏曲轴箱、链盖和油底壳的接触表面。

(2)油底壳的安装。
①更换新的油底壳衬垫,涂抹专用密封材料。
②如图 7-5 所示,按图示顺序均匀拧紧 12 个螺栓和 2 个螺母,拧紧力矩为 9.0N·m。

### 7.4.3 机油泵的拆装

图 7-6 所示为机油泵的零件分解图。

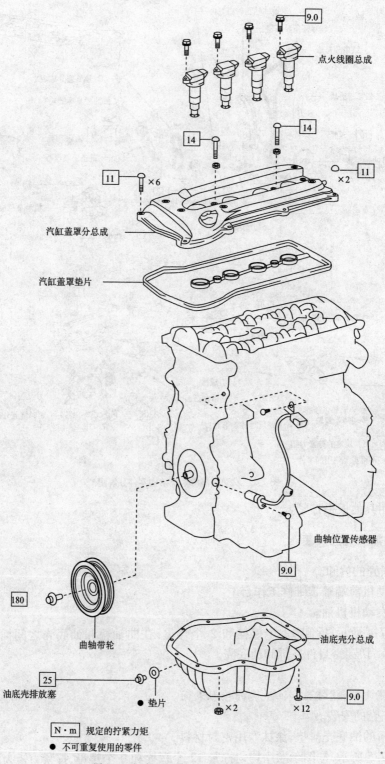

图7-2 发动机润滑系统结构零件分解图2

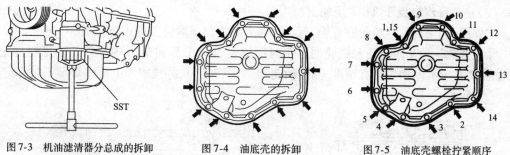

图 7-3 机油滤清器分总成的拆卸　　图 7-4 油底壳的拆卸　　图 7-5 油底壳螺栓拧紧顺序

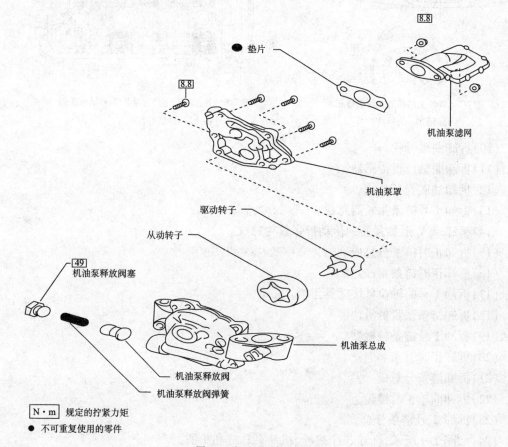

图 7-6 机油泵零件分解图

## 7.4.3.1 机油泵的拆卸

(1)排放发动机机油。

(2)拆卸 V 形带。

(3)拆卸发电机总成。

(4)拆卸叶轮泵总成。

(5)拆卸点火线圈总成。

(6)断开通风软管。

(7)断开 2 号通风软管。

89

(8) 拆卸汽缸盖罩分总成。

(9) 将1号汽缸置于TDC/压缩上。

①如图7-7所示,转动曲轴带轮,直至带轮上的槽与正时链盖的正时标记"0"对准。

②检查凸轮轴正时齿轮和链轮的各正时标记是否与1号和2号轴承盖的各正时标记对准,如图7-8所示。如果没有对准,则转动曲轴1周(360°),并按照如上所述对准正时标记。

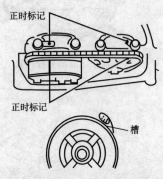
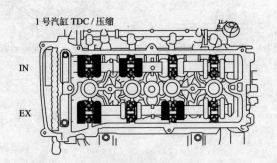

图7-7 带轮上的槽与正时链盖正时标记"0"的对准

图7-8 各正时标记与1号和2号轴承盖的各正时标记的对准

(10) 拆卸曲轴带轮。

(11) 拆卸曲轴位置传感器。

(12) 拆卸油底壳分总成。

(13) 拆卸1号链条张紧器总成。

(14) 拆卸带V形加强筋的传动带张紧轮总成。

(15) 拆卸正时链盖分总成。

(16) 拆卸正时链条箱油封。

(17) 拆卸1号曲轴位置传感器齿板。

(18) 拆卸链条张紧器滑块。

(19) 拆卸1号链条减振器。

(20) 拆卸正时链条导向器。

(21) 拆卸链条分总成。

(22) 拆卸曲轴正时链轮。

(23) 拆卸2号链条分总成。

(24) 如图7-9所示,拆卸3个螺栓、机油泵总成和垫圈。

### 7.4.3.2 机油泵的解体

(1) 如图7-10所示,拆卸2个螺母、机油泵滤网和垫片。

(2) 如图7-11所示,拆卸机油泵释放阀。

①用27mm套筒扳手拆卸释放阀塞。

②拆卸气门弹簧和释放阀。

(3) 如图7-12所示,拆卸机油泵罩。

①拆卸5个螺栓和机油泵罩。

②拆卸机油泵转子。

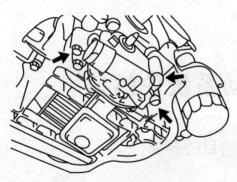
图7-9 机油泵总成的拆卸

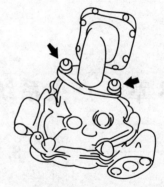
图7-10 机油泵滤网和垫片的拆卸

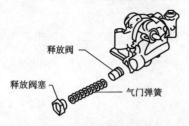
图7-11 机油泵释放阀的拆卸

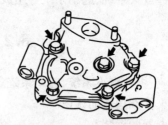
图7-12 机油泵罩的拆卸

7.4.3.3 机油泵的安装

按拆卸相反的顺序安装。

## 7.5 作 业

(1)绘图说明发动机的润滑油路。
(2)简述该发动机机油泵的拆装过程及注意事项。

## 7.6 考 核 内 容

(1)对润滑系统的油路进行正确分析。
(2)掌握机油泵的拆装过程。

# 第8章 点火系统、起动系统的拆装

## 8.1 实验的目的要求

(1)掌握点火系统、起动系统各组成部分的结构。
(2)掌握点火系统、起动系统各组成部分的拆装、检测的方法和拆装方法。

## 8.2 实 验 内 容

(1)检测、拆装点火系统、起动系统。
(2)点火线圈构造的认识。
(3)分电器的拆装。
(4)火花塞构造的认识。

## 8.3 实验使用的工具、设备器材

实验用桑塔纳2000GLi型、丰田凯美瑞200E型汽车各一辆,专用工具(如火花塞扳手、万用表、组合工具等)若干。

## 8.4 装配注意事项及观察要点

(1)观察起动机、蓄电池、点火继电器、点火线圈、分电器、火花塞等元器件的安装位置和相互之间的连接关系。
(2)注意检测和拆装工具的正确使用。

## 8.5 点火系统、起动系统的实验方法和步骤

### 8.5.1 点火系统的实验

目前常用的点火系统有电子控制点火系统、微机控制点火系统两大类,桑塔纳2000GLi型轿车采用的是带分电器的电子控制点火系统,它是Motrinic 1.5.4电子控制燃油喷射系统的一个子系统。其突出特点是将点火系统与燃油喷射系统复合在一起,由一个电控单元(ECU)来控制,结构简单、工作可靠。主要由点火线圈、分电器、火花塞、带抗干扰元件的连接插座、爆震传感器、点火导线等组成,其结构如图8-1所示。

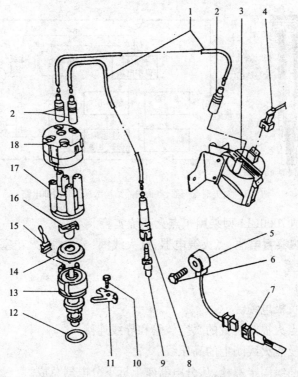

图 8-1 电子点火控制系统零部件图

1-点火导线;2-带抗干扰元件插座(电阻 0.9~1.1kΩ);3-点火线圈;4-点火线圈插头;5-爆震传感器(G61,位于发动机体上,拧紧力矩 6~20N·m);6-螺栓(拧紧力矩 20N·m);7-爆震传感器插头;8-火花塞插头(电阻 4.5~5.5kΩ);9-火花塞(拧紧力矩 25N·m);10-螺栓(拧紧力矩 25N·m);11-分电器压板;12-O 形圈;13-带霍尔传感器的分电器(G40);14-防尘盖;15-分火头(电阻值 1.1kΩ);17-分电器盖;18-屏蔽罩

丰田凯美瑞 200E 轿车装备 DE1 发动机点火系统,结构简图如图 8-2、图 8-3 所示,属于微机控制点火系统,各汽缸采用了配置点火器内藏式的点火线圈(图 8-3),两者一体化,无需分电器和分缸高压线就能把高压电分配给各火花塞。

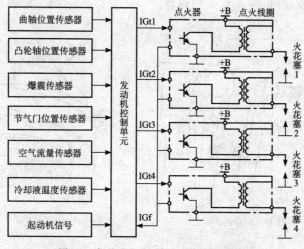

图 8-2 凯美瑞发动机点火系统结构组成图

93

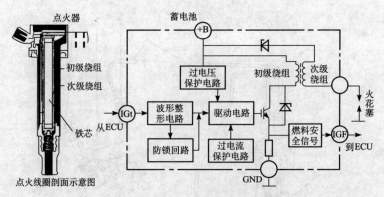

图8-3 凯美瑞点火器、点火线圈结构示意图和内部电路

#### 8.5.1.1 桑塔纳2000GLi型乘用车点火系统实验

打开发动机罩,观察蓄电池、点火继电器、点火线圈、分电器、火花塞等元器件的安装位置和相互之间的连接关系。

1)分电器的拆卸

(1)拆下蓄电池负极电缆。

(2)拆下分电器点火提前装置的真空软管和导线连接。

(3)拆下火花塞及点火线圈上的高压线。

(4)拆下分电器凸缘固定螺栓,从分电器座上拆下分电器总成。

(5)分解分电器。

①扳开分电器盖两卡扣,打开分电器盖。

②拨下分火头。

③拆下信号发生器,松开底板安装螺钉,拆下真空点火提前装置和信号发生器底板。

④拆下离心式点火提前机构的粗弹簧、细弹簧、离心重块。

2)分电器的装配

(1)将飞轮A和正时带轮B调整到一缸的上止点位置,如图8-4所示。

(2)用扳手转动发动机,将V形带轮调整到一缸的上止点位置,如图8-5所示。

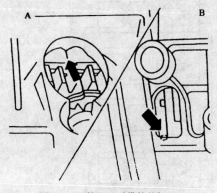

图8-4 飞轮和正时带轮的标记

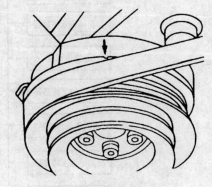

图8-5 V形带轮上的正时记号

(3)将凸轮轴正时带轮上的标记与气门罩盖上的箭头对齐,如图8-6所示。

(4)装上点火分电器后,分火头的标记应与分电器壳体上标记对齐,如图8-7所示。

(5)安装点火分电器盖。点火分电器盖在安装前要清洗,检测有无泄漏电流造成的裂纹和痕迹,必要时更换。

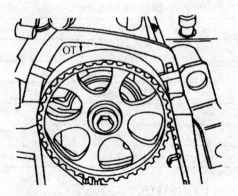 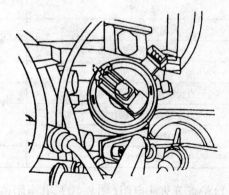

图 8-6　凸轮轴正时带轮上的正标记　　　　图 8-7　分火头与分电器壳体上标记对齐

3)火花塞的检测

(1)拆下火花塞,检查火花塞的螺纹及绝缘体有无损坏。如有异常,将不能继续使用,应更换。如图 8-8 所示,检查火花塞电极间隙,AFE 型发动机火花塞电极间隙应为 0.7~0.8mm。对于新的火花塞。可通过弯曲负电极来调整火花塞电极间隙,使用过的火花塞电极间隙不可调整。

(2)测量火花塞绝缘电阻。用电阻表测量火花塞绝缘电阻(图 8-9),电阻值应为 10MΩ 或更大。

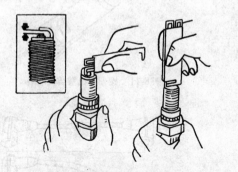 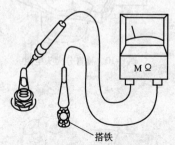

图 8-8　检查火花塞电极间隙　　　　图 8-9　测量火花塞绝缘电阻

(3)若火花塞电极有湿炭痕迹,待其干燥后用火花塞清洁器,以低于 588kPa 的压力、20s 左右的时间清洁火花塞电极。若有机油痕迹,在使用火花塞清洁器之前,先用汽油清除机油。

4)点火线圈的检测

(1)拆下点火线圈,用电阻表测量点火线圈的电阻。初级绕组的电阻应为 1.2~1.4kΩ,次级绕组的电阻应为 6~8kΩ。

(2)若测量的电阻不符合规定,则需要更换点火线圈。同时应保证点火线圈绝缘盖板清洁、干燥,防止漏电。

5)高压回路部件的检测

用电阻表测量高压回路部件的电阻,部件的电阻应在表 8-1 所示范围内,不在规定范围之内,应更换新件。

点火系组件参数  表8-1

| 组　　件 | 额　定　值 |
|---|---|
| 火花塞型号 | BOSCH W8DC 或 W9DC |
| 火花塞电极间隙 | 0.7~0.8mm |
| 火花塞拧紧力矩 | 25N·m |
| 分火头电阻 | 1.1kΩ |
| 点火线圈初级绕组电阻 | 1.2~1.4kΩ |
| 点火线圈次级绕组电阻 | 6~8kΩ |
| 中央高压线 | 1.2~2.8kΩ |
| 高压分线 | 4.6~7.6kΩ |

(1)检查分火头电阻(图8-10),其电阻值应为(1±0.4)kΩ。

(2)检查火花塞插头电阻(图8-11),其电阻值应为(1±0.4)kΩ。

(3)检查防干扰接头电阻(图8-12),其电阻值应为(1±0.4)kΩ。

(4)检查高压导线电阻(图8-13),中央高压线应为0~2.8kΩ、高压分线应为0.6~7.4kΩ。

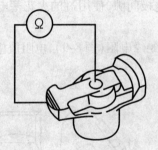

图8-10 检查分火头电阻

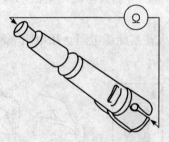

图8-11 检查火花塞插头电阻

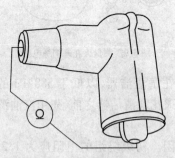

图8-12 检查防干扰接头电阻

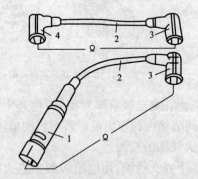

图8-13 检查高压导线电阻
1-火花塞;2-高压导线;3-分电器;4-点火线圈

#### 8.5.1.2 丰田凯美瑞200E型乘用车点火系统的实验

图8-14、图8-15所示为点火系统的部件位置及结构。

1)点火线圈的拆卸

(1)断开蓄电池负极端子电缆。

(2)拆卸1号发动机罩。

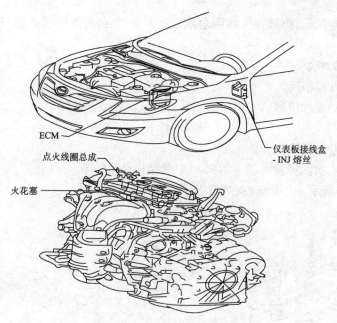

图 8-14 点火系统部件位置图 1

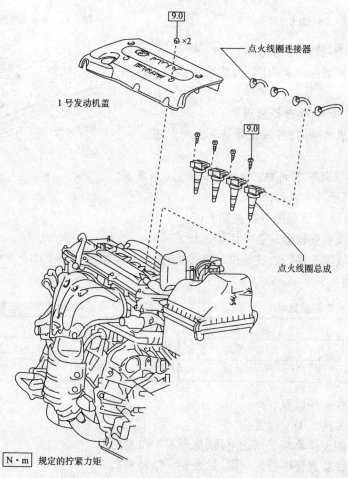

图 8-15 点火系统部件位置图 2

(3)如图8-16所示,拆卸点火线圈总成。断开4个点火线圈连接器,拆卸4个螺栓和4个点火线圈。

2)点火线圈的安装

安装顺序同拆卸相反。

3)点火线圈总成的检测

(1)检查火花。

①拆卸1号发动机罩。

②断开4个点火线圈连接器并拆卸4个螺栓和点火线圈。

③如图8-17所示,用16mm火花塞扳手拆卸4个火花塞。

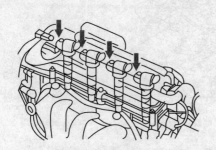

图8-16 点火线圈的拆卸

图8-17 火花塞的拆卸

④断开4个喷油器连接器。

⑤将火花塞装到各点火线圈上,然后连接点火线圈连接器。

⑥如图8-18所示,将火花塞搭铁。

⑦检查发动机转动时,各火花塞是否出现火花。

**注意:**

检查时确保将火花塞搭铁,如果受到冲击,则更换点火线圈,发动机转动不要超过2s。

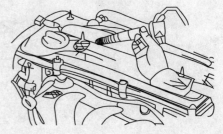

图8-18 火花塞搭铁

(2)根据表8-2的流程图进行火花测试。

①检查点火线圈连接器是否牢固地连接。

②在各点火线圈上进行火花测试。若无火花,将其更换为一个工作正常的点火线圈,再进行火花测试,见表8-3。

火花测试结果　　表8-2

| 结　果 | 进　到 |
| --- | --- |
| NG | 将接头紧固 |
| OK | 执行下一步 |

火花测试结果　　表8-3

| 结　果 | 进　到 |
| --- | --- |
| NG | 更换点火线圈 |
| OK | 执行下一步 |

③检查点火线圈的电源。

a.将点火开关转到ON位置。

b.测量线束侧连接器端子间的电压,见表8-4和表8-5。

④测量凸轮轴位置传感器的电阻,见表8-6和表8-7。

⑤测量曲轴位置传感器的电阻,见表8-8和表8-9。

线束侧连接器端子间标准电压　表8-4

| 测试仪连接 | 标准电压 |
|---|---|
| 1(+5)-4(GND) | 9~14V |

线束侧连接器端子间电压测试结果　表8-5

| 结果 | 进到 |
|---|---|
| NG | 检查线束和连接器 |
| OK | 执行下一步 |

凸轮轴位置传感器的标准电阻　表8-6

| 温度 | 标准电阻 |
|---|---|
| 冷 | 835~1400Ω |
| 热 | 1060~1643Ω |

凸轮轴位置传感器电阻测试结果　表8-7

| 结果 | 进到 |
|---|---|
| NG | 更换凸轮轴位置传感器 |
| OK | 执行下一步 |

曲轴位置传感器的标准电阻　表8-8

| 温度 | 标准电阻 |
|---|---|
| 冷 | 985~1600Ω |
| 热 | 1265~1890Ω |

曲轴位置传感器电阻测试结果　表8-9

| 结果 | 进到 |
|---|---|
| NG | 更换曲轴位置传感器 |
| OK | 执行下一步 |

⑥通过 ECM 检查 IGT 信号,见表 8-10。
⑦用 16mm 火花塞扳手安装火花塞,拧紧力矩为 19N·m。
⑧用 4 个螺栓安装 4 个点火线圈,并连接 4 个点火线圈连接器,拧紧力矩为 9.0N·m。
⑨连接 4 个喷油器连接器。
⑩安装 1 号发动机罩。

(3)检测火花塞。如图 8-19 所示,使用电阻表测量绝缘电阻,标准绝缘电阻为 10MΩ 或更高,如果测量结果低于 10MΩ,则清洁火花塞并再次测量电阻。

检查 IGT 信号结果　表8-10

| 结果 | 进到 |
|---|---|
| NG | 检查 ECM(参见页次 ES-137) |
| OK | 维修点火线圈和 ECM 间接线 |

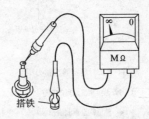

图 8-19　火花塞的检测

### 8.5.2　丰田凯美瑞 200E 乘用车起动机的拆卸

丰田凯美瑞 200E 乘用车起动机的结构分解图如图 8-20 所示。

#### 8.5.2.1　起动机总成的拆卸

(1)断开蓄电池负极端子电缆。
(2)拆卸空气滤清器进气口总成。
(3)拆卸空气滤清器盖分总成。
(4)拆卸空气滤清器壳体分总成。
(5)拆卸起动机总成。
①如图 8-21 所示,从起动机总成上断开端子 50 连接器,从端子 30 上拆卸螺母并断开线束。
②如图 8-22 所示,拆卸起动机总成。

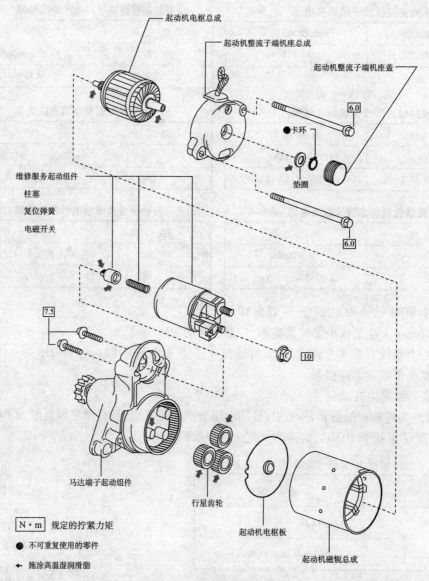

图8-20 起动机零件分解图

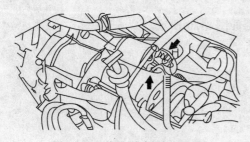

图8-21 连接器、线束拆卸示意图

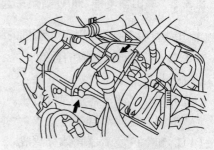

图8-22 起动机总成的拆卸

### 8.5.2.2 起动机总成的拆解

(1)拆卸起动组件。

①拆卸螺母,并断开端子C的引线。

②拆卸电磁开关固定在电动机端子起动组件上的 2 个螺钉。

③拆卸起动组件。

④从起动组件上拆卸复位弹簧和柱塞。

(2)拆卸起动机磁轭总成。

①拆卸贯穿螺栓,并将起动机磁轭总成和起动机整流子端机座总成一起拉出。

②从起动机整流子端机座总成上拆卸起动机磁轭总成。

(3)从起动机磁轭总成上拆卸起动机电枢板。

(4)用螺丝刀拆卸起动机整流子端机座盖。

(5)用卡环钳拆卸卡环和平垫圈,如图 8-23 所示,从起动机整流子端机座总成上拆卸起动机电枢总成。

(6)拆卸行星齿轮。如图 8-24 所示,从电动机端子起动组件上拆卸行星齿轮。

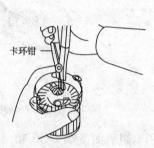 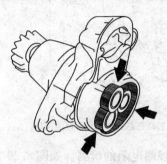

图 8-23 起动机电枢总成的拆卸　　图 8-24 行星齿轮的拆卸

#### 8.5.2.3 起动机总成的检测

**注意:**

确保在 5s 内完成下列各项测试,以防止线圈烧坏。

(1)牵引测试。

①从端子 C 上断开引线。

②将蓄电池连接到电磁开关上。检查离合器小齿轮是否向外移动。如果离合器小齿轮不能向外移动,则更换起动组件。

(2)保持测试。如图 8-25 所示,在进行牵引测试的条件下,从端子 C 上断开负极(-)端子导线,检查小齿轮是否留在外面,如果离合器小齿轮向内移动,则更换起动组件。

(3)检查离合器小齿轮的复位。断开起动机体上的负极(-)导线,检查离合器小齿轮是否向内移动,如果离合器小齿轮不能向内移动,则更换维修服务起动组件。

(4)进行无负荷性能测试。

①如图 8-26 所示,用螺母将励磁线圈连接到端子 C 上。确保导线没有搭铁,拧紧力矩为 10N·m。

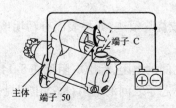 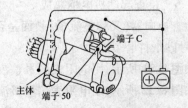

图 8-25 起动机的保持测试　　图 8-26 起动机总成的无负荷性能测试

②用台虎钳夹住起动机。

③如图8-27所示,将蓄电池和电流表连接到起动机上,检测离合器小齿轮外移时,起动机旋转是否平滑和稳定。检查电流表读数是否为标准电流,标准电流见表8-11。

标准电流　　　表8-11

| 条　件 | 标准电流 |
| --- | --- |
| 在11.5V | 90A或以下 |

#### 8.5.2.4 起动组件的检测

（1）柱塞的检测。

如图8-28所示,按进柱塞,并检查其是否能快速回到原位。

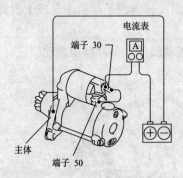

图8-27 起动机总成的无负荷性能测试

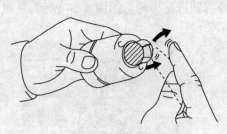

图8-28 起动机柱塞的检测

（2）牵引线圈电阻的检测。如图8-29所示,用电阻表测量端子50和C之间的电阻,标准电阻见表8-12。

（3）保持线圈电阻的检测。如图8-30所示,用电阻表测量端子50和开关体之间的电阻,标准电阻见表8-13。

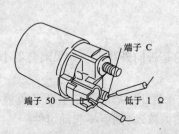

图8-29 起动机总成的端子50和C之间的电阻检测

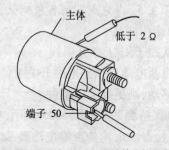

图8-30 起动机总成端子50和开关体之间的电阻的检测

标准电阻　　　表8-12

| 测试仪连接 | 标准电阻 |
| --- | --- |
| 端子50-端子C | 低于1Ω |

标准电阻　　　表8-13

| 测试仪连接 | 标准电阻 |
| --- | --- |
| 端子50-开关体 | 低于2Ω |

#### 8.5.2.5 检查起动机电枢总成

（1）检查换向器（又称整流子）表面是否有污垢或烧灼痕迹,如果表面有污垢或烧灼痕迹,则用400号砂纸打磨表面。

（2）如图8-31所示,用电阻表测量整流子各片之间的电阻,标准电阻见表8-14。

（3）如图8-32所示,用电阻表测量整流子和电枢芯子之间的电阻,标准电阻见表8-15。

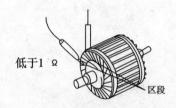

图 8-31　起动机整流子各片之间的电阻的检测

图 8-32　起动机整流子和电枢芯子之间的电阻的检测

标准电阻　　　表 8-14

| 测试仪连接 | 标准电阻 |
| --- | --- |
| 片-片 | 低于1Ω |

标准电阻　　　表 8-15

| 测试仪连接 | 标准电阻 |
| --- | --- |
| 整流子-电枢芯子 | 10kΩ 或更高 |

(4)如图 8-33 所示,用游标卡尺测量整流子的深度。

规定深度:3.1mm,最大深度:3.8mm,如果深度大于最大值,则更换起动机电枢总成。

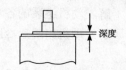

图 8-33　起动机整流子的深度的检测

## 8.6　作　　业

(1)电子控制点火系统、微机控制点火系统的结构、组成、工作原理。
(2)起动机超速保护器的工作原理。

## 8.7　考核内容

(1)点火系统总成的拆装。
(2)起动机总成的拆装。

# 第9章 发动机的总装

## 9.1 实验的目的要求

(1)掌握发动机正确的组装方法。
(2)了解发动机组装的各项技术要求。
(3)了解发动机组装后冷磨、热试过程。

## 9.2 实验使用的工具、设备器材

(1)凯美瑞 200E 1AZ-FE 型、东风 EQ6100-1 型发动机各一台。
(2)各种常用工具、量具、专用工具及工作台架。

## 9.3 装配注意事项及观察要点

发动机的装配是技术要求很高的工作。装配后的发动机技术状况如何,主要取决于装配质量。

(1)装配前必须认真清洗零件、工具,保持设备、工作场地的清洁,彻底清洗汽缸体,检查曲轴上各润滑道是否畅通,用压缩空气吹干、吹净。

(2)不允许互换的零件,如汽缸体与飞轮壳、各活塞连杆组与其对应的汽缸等,应按其原位安装,不得换位。具有安装位置要求的重要配合副,其相对位置不能改变,如曲轴与飞轮、活塞-连杆组、配气相位、点火正时等,必须按照标记对准,不得错位。

(3)主要的螺栓、螺母,如连杆、主轴承、汽缸盖等的螺栓,必须要按照规定的拧紧力矩分3次拧紧。

(4)各螺柱、螺母所用的锁止件,如开口销、垫圈、锁片等,应按规定装配齐全、可靠,不能遗漏和损伤。

(5)关键部位的重要间隙必须保证。如活塞-汽缸壁间隙;曲轴、凸轮轴的轴向间隙;轴颈与轴瓦之间的间隙;气门间隙等。

(6)装配过程中,必须使用专用工具,防止损坏零件。

(7)滑动轴承与轴颈以及具有相对运动的运动副的摩擦表面,在装配时应涂以清洁机油。

(8)装配过程中,随时检查各运动副零部件之间有无运动不协调现象。

(9)注意观察各运动副间的装配顺序、专用工具的使用及相关调整内容。

## 9.4 发动机总装配的方法和步骤

发动机装配的方法和步骤,随发动机类型及结构的不同而异,其原则是以汽缸体为装配基础,由内到外逐级进行。本章以凯美瑞200E 1AZ-FE型发动机的装配顺序为例进行阐述。

### 9.4.1 发动机的总装

#### 9.4.1.1 安装环销

用塑料锤敲进环销,环销尺寸、形状、位置如图9-1所示,标准突出高度见表9-1。

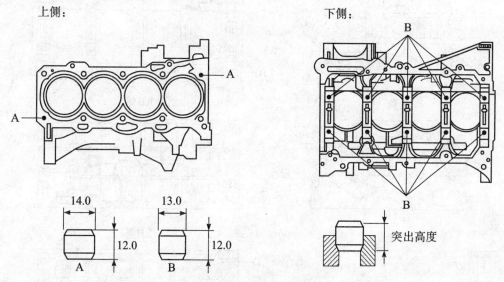

图9-1 环销尺寸、形状、位置示意图

标准突出高度  表9-1

| 项 目 | 凸出高度(mm) | 项 目 | 凸出高度(mm) |
|---|---|---|---|
| A 销 | 6.0 | B 销 | 5.0 |

#### 9.4.1.2 安装双头螺栓

如图9-2所示,用E7套筒扳手安装双头螺柱,拧紧力矩为9.5N·m。

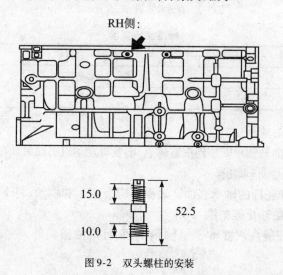

图9-2 双头螺柱的安装

#### 9.4.1.3 安装直销

用塑料锤敲进直销,直销尺寸、形状、位置如图9-3所示,标准突出高度见表9-2。

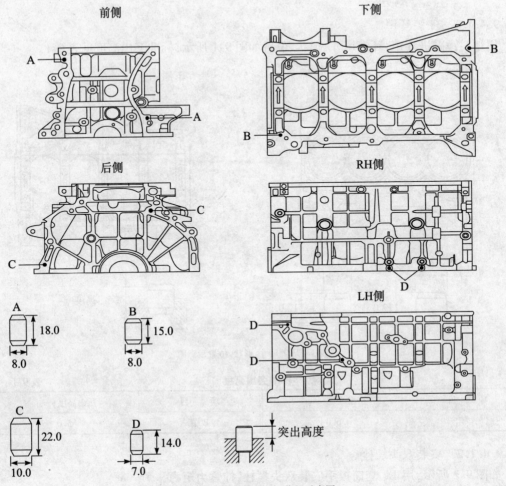

图9-3 直销尺寸、形状、位置示意图

标准突出高度　　　　　　　　　　表9-2

| 项　目 | 凸出高度(mm) | 项　目 | 凸出高度(mm) |
|---|---|---|---|
| A销 | 8.0 | C销 | 12.0 |
| B销 | 7.5 | D销 | 5.0 |

#### 9.4.1.4 安装曲轴轴承

将带有机油槽的上曲轴轴承安装到汽缸体上,不要将发动机机油涂抹在轴承和其接触表面上。

#### 9.4.1.5 安装2号曲轴轴承

清洗轴承的背面和连杆的轴承表面。表面不应有灰尘和机油,将下轴承安装到轴承盖上。

#### 9.4.1.6 安装上曲轴止推垫圈

将2个止推垫圈安装在汽缸体3号轴颈下面,且机油槽朝外,将发动机机油涂抹在曲轴止推垫圈上。

#### 9.4.1.7 安装曲轴

(1)将发动机机油涂抹在上轴承上,然后将曲轴安装到汽缸体上。

(2)将发动机机油涂抹在下轴承上,检查如图9-4所示朝前标记,并在汽缸体上安装轴承盖。
(3)在螺纹上和轴承盖螺栓下面涂抹一薄层发动机机油,安装曲轴轴承盖螺栓。
(4)按图9-5所示的顺序安装并均匀拧紧主轴承盖螺栓,拧紧力矩为20N·m。
(5)按如图9-5所示的顺序,再拧紧主轴承盖螺栓,拧紧力矩为40N·m。

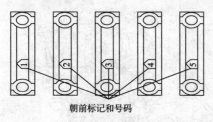

图9-4 轴承朝前标记

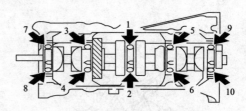

图9-5 主轴承盖螺栓拧紧顺序

(6)如图9-6所示,用油漆标记轴承盖螺栓的前侧。
(7)按图9-5所示顺序,将轴承盖螺栓再拧紧90°。
(8)检查油漆标记现在是否与前端成90°角,检查曲轴转动是否平稳,检查曲轴止推间隙。

#### 9.4.1.8 安装连杆轴承

如图9-7所示,将轴承定位爪与连杆槽或连杆盖槽对准,不要将发动机机油涂抹在轴承或其接触表面上。

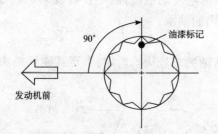

图9-6 轴承盖螺栓油漆标记

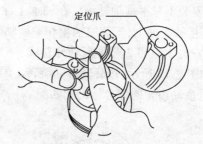

图9-7 轴承定位爪

#### 9.4.1.9 安装连杆-活塞总成

(1)将发动机机油涂抹在汽缸壁、活塞和连杆轴承表面。
(2)如图9-8所示,检查活塞环端口的位置。
(3)如图9-9所示,使用活塞环压缩器,将号码正确的活塞-连杆总成推入每个汽缸,活塞的朝前标记面向前。

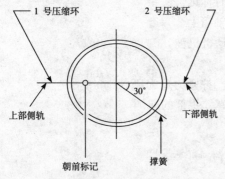

图9-8 活塞环端口的位置检查

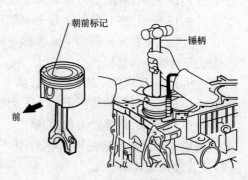

图9-9 活塞的朝前标记

(4)如图9-10所示,检查连杆盖的凸起部分是否朝正确的方向。

(5)在连杆盖螺栓的螺纹上和头部下涂抹一薄层发动机机油。

(6)安装连杆盖螺栓。

①如图9-11所示,安装并交替拧紧连杆盖螺栓,拧紧力矩为25N·m。

图9-10 连杆的朝前标记

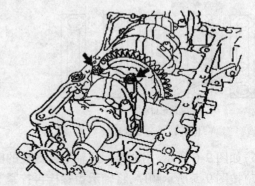

图9-11 连杆盖螺栓

②如图9-12所示,用油漆标记连杆盖螺栓的前端。

③如图9-12所示,将连杆盖螺栓再拧紧90°。

④检查曲轴转动是否平稳和连杆止推间隙。

(7)安装1号平衡轴轴承。在轴承上涂抹一薄层发动机机油,不要将发动机机油涂抹在轴承和其接触表面上,安装曲轴箱和平衡轴壳体内的轴承。

(8)安装1号和2号平衡轴分总成。

①如图9-13所示,按旋转方向旋转1号平衡轴的1号从动齿轮,直至其碰到挡块,确认1号和2号从动齿轮的配合标记相匹配。

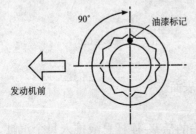

图9-12 连杆盖螺栓油漆标记

图9-13 1号和2号从动齿轮的配合标记

②如图9-14所示,对准1号和2号平衡轴的正时标记。

③如图9-15所示,将1号和2号平衡轴放在曲轴箱上。

④在平衡轴壳体螺栓头部的下面涂抹一薄层发动机机油。

⑤安装平衡轴壳体螺栓。

a.按图9-16所示顺序安装并均匀拧紧8个螺栓,拧紧力矩为22N·m。

b.如图9-17所示,用油漆标记每个平衡轴壳体螺栓头部的前侧。

c.如图9-17所示,将螺栓再拧紧90°。

d.检查油漆标记现在是否与前端成90°角。

(9)安装加强曲轴箱总成。

①暂时拧紧带轮定位螺栓。

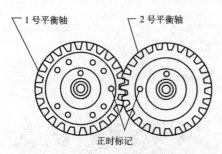

图9-14 1号和2号平衡轴的正时标记

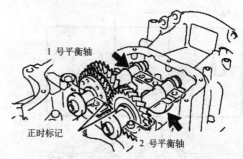

图9-15 平衡轴放置曲轴箱示意图

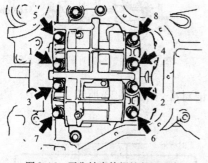

图9-16 平衡轴壳体螺栓紧固顺序

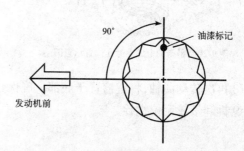

图9-17 平衡轴壳体螺栓头部油漆标记

②如图9-18所示,转动曲轴,将1号和4号汽缸的曲柄销置于底部,确保平衡轴主动齿轮的正时标记位于图示的位置。

③除去接触表面上的任何机油,在连续涂抹线内涂抹密封材料到如图9-19所示位置上。

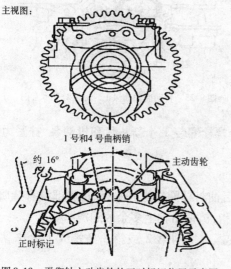

图9-18 平衡轴主动齿轮的正时标记位置示意图

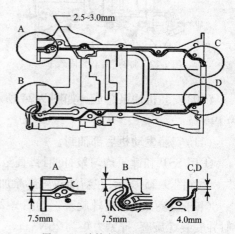

图9-19 涂抹密封材料位置示意图

④如图9-20所示,安装加强曲轴箱,以使平衡轴上的参考孔在如图所示的位置。

⑤如图9-21所示,用11个螺栓临时安装曲轴箱。

⑥按图9-22示顺序均匀拧紧11个螺栓,拧紧力矩为24N·m。

⑦用干净的布擦去多余的密封材料。

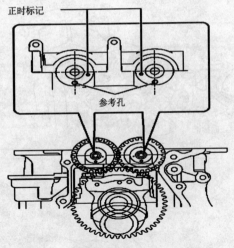

图9-20 平衡轴上的参考孔位置示意图

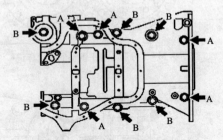

图9-21 曲轴箱临时螺栓安装示意图

⑧再次转动曲轴,将键槽置于底部。确保正时标记对准,如图9-23所示。

⑨拆卸带轮定位螺栓。

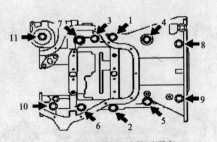

图9-22 曲轴箱螺栓紧固顺序

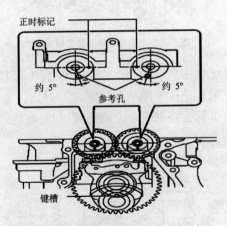

图9-23 转动曲轴确保正时标记对准示意图

(10)安装机油泵总成。如图9-24所示,用3个螺栓安装1个新垫片和机油泵,拧紧力矩为19N·m。

(11)安装发动机后部油封。

①用SST和锤子均匀敲打油封,直至其表面与后油封挡圈边缘齐平,保持唇部没有杂质。

②如图9-25所示,在新油封唇部涂加MP润滑脂,擦掉曲轴上多余的润滑脂。

(12)安装1号锥度螺旋塞。如图9-26所示,在螺旋塞的第2或第3条螺纹上涂抹黏结剂,并安装螺旋塞,拧紧力矩为26N·m。

(13)安装机油控制阀滤清器。检查滤清器的筛网部分是否有杂质,用8mm六角套筒扳手安装一个新垫片和带螺旋塞的机油控制阀滤清器,拧紧力矩为30N·m。

(14)安装进水口外壳。

①如图9-27所示,将一个新的进水口外壳O形圈和新的进水口外壳垫片安装到进水口外壳上。

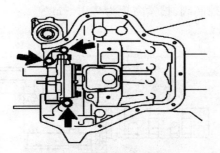

图9-24　机油泵螺栓安装示意图

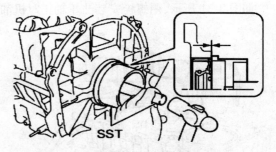

图9-25　新油封唇部涂加 MP 润滑脂示意图

图9-26　1号锥度螺旋塞安装示意图

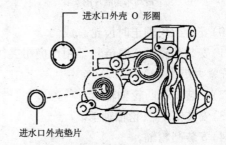

图9-27　水口外壳 O 形圈、进水口外壳垫片的安装

②按如图9-28所示的顺序拧紧5个螺栓，将进水口外壳安装到汽缸体上，不要使 O 形圈和垫片被其他零件夹住，拧紧力矩为35N·m。

③用 E5 套筒扳手将6个双头螺柱安装到进水口外壳上。

(15) 安装进水口外壳放水龙头总成。

①将黏结剂涂抹在放水龙头的螺纹上。

②在如图9-29所示的范围内，安装放水龙头，拧紧力矩为25N·m，在用规定力矩拧紧放水龙头后，不要转动放水龙头超过1圈(360°)。

③将放水龙头塞安装到放水龙头上，拧紧力矩为13N·m。

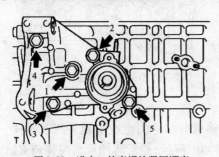

图9-28　进水口外壳螺栓紧固顺序

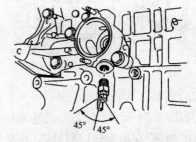

图9-29　放水龙头安装位置

(16) 安装汽缸体水道隔片。如图9-30所示，安装冷却水套隔片，安装时一定要将斜面面向发动机前侧。

(17) 安装汽缸盖垫片。

(18) 安装汽缸盖分总成。

(19) 安装凸轮轴正时油控制阀总成。

①在新 O 形圈上涂抹一薄层发动机机油，然后将其安装到凸轮轴正时机油控制阀上。

②如图9-31所示,用螺栓安装凸轮轴正时机油控制阀,拧紧力矩为9.0N·m。

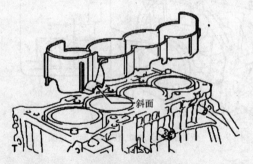

图9-30 冷却水套隔片的安装

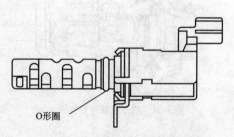

图9-31 凸轮轴正时机油控制阀的安装

(20)安装凸轮轴正时齿轮总成。

(21)安装凸轮轴正时链轮。用台虎钳夹住凸轮轴,拧紧带固定的凸轮轴正时链轮的凸缘螺栓,拧紧力矩为54N·m。

(22)安装1号凸轮轴轴承。

(23)安装2号凸轮轴轴承。

(24)安装凸轮轴。

①在凸轮轴的轴颈部分涂抹一薄层发动机机油。

②如图9-32所示,检查朝前标记和号码,并检查顺序是否如图所示,然后将轴承盖安装到汽缸盖上。

③在轴承盖螺栓的螺纹上和头部下涂抹一薄层发动机机油。

④按图9-33中所示顺序,分步骤均匀拧紧10个轴承盖螺栓,拧紧力矩:1号轴承盖为30N·m,3号轴承盖为9.0N·m。

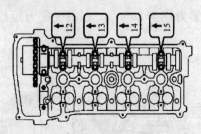

图9-32 凸轮轴朝前标记和号码示意图

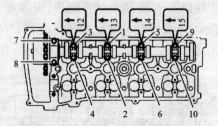

图9-33 凸轮轴轴承盖螺栓紧固顺序

(25)安装2号凸轮轴。

①如图9-34所示,在2号凸轮轴的轴颈部分、轴承盖螺栓的螺纹上和头部下涂抹一薄层发动机机油,检查朝前标记和号码,并检查顺序是否如图所示,然后将轴承盖安装到汽缸盖上。

②按图9-35中所示顺序,分步骤均匀拧紧10个轴承盖螺栓,拧紧力矩:2号轴承盖为30N·m,3号轴承盖为9.0N·m。

(26)如图9-36所示,安装钥匙。

(27)安装2号链条分总成。

(28)安装曲轴正时链轮。

(29)安装1号链条减振器。

(30)安装链条分总成。

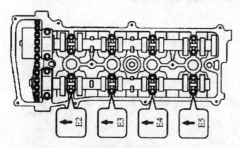

图9-34 2号凸轮轴朝前标记和号码示意图

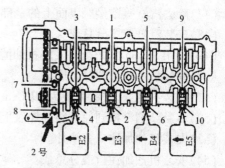

图9-35 2号凸轮轴轴承盖螺栓紧固顺序

(31)安装链条张紧器滑块。
(32)安装正时链条导向器。
(33)安装1号曲轴位置传感器齿板。
(34)安装正时链条箱油封。
(35)安装正时链盖分总成。
(36)安装带V形加强筋的传动带张紧轮总成。
(37)安装油底壳分总成。
(38)安装新的垫片和油底壳排放塞,拧紧力矩为25N·m。
(39)安装水泵总成。
(40)安装水泵带轮。
(41)安装曲轴位置传感器。

①在传感器的O形圈上涂抹一薄层发动机机油,用螺栓安装传感器,拧紧力矩为9.0N·m。

②如图9-37所示,将曲轴位置传感器的夹箍安装到水泵上。

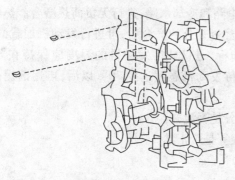

图9-36 钥匙的安装

图9-37 曲轴位置传感器夹箍的安装

(42)安装曲轴带轮。
(43)安装1号链条张紧器总成。
(44)检查气门间隙。
(45)调整气门间隙。
(46)安装凸轮轴位置传感器。在传感器的O形圈上涂抹一薄层发动机机油,用螺栓安装传感器,拧紧力矩为9.0N·m。

(47)除去汽缸盖罩接触表面上的全部机油,安装汽缸盖罩垫片。
(48)安装汽缸盖罩分总成。
(49)使用12mm六角扳手安装机油滤清器接头,拧紧力矩为30N·m。
(50)安装机油滤清器分总成。
(51)安装火花塞,拧紧力矩为19N·m。
(52)将黏结剂涂抹到通风阀的螺纹上,安装通风阀分总成,拧紧力矩为19N·m。
(53)安装机油加注口盖垫片。
(54)安装机油加注口盖分总成。
(55)安装发动机外部其他各装置、附件。

### 9.4.2 发动机的磨合、试验

对于大修装复后的发动机,由于各配合零件表面存在微观的凸凹不平,如果在这种情况下使发动机投入工作,容易造成抱瓦、拉缸等事故,因此,新装配的发动机,必须进行发动机的磨合,磨合分为冷磨和热试两个阶段。

#### 9.4.2.1 冷磨

发动机冷磨时,一般不安装火花塞(或喷油嘴)。将发动机置于专用磨合设备上,与可改变转速的动力装置相连。

通常情况下,冷磨合过程的几个参数主要根据发动机的原厂规定怠速转速来确定。起始磨合转速应比怠速转速低100～200r/min,过低的驱动转速会造成润滑油供应不良。冷磨合的最高转速不宜超过1000r/min。整个磨合时间应不少于2h,低速磨合时间应占3/4以上。

冷磨合用润滑油,应为L-ANN32号全损耗系统用油或其他比较稀薄的车用润滑油,以使摩擦面之间有足够的润滑油,起到润滑、冷却、清除磨料的作用。冷磨结束后,应将机油过滤器和磨合油全部换掉。

#### 9.4.2.2 热试

发动机冷磨合后,装上全部附件,接通油路、电路和冷却水路,进行无负荷热磨合。热磨合的时间不少于1h,转速控制在800～1600r/min。经过充分的磨合后,可进行发动机加载试验,来测定发动机的功率、转矩和燃料消耗等技术指标。热试时,发动机的温度应保持在80～90℃的范围内。热试开始转速应控制在最低速,待发动机温度达到70℃以后,再逐渐提高转速。热试中,还要进行下列检查和调整:

(1)观察各部分衬垫、油封、水封及管路等部分是否泄漏。
(2)查看电流表、冷却液温度表和机油压力表等是否正常。
(3)调整点火正时。
(4)检查各缸工作是否良好,有无异响。
(5)测量汽缸压力是否正常,方法如下:当发动机具有正常工作温度时,拆下全部火花塞,将节气门完全打开,用汽缸压力表紧压在被测汽缸的火花塞孔内,用起动机带动曲轴转动,看表上指针不再上升时,停止转动,读取最大值。一般汽缸压力值为1～1.3MPa。

## 9.5 作 业

发动机总装应注意什么?

## 9.6 考核内容

(1)正确安装曲轴飞轮组。
(2)正确安装发动机外部零件,并进行相关调整。

# 第10章 离合器的拆装

## 10.1 实验的目的要求

(1)掌握离合器的拆装步骤及技术要求。
(2)熟悉离合器主要零部件的名称、作用及相互装配关系。
(3)掌握离合器的调整部位及其调整方法。

## 10.2 实验使用的工具、设备器材

(1)东风EQ1090型汽车离合器一台,长安SC1010膜片弹簧离合器一台。
(2)常用汽车维修工具若干套。
(3)专用离合器夹具、工作台若干套。

## 10.3 实验注意事项及观察要点

(1)严格按照程序进行操作。
(2)正确使用工具和量具。
(3)注意观察各部位的相互关系和自由行程的调整。

## 10.4 实验方法和步骤

### 10.4.1 东风EQ1090型汽车离合器的拆装

1)离合器的拆卸与分解
零件分解图如图10-1所示。
拆卸与分解步骤如下:
(1)拆变速器总成(传动轴应先拆掉)。
①从发动机后横梁上拆下离合器踏板回位弹簧,拔出踏板轴臂下端的平头销。
②旋下离合器壳底盖与离合器壳的紧固螺栓,拆下离合器底盖。
③拆卸离合器壳与变速器壳之间的连接螺栓,将变速器从车上拆下,并从变速器第一轴上取下离合器的分离套筒。
(2)从飞轮上拆下离合器总成。松开离合器盖与飞轮的连接螺栓,取下离合器盖及压盘总成。
注意:
若螺栓上装有平衡片,应在离合器盖的平衡片上打上记号,以便原位装复,防止破坏曲轴

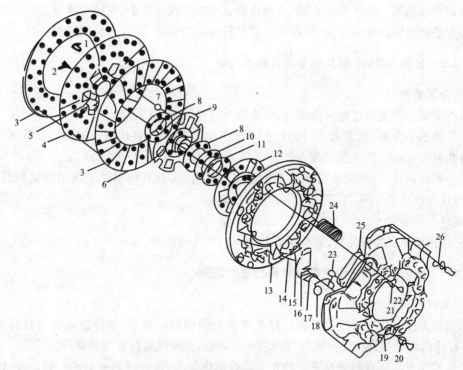

图 10-1 东风 EQ1090 离合器零件分解图

1-从动盘铆钉;2-减振器阻尼弹簧铆钉;3-离合器摩擦片;4-离合器从动盘;5-减振器弹簧;6-离合器摩擦片铆钉;7-从动盘铆钉隔套;8-减振器阻尼片;9-离合器盘毂;10-减振器阻尼弹簧垫圈;11-减振器阻尼弹簧;12-离合器减振盘;13-离合器压盘;14-离合器分离杆调整螺钉;15-离合器分离杆浮销;16-离合器压盘分离杆;17-离合器分离杆摆动快门;18-摆动支撑片;19-离合器盖;20-调整螺母;21-平衡片;22、23-固定螺钉;24-压紧弹簧;25-传动钢片;26-平衡片

总成的动平衡。

(3)分解离合器盖及压盘总成。将离合器盖及压盘总成放在压床上,将压床下部用一块厚度大于 9.2mm,外径小于 1325mm 的圆形垫块垫起,以 15Kg 以上的压力压住。

①拆卸分离杠杆调节螺钉的调整螺母和锁紧螺母。

②拆卸传动片的连接螺栓。

③慢慢放松压力机的压紧压力,待压力全部放松后,离合器压盘及盖总成全部解体,清洗后检查全部零件。

④检查和修复从动盘。

⑤从分离套筒上取下分离轴承,进行清洗和检查,并对轴承进行润滑。

2)离合器的装配与调整

离合器的装配可按拆卸相反的次序进行,在装复过程中要主意检查与调整。

(1)在离合器盖上装上分离杠杆弹簧。

(2)将压盘放到平台上,在压盘凸块内侧放上摆动支撑片,分离杠杆,插入支撑螺柱,穿入浮动销。

(3)把 16 个离合器压紧弹簧放在压盘的弹簧座上,使 4 个支撑螺柱对正离合器相应的孔,然后在离合器盖上加压,在离合器支撑螺柱的端头拧上分离杠杆调整螺母。

(4)将摆动支撑片拨正,将传动片螺栓拧紧。

(5)用分离杠杆调整螺母将分离杠杆调到同一高度,然后用锁紧螺母锁上。

(6)以变速器第一轴作为定心轴,将离合器总成安装到飞轮上,安装变速器。

(7)安装离合器的操纵机构,转动离合器拉杆后端的螺母,调好离合器踏板的自由行程。

### 10.4.2　长安 SC1010 膜片弹簧离合器的拆装

1)离合器的拆卸

(1)拧下离合器盖与飞轮连接螺钉,依次取下压盘部件、从动盘。

(2)压盘部分分解(原装为不可拆),拧下传力片连接螺钉,替代铆钉的螺钉和分离钩固定螺钉(有些可能未设),依次取下离合器盖、后支撑圈、膜片弹簧、前支撑圈。

(3)拆卸分离轴承:在变速箱体前端离合器外壳内,从分离轴承套上取出锁紧弹簧,使分离拨叉与分离轴承套分离,即可取出分离轴承及套。

2)离合器的装配

按拆卸相反程序装配完好,装配中要注意从动盘不可反装。

### 10.4.3　东风 EQ1090 型汽车单片离合器的调整

1)分离杠杆高度的调整

(1)调整方法。用扳手松开分离杠杆支撑销上的锁紧螺母,顺时针旋转分离杠杆调整螺母,分离杠杆内端升高;反之,分离杠杆内端升高降低,调整好后拧紧锁紧螺母。

(2)技术要求。离合器盖与飞轮的8个连接螺栓紧固后,才可调整分离杠杆高度,每调整一个分离杠杆,都要进行测量,各个分离杠杆内端高度差不应大于0.20mm,距从动盘后端距离为35.40mm。

2)离合器踏板自由行程的调整

(1)调整方法。用扳手松开分离拉杆上的锁紧螺母,顺时针旋转球形调整螺母,离合器踏板自由行程减小;反之,离合器踏板自由行程增大,调整好后拧紧锁紧螺母。

(2)技术要求。先测量离合器踏板自由高度,再压下踏板使分离轴承与分离杠杆刚刚接触,量出踏板高度,两数值之差,即为离合器踏板自由行程,东风 EQ1090 型汽车离合器踏板自由行程为 30~40mm。

## 10.5　作　业

(1)离合器及操纵机构如何进行拆装,技术要求有哪些?

(2)膜片式离合器有何优缺点?

## 10.6　考核内容

离合器拆装、调整的实际操作。

# 第 11 章  手动变速器的拆装

## 11.1  实验的目的和要求

(1)掌握变速器的拆装方法、步骤。
(2)熟悉变速器的结构及其装配关系。
(3)熟悉变速器动力传递路线。

## 11.2  使用的工具、设备器材

(1)桑塔纳 2000 系列变速器总成、CA1092 型商用车变速器。
(2)常用工具,桑塔纳专用工具。
(3)轴承顶拔器、倒挡轴顶拔器压床等。

## 11.3  注意事项及观察要点

(1)严格遵循拆装顺序,并注意操作安全。
(2)注意各零件、部件的清洗和润滑。
(3)分解变速器时,不能用锤子直接敲击零件,必须采用铜棒或硬木垫进行敲击。
(4)同步器的齿毂在拆装过程中不要硬打,可借助顶拔器和压床。
(5)各种轴用弹性挡圈的拆装应使用专用夹钳。
(6)在装配五挡主动齿轮时,应先将其加热到 80～100℃(两轴式变速器)。
(7)装配后各齿轮的轴向间隙、同步器同步环的间隙应符合技术要求(两轴式变速器)。
(8)输出轴两端锥轴承的预紧度应合适,操纵机构应灵活可靠(两轴式变速器)。

## 11.4  拆装的方法和步骤

### 11.4.1  桑塔纳 2000 系列轿车手动变速器的拆装

#### 11.4.1.1  变速器总成的拆卸
(1)拆下蓄电池的搭铁线。
(2)拆下离合器的拉索,如图 11-1 所示。
(3)升起汽车,将两个传动半轴拆下并支撑好,如图 11-2 所示。
(4)拆开内变速杆与操作机构的连接,如图 11-3 所示。
(5)拆下倒挡灯开关插头及车速里程表软轴,如图 11-4 所示。

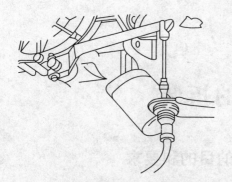
图 11-1 拆下离合器的拉索

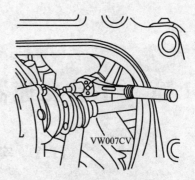
图 11-2 拆两个传动轴半轴

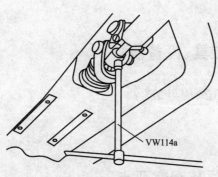
图 11-3 拆开内变速杆与操作机构的连接

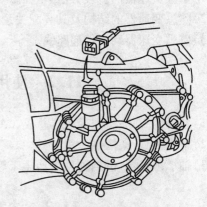
图 11-4 拆下车速里程表软轴

(6)拆下排气管。

(7)拆下发动机与变速器上部的连接螺栓。

(8)再次举升汽车,拆下起动机、发动机中间支架及变速器减振垫和减振垫前后支架,如图 11-5 所示。

(9)拆下发动机与变速器下部连接螺栓,拆下变速器,如图 11-6 所示。

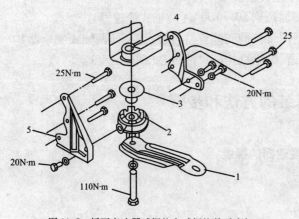

图 11-5 拆下变速器减振垫和减振垫前后支架
1-变速器支架;2-变速器减振垫;3-减振垫的隔离物;4-减振垫的后支架;5-减振垫的前支架

图 11-6 拆下发动机与变速器下部连接螺栓

11.4.1.2　变速器总成的安装

变速器总成的安装可按与拆卸相反的顺序进行。如果有必要,调整离合器踏板自由行程。有关的螺栓拧紧力矩见表11-1。

变速器紧固螺栓拧紧力矩　　　　表 11-1

| 部　　件 | 拧紧力矩(N·m) | 部　　件 | 拧紧力矩(N·m) |
|---|---|---|---|
| 变速器固定在发动机上的螺栓 | 55 | 变速器支架固定在横梁上的螺栓 | 70 |
| 变速器减振垫前减振架上的固定螺栓 | 25 | 传动轴固定在变速器上的螺栓 | 40 |
| 减振垫固定在前后支架上的螺栓 | 20 | 内变速杆固定螺栓 | 30 |
| 减振垫固定在车身上的螺栓 | 110 |  |  |

11.4.1.3　变速器的解体与装配

1)变速器的解体

(1)清洗变速器外表,将其固定在维修架上。

(2)放出机油。

(3)拆下变速器后盖。

(4)拆卸一挡、二挡的锁销,接着把拨叉向左转动。

(5)换入二挡,拉下拨叉轴。

(6)拆下五挡拨叉轴及五挡同步器和五挡齿轮组件,如图11-7所示。

(7)锁住输入轴,取下输出轴五挡齿轮紧固螺母,拆下五挡齿轮,如图11-8所示。

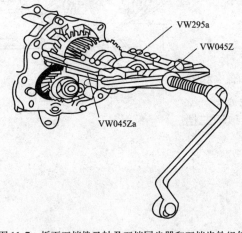

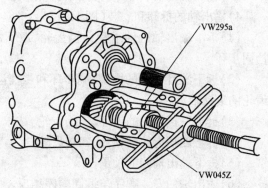

图 11-7　拆下五挡拨叉轴及五挡同步器和五挡齿轮组件　　　　图 11-8　拆下五挡齿轮

(8)取下三挡、四挡的锁销和拨叉轴。

(9)拆下倒挡自锁装置和倒挡拨叉轴。

(10)拆下输入轴和输出轴组件,如图11-9所示。

(11)取出倒挡轴和齿轮、倒挡传动臂。

(12)拆卸拨叉轴自锁和互锁装置,如图11-10所示。

(13)拆下从动齿轮的轴承盖螺栓,取下盖子,取出差速器总成,如图11-11所示。

2)变速器的装配

变速器的装配可按与拆卸的相反顺序进行。由于桑塔纳轿车的变速器和主减速器是合为一体的整体结构,其变速器的输出轴又是主减速器的输入轴,因此轴的定位和预紧十分重要。

在装配变速器输出轴时要特别注意调整垫片的厚度,因为它直接影响主动齿轮的轴向位置。

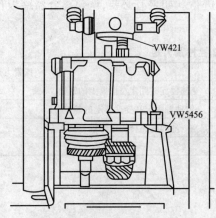

图 11-9 拆下输入轴和输出轴组件

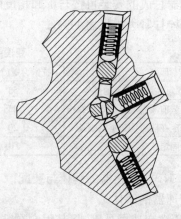

图 11-10 拆卸拨叉轴自锁和互锁装置

3)输入轴的拆卸和安装(图 11-12)

(1)拆下四挡齿轮的有齿锁环,取下四挡齿轮、同步环和滚针轴承。

(2)拆下同步器锁环。

(3)拆下三挡、四挡同步器,拆下三挡同步环和齿轮,取下三挡齿轮的滚针轴承。

(4)拆下中间轴承内圈。

(5)输入轴的安装顺序与拆卸顺序相反。

4)输出轴的拆卸和安装(图 11-13)

(1)拆下输出轴后轴承和一挡齿轮,取下滚针轴承和一挡同步环。

(2)拆下滚针轴承的内圈、同步环和二挡齿轮,取下二挡齿轮的滚针轴承。

(3)拆下三挡齿轮的锁环、三挡齿轮。

(4)拆下四挡齿轮的锁环、四挡齿轮。

(5)拆下输出轴的前轴承。

(6)输出轴的安装顺序与拆卸顺序相反。

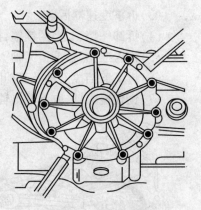

图 11-11 拆下主减速器

### 11.4.2 CA1092 型汽车变速器的拆装

#### 11.4.2.1 CA1092 型汽车变速器的分解

1)变速器操纵机构

图 11-14 所示为变速器操纵机构分解图,其拆卸顺序如下:

(1)拆下变速器盖总成。

(2)将变速器盖总成固定在台虎钳上。

(3)拆下变速导块和变速叉的固定销。拆卸时,使变速叉和导块朝上,用 5mm 的圆柱销将所有的弹性销推出。

(4)将变速叉轴置于空挡位置,并用棉纱塞住装自锁钢球的小孔,以免拆卸时钢球弹出。

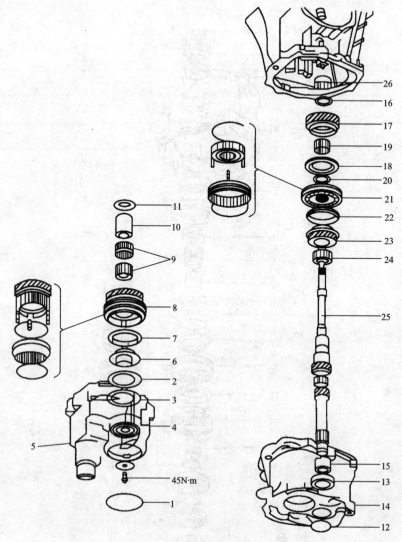

图11-12 输入轴分解图

1-后轴承的罩盖;2-挡油器;3-锁环;4-输入轴后轴承;5-变速器后盖;6-五挡同步器套管;7-五挡同步环;8-五挡同步器和齿轮;9-五挡齿轮滚针轴承;10-五挡齿轮滚针轴承内圈;11-固定垫圈;12-锁环;13-中间轴承;14-轴承支座;15-中间轴承内圈;16-有齿挡环;17-四挡齿轮;18-四挡同步环;19-四挡齿轮滚针轴承;20-锁环;21-三挡和四挡同步器;22-三挡同步环;23-三挡齿轮;24-三挡齿轮滚针轴承;25-输入轴;26-输入轴滚针轴承

(5)用铜棒在变速叉轴的端头用力推,使叉轴与塞片一并顶出,取出叉轴和变速器。

(6)取出自锁钢球和自锁弹簧。

(7)在拆出一、二挡和三、四挡变速叉轴的同时,取下互锁销。

(8)在所有的变速叉轴拆下后,取出互锁块。

(9)旋下变速器操纵杆手柄,拆下防尘套和变速器操纵杆的固定螺栓,拔下变速器操纵杆。

(10)从变速器操纵杆上退下球形帽、弹簧座、弹簧等零件,卸下O形密封圈和球座。

(11)用尖嘴钳剪断叉形拨杆上的两个固定螺栓的锁线,拧下固定螺栓,拆下两个端盖,取出两支换挡轴。

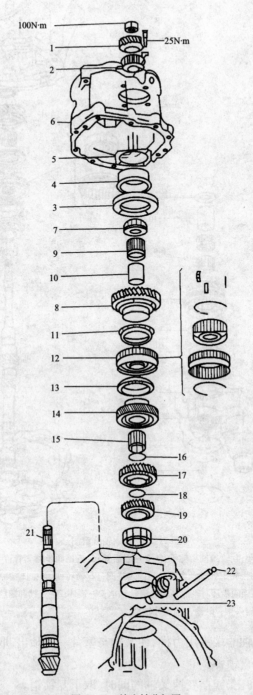

图 11-13 输出轴分解图

1-五挡齿轮;2-输出轴外后轴承;3-轴承保持架;4-后轴承外圈;5-调整垫片;6-轴承支座;7-输出轴内后轴承;8-一挡齿轮;9--挡齿轮滚针轴承;10-一挡齿轮滚针轴承内圈;11-一挡同步环;12--挡和二挡同步器;13-二挡同步环;14-二挡齿轮;15-二挡齿轮滚针轴承;16-挡环;17-三挡齿轮(凸缘应转向四挡齿轮);18-挡环;19-四挡齿轮(凸缘应转向锥主动齿轮);20-输出轴前轴承;21-输出轴;22-圆柱销;23-输出轴前轴承外圈

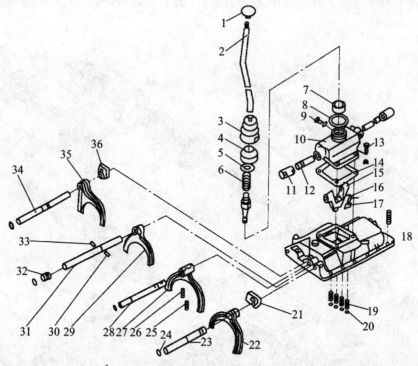

图 11-14 变速器操纵机构的分解图

1-变速器操纵杆手柄;2-操纵杆;3-防尘套;4-球形帽;5-弹簧座;6-压紧弹簧;7-球座;8-O形密封圈;9、13、16-螺栓;10-顶盖;11-端盖;12-换挡轴;14-密封垫;15-叉形拨杆;17-钢丝锁线;18-上盖;19-自锁弹簧;20-自锁钢球;21-五、六挡变速导块;22-五、六挡变速叉;23-五、六挡变速叉轴;24-塞片;25-弹性销;26-坡口弹性销;27-三、四挡变速叉;28-三、四挡变速叉轴;29-一、二挡变速叉;30-互锁块;31-一、二挡变速叉轴;32-一、二挡变速导块;33-互锁销;34-倒挡变速叉轴;35-倒挡变速叉;36-倒挡变速导块

(12) 拆下倒挡开关总成和通气塞。

2) 变速器传动机构

图 11-15 所示为变速器传动机构的分解图,拆卸顺序如下:

(1) 拆下后盖固定螺栓,取下后盖及偏心套,如图 11-16 所示。

(2) 拆下偏心套固定螺栓,抽出速度表从动齿轮偏心套,同时将速度表从动齿轮从偏心套中抽出,再从第二轴上取下速度表主动齿轮,如图 11-17 所示。

(3) 拆下第一轴轴承盖固定螺栓,取下轴承盖。

**注意:**

勿损坏轴承盖内的油封。

(4) 拉出第一轴总成,如图 11-18 所示。

(5) 用卡簧钳拆下轴承的内外卡簧(图 11-19),压出轴承。拆下第一轴孔中的卡簧,取出滚子及垫圈,如图 11-20 所示。

(6) 用铜棒轻敲第二轴前端,使其稍向后移,拆下第二轴后轴承外卡簧,再用顶拔器拉出第二轴后轴承。

(7) 将第二轴前端撬起,取出五、六挡同步器各零件(图 11-21),再取出第二轴总成。

(8) 从第二轴后端拆下倒挡齿轮止推片(图 11-22)、倒挡齿轮和滚针轴承,再拆下倒挡滑动齿套,如图 11-23 所示。

(9) 从第二轴前端拆下五、六挡同步器毂卡簧（图11-24），再拆下五、六挡同步器毂及滑动齿套。

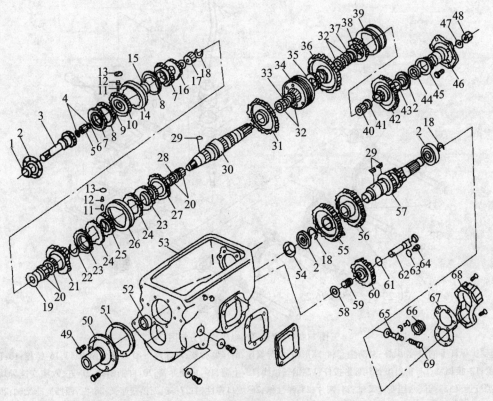

图 11-15 变速器传动机构的分解

1-第一轴后轴承内卡簧；2-滚柱轴承及卡簧；3-第一轴；4-隔环；5-滚子；6-固定滚子卡簧；7-五、六挡同步器锥盘；8-五、六挡同步环；9、15、18、22-卡簧；10-五、六挡同步器毂；11-同步器弹簧；12-定位块；13-推块；14-五、六挡滑动齿套；16-五挡齿轮；17-五挡齿轮滚针轴承；19-四挡齿轮衬套；20、32、40、59-滚针轴承；21-四挡齿轮；23-三、四挡同步器锥盘；24-三、四挡同步环；25-三、四挡同步器毂；26-三、四挡滑动齿套；27-三挡齿轮；28-液针轴承隔套；29-止转销；30-第二轴；31-二挡齿轮；33-隔套；34-二挡同步器总成；35-二挡固定齿座；36-一挡齿轮；37-一挡齿轮衬套；38-倒挡固定齿座；39-倒挡滑动齿套；41-倒挡齿轮衬套；42-倒挡齿轮；43-倒挡齿轮止推垫；44-后盖油封总成；45-挡尘罩总成；46-第二轴凸缘；47-O形密封圈；48-锁紧母；49-第一轴轴承盖螺栓；50-第一轴轴承盖；51、67-密封垫；52-第一轴油封总成；53-外壳；54-中间轴前油封盖；55-减速齿轮；56-中间轴五挡齿轮；57-中间轴；58、61-止推垫圈；60-倒挡轴倒挡齿轮；62-倒挡轴；63-倒挡轴锁片；64-螺栓；65-偏心套；67-速度表主动齿轮；68-后盖；69-速度表从动齿轮

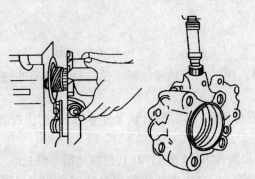

图 11-16 拆下变速器后盖及偏心套

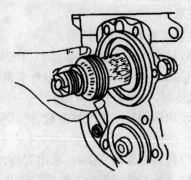

图 11-17 拆下速度表主动齿轮

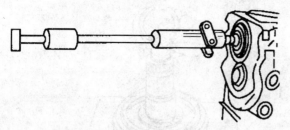
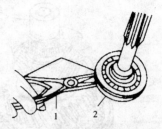

图 11-18 用顶拔器拆下第一轴总成

图 11-19 拆下轴承的内外卡簧
1-卡簧钳；2-卡簧

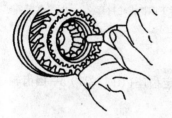
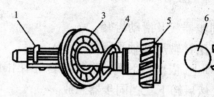

a)拆下第一轴总成滚子卡簧　　　　b)分解后的第一轴总成

图 11-20 分解第一轴
1、2-卡簧；3-轴承；4-轴承端环；5-第一轴；6-垫圈；7-滚子

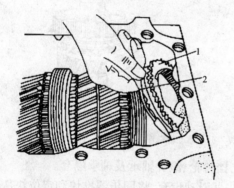
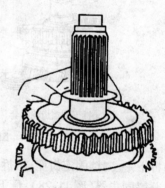

图 11-21 拆下第五、六挡同步器
1-同步器锥盘；2-同步环

图 11-22 拆下倒挡齿轮止推片

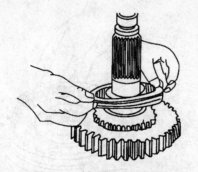
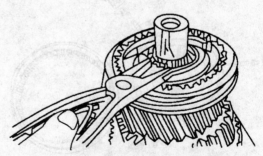

图 11-23 拆下倒挡滑动齿套

图 11-24 拆下五、六挡同步器毂卡簧

（10）拆下五挡齿轮和滚针轴承，如图 11-25 所示。

（11）拆下四挡齿轮衬套卡簧及衬套（图 11-26），取下四挡齿轮及滚针轴承，并用尖嘴钳取下衬套的定位销。

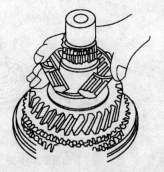
图 11-25 拆下五挡齿轮滚针轴承

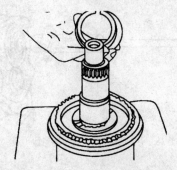
图 11-26 拆下四挡齿轮衬套

（12）拆下三、四挡同步器毂及滑动齿套。

（13）拆下三挡齿轮、滚针轴承和轴承隔套。

（14）将第二轴后端朝上，依次拆下倒挡齿轮衬套、倒挡固定齿座（图 11-27）、一挡齿轮、滚针轴承和一挡齿轮衬套，然后卸下二挡同步器总成。

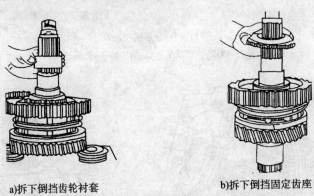

a) 拆下倒挡齿轮衬套　　　b) 拆下倒挡固定齿座

图 11-27 拆下第二轴总成

（15）拆下一、二挡固定齿座，再拆下二挡齿轮、滚针轴承及轴承隔套。

（16）分解同步器（图 11-28）：压下同步器滑动齿套，将同步器推块和定位块从同步器毂的槽内抽出（图 11-29）。

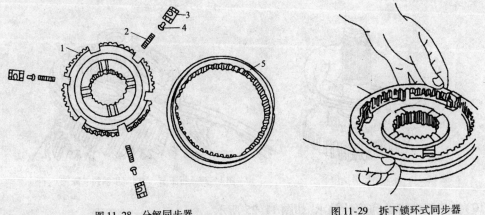

图 11-28　分解同步器　　　　　　　图 11-29　拆下锁环式同步器
1-同步器毂；2-弹簧；3-推块；4-定位块；5-滑动齿套

**注意：**

勿让同步器弹簧弹出。最后将同步器弹簧从孔中取出。

(17) 分别在三、四、五挡齿轮上做好装配标记，再取下同步器锥盘卡簧，最后从齿轮上取下同步器锥盘。

(18) 拆下中间轴后轴承内圈卡簧，再拆下后轴承外圈卡簧。

(19) 用铜棒将中间轴向后击出一点距离，再用顶拔器将中间轴后轴承拆下，如图 11-30 所示。

(20) 从变速器壳内将中间轴总成取出。

(21) 用顶拔器将中间轴前轴承拆下，再拆下中间轴的卡簧，然后用压床压下中间轴的减速齿轮和五挡齿轮。

(22) 拆下倒挡轴锁片螺栓，取出锁片。

(23) 用顶拔器从壳体中拔出倒挡轴，取出倒挡轴倒挡齿轮和两片止推垫圈。

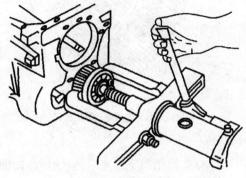

图 11-30 用顶拔器拆卸中间轴后轴承

### 11.4.2.2 CA1092 型汽车变速器的装复

1) 变速器传动机构

(1) 把同步器弹簧装于同步器毂的孔内，如图 11-31a 所示。

(2) 将定位块装入推块的孔中（图 11-31b），再用螺丝刀将同步器弹簧压下，从一端把带有定位块的推块插入同步器毂的槽中（图 11-32），对准同步器毂后，套上滑动齿轮。

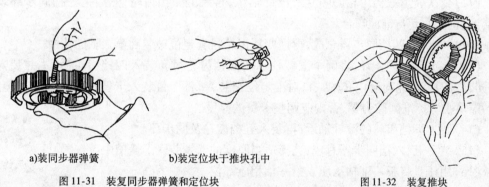

a) 装同步器弹簧　　　　b) 装定位块于推块孔中

图 11-31　装复同步器弹簧和定位块　　　　图 11-32　装复推块

(3) 按标记将同步器锥盘套装在相应的齿轮上，再将固定同步器锥盘的卡簧置于卡簧槽。

(4) 将第二轴后端朝上垂直放置，依次装上二挡齿轮的滚针轴承及隔套，再装上二挡齿轮。

**注意：**

装滚针轴承时应涂以少量的润滑油。

(5) 装上一、二挡固定齿座。

**注意：**

齿座端面上有"1ST"标记的一端应朝向后面，如图 11-33 所示。

(6) 装上二挡同步器总成，使带有同步环的一端朝向二挡齿轮。

(7) 将一挡齿轮衬套加热至 80～100℃ 后立即套装在第二轴相应轴颈上，装上两个滚针轴承，涂以润滑油后装上一挡齿轮，如图 11-34 所示。

图 11-33 固定齿座的装配标记

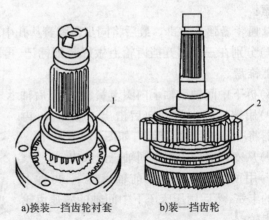

a) 换装一挡齿轮衬套　　b) 装一挡齿轮

图 11-34 装复一挡齿轮
1—衬套；2—一挡齿轮

(8) 装倒挡固定齿座时，应使齿座凹面朝下，再将其套装在第二轴的相应花键上。

(9) 将倒挡齿轮衬套加热至 80～100℃后，立即装入第二轴的相应位置上，再装上倒挡滑动齿套，然后将滚针轴承涂以润滑油装上倒挡齿轮。

**注意：**

装倒挡齿轮止推垫片时，应使垫片有大倒角的一侧朝后。

(10) 使第二轴前端朝上。

(11) 依次装上三挡齿轮的隔套及滚针轴承，再装上三挡齿轮，然后把三挡同步环装于同步器锥盘上，使其与锥面吻合。

(12) 装上三、四挡同步器总成，再把四挡齿轮衬套定位销装到第二轴的孔中。

(13) 装上四挡同步环，将两个滚针轴承及四挡齿轮衬套装入四挡齿轮后，一并装入第二轴，同时将四挡齿轮衬套内孔的缺口对准定位销装入，将卡簧装入卡簧槽中，使之与衬套之间的间隙最小。标准间隙为零，否则应调整卡簧的厚度。

(14) 装上五挡齿轮的滚针轴承，再装入五挡齿轮及同步环。

(15) 装上五、六挡同步器总成，选择适当厚度的卡簧装入卡簧槽中。

(16) 用压具将第一轴轴承压入第一轴相应部位。

**注意：**

轴承内卡簧一定要放在靠齿轮一端，内卡簧圆角大的一侧应靠向齿轮，压入轴承时必须压在轴承的内圈。

(17) 装上轴承内卡簧，选择卡簧使卡簧与轴承内圈的间隙为零。

(18) 装入第二轴滚子轴承前，先将隔环装入第一轴的孔内，再装入 15 个滚子，然后装入另一个隔环，再用一卡簧将滚子撑住，并在滚子上涂以少量的润滑油，以使滚子转动灵活。

(19) 选择适当厚度的键，分别装在中间轴的键槽中，再压入五挡齿轮和减速齿轮，并使之到位，然后选择适当厚度的卡簧装在减速齿轮前端的卡簧槽中，使其轴向间隙为零。

(20) 将中间轴前轴承内圈压到中间轴轴肩上。

(21) 将速度表从动齿轮油封装入偏心套内，不得装反（图 11-35），再将 O 形密封圈装在偏心套上。在 O 形密封圈和油封刃口上涂少量润滑油，装入速度表的从动齿轮。

(22) 将偏心套装入变速器后盖内，使偏心套上三个孔中的中间孔与后盖上的螺孔对准，以 8~11N·m 的力矩将螺栓拧紧。

(23)用专用工具将油封压入后盖中(图 11-36),装配时应在刃口上涂以少量的润滑油,以防损坏油封的刃口。

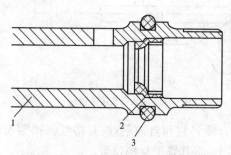
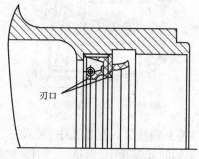

图 11-35　速度表从动齿轮油封的装配方向
1-偏心套;2-油封;3-O 形密封圈

图 11-36　装复油封

(24)将滚针轴承装入倒挡齿轮的孔中,两个止推垫片分别放在齿轮的两端,并涂以少量的润滑油。使倒挡齿轮轮毂凸出的一侧朝前,放在变速器外壳中。

(25)将 O 形密封圈装入倒挡轴的槽中,用铜棒将倒挡轴从壳体外端打入。

**注意:**

倒挡轴齿轮、滚针轴承及止推垫片必须与倒挡轴对准后再打至到位。

(26)装上倒挡轴锁片,以 19~26N·m 的力矩拧紧锁片固定螺栓。

(27)将中间轴总成放入变速器壳体中,装上前轴承外圈。装中间轴后轴承时,先装上轴承外圈的卡簧,再将后轴承套在轴上。**注意:**圆角大的一面应朝前。对准壳体的轴承孔,用铜棒轻轻将轴承打入,再选择适当的卡簧装于轴承内圈的卡簧槽中。标准间隙为零。

(28)装中间轴前油封盖时,要垂直压入,不可用锤子敲击。装好后从正反两个方向转动中间轴,应轻重均匀且无异响。

(29)将第二轴总成装入变速器壳内,并使后端插入轴承承孔中,再将六挡同步器锥盘及同步环套在第二轴总成的前端,然后使第二轴上的齿轮分别与中间轴上的齿轮啮合。

(30)装上第二轴的后轴承,并在轴承外圈上装上卡簧,然后将轴承压入变速器壳的轴承承孔内。装配时要均匀地压下轴承的内圈。

(31)将变速器第一轴总成压入变速器壳的轴承承孔中,在未压到位前,依次将六挡同步器锥盘及同步环套在第一轴花键上,再将第一轴轴承压至轴承的外卡簧靠在壳体前端面上。

(32)装上第一轴轴承盖密封垫(**注意:**不要盖住壳体上的油孔),再将第一轴轴承盖总成上的油封涂上润滑脂,边旋转轴承盖边往里推进,然后以 38~50N·m 的力矩拧紧固定螺栓。

(33)将速度表主动齿轮装于第二轴的后端,装上后盖密封圈,再装上后盖,然后以 38~50N·m 的力矩拧紧后盖螺栓。

2)变速器操纵机构

(1)将倒挡自锁弹簧和自锁钢球装入自锁孔中(图 11-37),用变速叉轴的导规插入叉轴孔中压下自锁钢球(图 11-38),再将倒挡变速叉轴插入并用力推进一定距离,然后在变速叉轴上套入倒挡导块总成和倒挡叉,并将变速叉轴置于空挡位置。

(2)将互锁块装入互锁孔中,装入一、二挡自锁弹簧和钢球,并在一、二挡变速叉轴的小孔内装入互锁销,然后插入变速叉轴,套上一、二挡导块及一、二挡变速叉,将变速叉轴置于空挡位置。

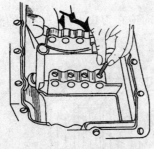
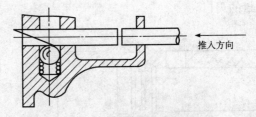

图 11-37 装复自锁弹簧　　　　图 11-38 用导规装复变速叉轴

(3)将互锁块装入互锁孔中,装入三、四挡的自锁弹簧和自锁钢球,并将互锁销插入三、四挡变速叉轴的互锁孔中,再将三、四挡变速叉轴装上,将其置于空挡位置。

(4)装进互锁块及五、六挡的自锁弹簧和自锁钢球,用同样的方法分别装上五、六挡变速叉轴、导块和变速叉,将其置于空挡位置。

(5)分别将较粗的弹性销插入各变速叉的定位孔中,再插入较细的弹性销,并使两个销的开口方向相反,如图 11-39 所示。

(6)变速叉轴装好后,在叉轴两端的轴承承孔中分别涂以少量的密封胶,再用专用工具将塞片装入轴承承孔中,如图 11-40 所示。

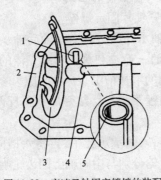
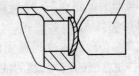

图 11-39 变速叉轴固定锁销的装配　　　图 11-40 装复塞片
1-锁销的安装位置;2-变速器盖;3-变速叉;4-外弹簧销;　　1-塞片;2-专用工具
5-内弹簧销

(7)装上倒挡开关和通气塞。

(8)将叉形拨杆和两根换挡轴插入顶盖的轴承承孔中,并拧紧叉形拨杆的两个固定螺栓,然后装好螺栓的锁销。

(9)放上球座,并在其内涂少量的润滑脂,将 O 形密封圈套装在顶盖相应的槽中,再将弹簧、弹簧座和球形帽套在操纵杆上,压下球形帽,拧上固定操纵杆的螺栓,装上防尘罩,旋上换挡轴两端的端盖。

(10)在变速器壳上装上两个定位环。

(11)将变速器操纵机构与变速器第二轴上的相应齿轮及同步器均置于空挡位置,并使变速叉与相应挡位同步器的滑动齿套的槽对准,装上变速器盖总成及密封垫,以 38~50N·m 的力矩交叉均匀地拧紧所有的固定螺栓。

## 11.5 作　业

(1) 画出所拆变速器的结构简图。
(2) 简述变速器的拆装顺序和注意事项。

## 11.6 考核内容

(1) 拆装变速器总成，应在规定的时间内完成。
(2) 按正确的操作步骤进行拆装。
(3) 必须按规定的拧紧力矩拧紧螺栓、螺母等，使之符合技术要求。

# 第 12 章　自动变速器的拆装

## 12.1　实验的目的和要求

(1) 掌握自动变速器拆装的基本步骤和基本方法。
(2) 熟悉自动变速器的组成，主要零部件的构造、工作原理。
(3) 掌握一些常用工具和专用工具的使用方法。

## 12.2　使用的工具、设备器材

(1) 丰田 U241E 自动变速器。
(2) 常用工具、量具及空气压缩机、清洗液等。
(3) 自动变速器拆装专用工量具(SST)。
(4) 拆装工作台(专用)。

## 12.3　注意事项

(1) 装有安全气囊的车辆，为防止气囊意外打开，在断开蓄电池负极电缆后至少需等待 30s。
(2) 拆卸之前，应对自动变速器外部进行彻底清洗，拆卸应在干净的工作区内进行。
(3) 要清洗所有拆散的零件及其油道和气孔。当用压缩空气吹干净零件时，要防止传动液或煤油喷到脸上，以免受到意外伤害。
(4) 阀体内装有许多精密的零件，在对它们进行拆卸和检修时，需要特别小心，防止弹簧、节流球阀和小零件丢失或散落。
(5) 制动器和离合器的新片必须在自动变速器油中至少浸 15min，然后才能进行装配。
(6) 密封衬垫、密封圈和密封环一经拆卸都应更换。
(7) 在装配之前，给所有零件涂一层自动变速器油(ATF)，密封环和密封圈上可涂凡士林，切记不要使用任何一种黄油。卡环的端隙不能对着零件的切口，而且必须安装妥贴。

## 12.4　实验的方法和步骤

拆卸自动变速器必须按正确的步骤进行，以避免损坏自动变速器。在拆卸之前，应关闭汽车的点火开关，拆下蓄电池负极电缆，放掉 ATF，然后按下列步骤进行(以丰田 U241E 自动变速器为例)。

### 12.4.1 拆卸自动变速器

(1)释放燃油系统压力,断开蓄电池负极端子电缆,排放发动机机油,排出发动机冷却液,排除 ATF,断开节气门拉索、氧传感器,拆下排气尾管、前部及中间排气管、隔热板、中央地板横梁支撑。

(2)从变速杆上断开变速控制拉杆,松开螺栓并拆下传动轴,断开两个车速传感器的线束接头、电磁阀线束接头,以及空挡起动开关线束接头,拆卸螺栓,并断开线束。

(3)断开起动电动机线束接头,断开并拆下油冷却器管,拆下液力变矩器检查面板,拆下液力变矩器至飞轮的连接螺栓。用合适的变速器千斤顶支撑起变速器。

(4)用两个高的千斤顶台架,支撑起发动机前部和后部。拆下变速器后部支架,松开螺栓并向前移出起动电动机。拆下变速器至发动机的固定螺栓,向后移动变速器并将其降下。

### 12.4.2 安装自动变速器

安装自动变速器的步骤与拆卸步骤相反。

### 12.4.3 自动变速器总成的分解

自动变速器总成分解如图 12-1～图 12-5 所示。

(1)拆卸驻车/空挡位置开关总成,拆卸通气塞软管,拆卸机油冷却器管接头(出、入口机油冷却器接头),拆卸转速传感器。

(2)固定自动变速器总成,拆卸自动变速器油底壳分总成,拆下磁铁并用它收集钢屑。检查油底壳和磁铁上的钢屑和颗粒,确定变速器的磨损类型。

(3)拆卸变速器导线,断开换挡电磁阀上的 5 个连接器,拆卸螺栓、夹箍和 ATF 温度传感器,将螺栓和自动变速器电磁线圈导线从自动变速器壳体上拆下,将 O 形圈从自动变速器电磁线圈导线上拆下。

(4)拆卸阀体机油滤网总成,拆卸变速器阀体总成,如图 12-6 所示。

(5)从自动变速器壳体上拆下 1 号调速器装配垫片、2 挡制动器垫片、制动鼓垫片、止回球壳体。

(6)拆卸 C-3 储能器活塞。如图 12-7a)所示将弹簧从 C-3 储能器活塞上拆下,如图 12-7b)所示向油孔充入压缩空气(392kPa)并拆卸 C-3 储能器活塞(**注意**:充入压缩空气可能会导致活塞跳出。拆卸活塞时,要用废布将其用手握住。空气吹扫时小心不要溅出 ATF),将 O 形圈从 C-3 储能器活塞上拆下。用同样的方法拆卸 C-1 储能器活塞、B-3 储能器活塞。

(7)拆卸手动阀拉杆轴保持弹簧,拆卸手动锁止弹簧分总成,拆卸驻车锁定爪托架,拆卸手动阀拉杆分总成,拆卸驻车锁定杆分总成,拆卸手动阀拉杆轴油封。

(8)固定自动变速器壳体,油泵侧向上。

(9)拆卸自动变速器外壳。拆卸 18 个螺栓,用塑料锤在自动变速器外壳周围敲击,以便将自动变速器外壳从自动变速器壳体上拆下。

(10)拆卸机油泵总成。

(11)拆卸推力滚针轴承,拆卸 2 号推力轴承减速传动座圈,拆卸差速器齿轮总成。

(12)拆卸前进挡离合器总成。

(13)拆卸多盘离合器。

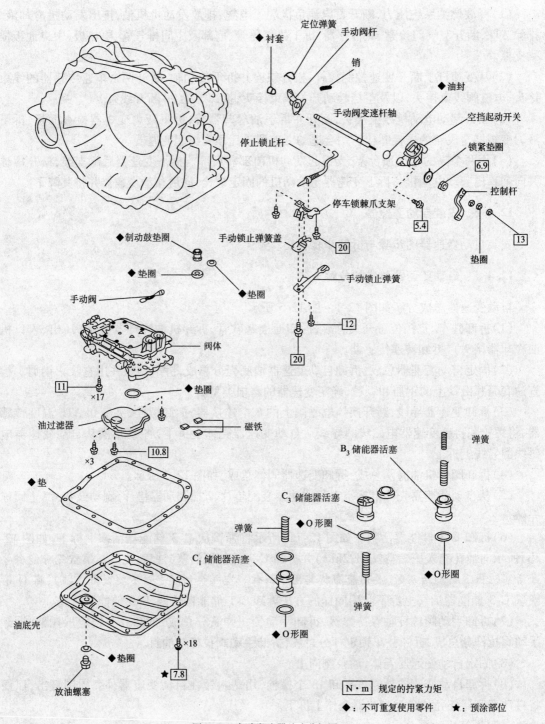

图 12-1 自动变速器总成分解图 1

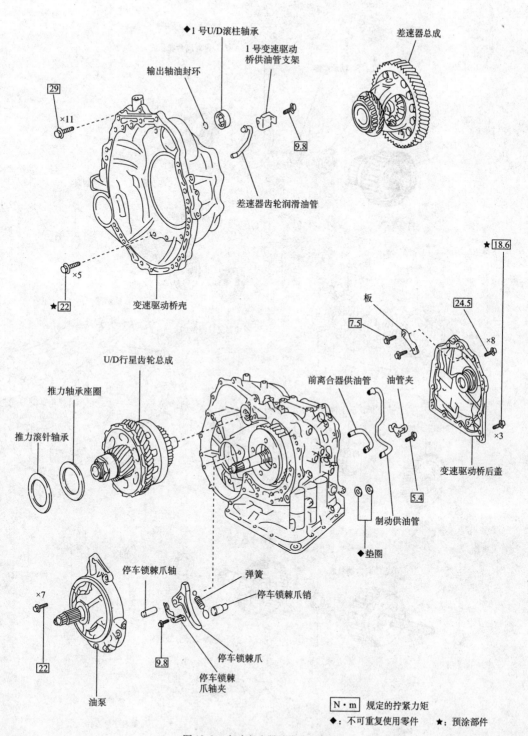

图 12-2 自动变速器总成分解图 2

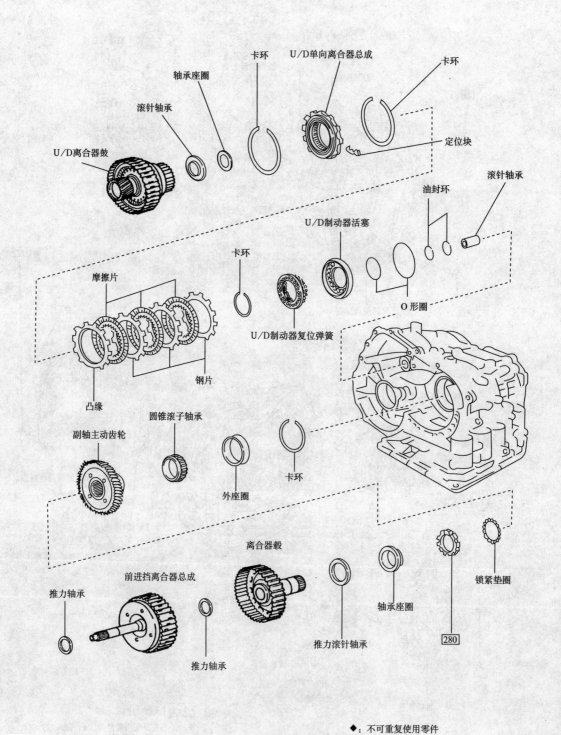

图 12-3 自动变速器总成分解图 3

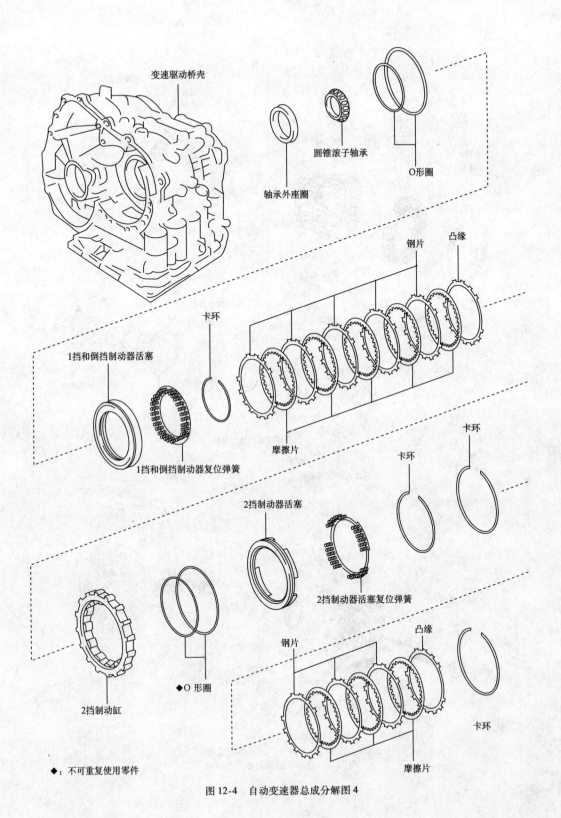

图 12-4 自动变速器总成分解图 4

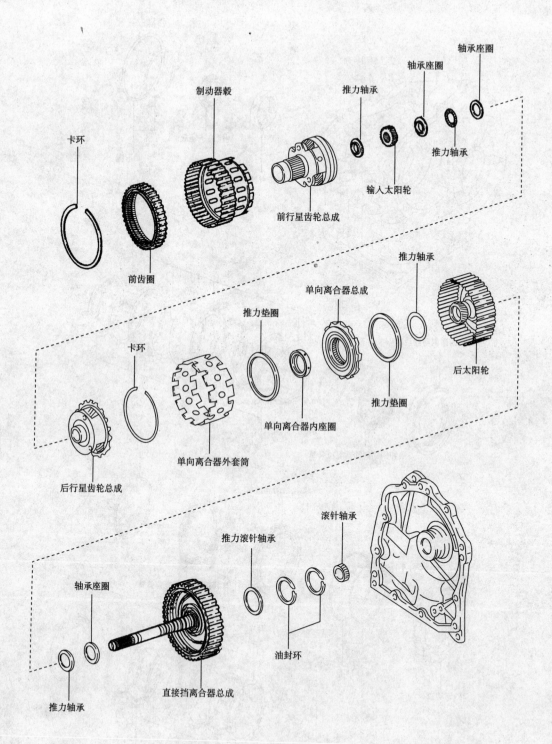

图 12-5 自动变速器总成分解图 5

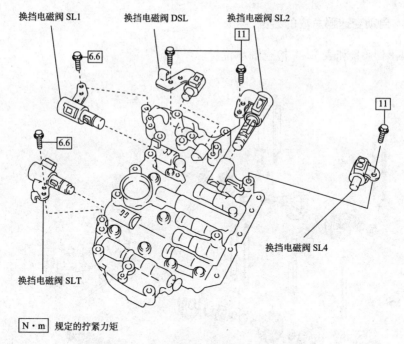

图 12-6　阀体

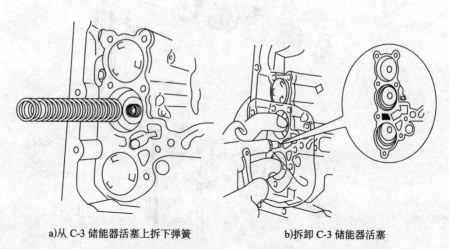

a) 从 C-3 储能器活塞上拆下弹簧　　b) 拆卸 C-3 储能器活塞

图 12-7　拆卸 C-3 储能器活塞

(14) 拆卸 U/D 行星齿轮总成。要小心不要使 U/D 行星齿轮总成脱落。

(15) 拆卸 U/D 离合器总成，拆卸 U/D 单向离合器总成。

(16) 拆卸自动变速器后盖分总成。

(17) 拆卸直接离合器总成，拆下后太阳轮总成，拆卸单向离合器总成、2 挡制动器活塞总成，拆卸后行星齿轮总成。

(18) 拆卸输入太阳轮，拆卸前行星齿轮总成。拆卸 1 挡和倒挡制动器复位弹簧分总成。拆下 1 挡和倒挡制动器活塞。

(19) 拆卸中间轴主动齿轮，拆卸制动器活塞。

141

### 12.4.4 自动变速器总成的装配

(1)根据图 12-8 和表 12-1 检查轴承位置。

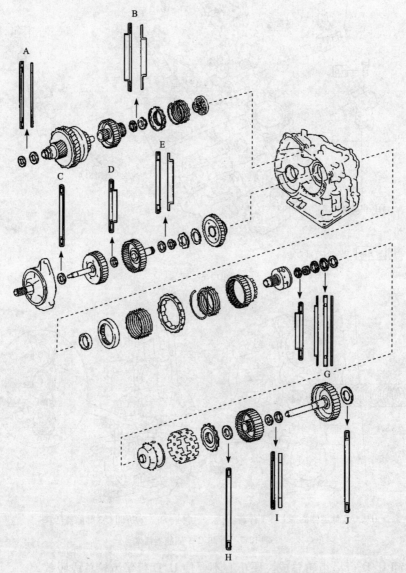

图 12-8　U241E 自动变速器各轴承所在位置

(2)安装差速器齿轮润滑油注油管,安装 U/D 输出轴油封环,安装 U/D 圆筒形滚柱轴承,安装 U/D 离合器鼓油封环。

(3)安装 U/D 制动器活塞。在 SST 底端上部 4.0mm 处缠绕乙烯带,直到所缠绕带的厚度约为 5.0mm。使用 SST 和压力器将滚针轴承安装到自动变速器壳体上。在 2 个新 O 形圈上涂抹 ATF,并将其安装到 U/D 制动器活塞上。将 U/D 制动器活塞安装到自动变速器壳体上。使用 SST、卡环钳和压力器将活塞复位弹簧和卡环安装到自动变速器壳体上。

(4)安装中间轴主动齿轮孔卡环,安装中间轴主动齿轮。

**U241E 自动变速器上的轴承参数**　　　　　　　　　表 12-1

| 标记 | 前圈直径<br>内侧/外侧(mm) | 推力轴承直径<br>内侧/外侧(mm) | 后圈直径<br>内侧/外侧(mm) |
|---|---|---|---|
| A | — | 53.0/78.2 | 52.1/75.5 |
| B | — | 37.73/58.0 | 29.9/55.5 |
| C | — | 33.85/52.2 | — |
| D | — | 23.5/44.0 | — |
| E | — | 36.3/52.2 | 34.5/48.5 |
| F | — | 34.6/52.2 | — |
| G | 40.3/58.0 | 38.6/60.0 | 38.6/58.0 |
| H | — | 53.6/69.6 | — |
| I | — | 33.7/48.2 | 30.3/46.0 |
| J | — | 53.6/70.18 或 69.6 | — |

(5)安装 1 挡和倒挡制动器活塞。在 2 个新 O 形圈上涂抹 ATF,并安装到 1 挡和倒挡制动器活塞上。在 1 挡和倒挡制动器活塞上涂抹 ATF,并将其安装到自动变速器壳体上。再使用 SST、卡环钳和压力器将活塞复位弹簧和卡环安装到自动变速器壳体上。

(6)安装前行星齿轮总成。用螺丝刀将前齿圈和卡环安装到制动鼓上,将前行星齿轮总成安装到制动鼓上,安装新锁止垫圈。用 SST 安装锁止螺母。用凿子和锤子锁紧锁止垫圈。

(7)安装输入太阳轮、后行星齿轮总成、1 挡和倒挡制动器离合器摩擦片。

(8)安装 2 挡制动器活塞总成。将 2 挡制动器活塞总成安装到自动变速器壳体上,安装卡环并测量内径(内径:大于 167mm)。

(9)安装单向离合器外套筒。

(10)安装单向离合器总成。将内圈安装到单向离合器上,检查单向离合器锁止和自由运行的旋转方向,将单向离合器和轴承安装到单向离合器外套筒上。

(11)安装后太阳轮总成。在 1 号止推垫圈上涂抹 ATF,并将其安装到后行星齿轮上,在轴承上涂抹 ATF,并将其安装到后太阳轮上,将后太阳轮总成安装到后行星齿轮上。

(12)安装 2 挡制动器离合器摩擦片。将 3 个摩擦片和 3 个钢片安装到自动变速器壳体上。暂时安装卡环。使用游标卡尺测量摩擦片表面和卡环表面之间的距离。选择适当的凸缘,使组件间隙达到规定值(0.62~0.91mm)。暂时拆卸卡环,装上所选的凸缘,并重新安装卡环。

(13)安装直接离合器总成。

(14)安装自动变速器后盖分总成。将 2 个新的 O 形圈安装到 2 个 1 号自动变速器壳体上。将 2 个 1 号自动变速器壳体安装到自动变速器后盖上。用 SST 和压力器安装滚针轴承。将液体密封剂涂在 2 个螺钉上。用套筒扳手(T30)通过 2 个螺钉安装钢板。将 2 个新的油封环涂上 ATF,并将其安装到自动变速器后盖上。去除所有的密封材料并小心不要使机油粘到自动变速器后盖或自动变速器壳体的接触表面上。在盖上涂抹 FIPG。在滚柱轴承上涂抹 ATF。安装 11 个螺栓。

(15)安装 2 号 U/D 离合器摩擦片。安装 U/D 单向离合器总成。

(16)安装 U/D 离合器总成。安装 U/D 行星齿轮总成。

(17)安装多盘离合鼓。

(18)安装前进挡离合器总成。

(19)安装差速器齿轮总成。

(20)安装2号止推轴承U/D座圈、推力滚针轴承。

(21)安装机油泵总成。

(22)安装自动变速器外壳。去除所有的密封材料并小心不要使机油粘到自动变速器壳体或外壳的接触表面上,壳体上涂抹FIPG。用16个螺栓将传动桥外壳安装到自动变速器壳体上。

(23)安装手动阀拉杆总成。

(24)安装B-3储能器活塞、C-1储能器活塞、C-3储能器活塞。

(25)安装止回球壳体、制动鼓垫片、2挡制动器垫片、1号调速器装配垫片。

(26)安装变速器导线。在新O形圈上涂抹ATF,然后将其安装到自动变速器电磁线圈导线上,安装电磁线圈导线定位螺栓。

(27)安装变速器阀体总成。

(28)安装自动变速器油底壳分总成。

(29)安装转速传感器、机油冷却器管接头、通气塞软管、驻车/空挡位置开关总成。

### 12.4.5 部件解体和装复

1)机油泵的拆装(图12-9)

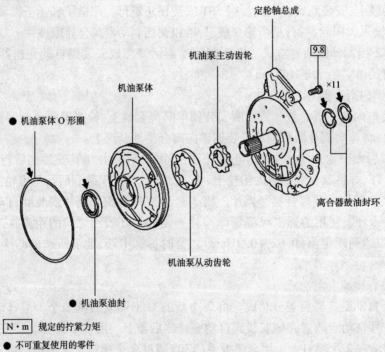

图12-9 机油泵分解图

(1)机油泵的分解。

①把机油泵体放在液力变矩器上,拆下2个离合器鼓封油环,从泵总成后部拆下螺栓,然后从泵体上拆下定轮轴。

②在主动齿轮和从动齿轮上作上标记,作为装复的参考,并从泵体中将其拆下来,用螺丝刀从壳体上拆下油封。

(2)机油泵的装复。

①装好油泵体上的O形密封圈,将油泵体放在变矩器上。在所有的部件上涂上ATF,安装从动齿轮和主动齿轮,将导轮轴装到油泵上,拧紧螺栓力矩到规定值(9.8N·m)。

②在两个封油环上涂上ATF,将封油环交叉,然后将封油环安装到定轮轴上。在装好封油环后,检查封油环转动是否平滑。

注意:

不要使环端伸出太多。

2)2挡制动器的拆装(图12-4)

(1)2挡制动器的分解。将SST放在复位弹簧上,用压力器压缩复位弹簧,用螺丝刀拆下卡环。拆下2挡制动器活塞复位弹簧。固定住2挡制动器活塞,向2挡制动缸里充入压缩空气(392kPa),拆下2挡制动器活塞(拆卸活塞时要用抹布或布片握住活塞,否则会导致活塞从汽缸中跳出)。将2个O形圈从2挡制动器活塞上拆下。

(2)2挡制动器的装复。在2个新O形圈上涂抹ATF,并将其安装到2挡制动器活塞上(确保O形圈没有扭曲或捏压)。在2挡制动器活塞上涂抹ATF,并将其安装到2挡制动缸上(小心不要损坏O形圈)。安装2挡制动器活塞复位弹簧,将SST放在复位弹簧上,用压力器压缩活塞复位弹簧。用螺丝刀安装卡环,确保卡环的端口不要对准弹簧座圈定位爪。

3)前进挡离合器的拆装(图12-10)

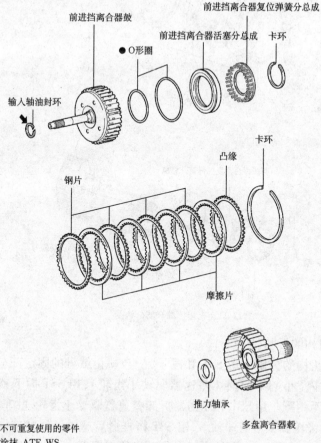

图12-10 前进挡离合器分解图

(1) 前进挡离合器的分解。用螺丝刀拆下卡环,从输入轴总成上拆下凸缘、4个摩擦片和4个钢片。将SST放在弹簧座圈上。用压力器压缩复位弹簧,用卡环钳拆下卡环,拆下活塞复位弹簧。将前进挡离合器鼓放置到机油泵上。用手握住前进挡离合器活塞,向机油泵充入压缩空气(392kPa),以拆卸前进挡离合器活塞(如果由于活塞倾斜而不能拆卸,则在推动突出部的同时再次吹入空气或用端头用胶带包住的尖嘴钳拆卸活塞)。用小螺丝刀拆下2个O形圈。将输入轴油封环从输入轴上拆下。

(2) 前进挡离合器的装复。在油封环上涂抹ATF并将其安装到输入轴上。在2个新O形圈上涂抹ATF,并将其安装到前进挡离合器活塞上。将前进挡离合器活塞安装到前进挡离合器鼓上。将复位弹簧放置在活塞上,将SST放在复位弹簧上,用压力器压缩复位弹簧。用卡环钳安装卡环,确保卡环的端口与弹簧座圈爪没有对齐。安装4个钢片、4个摩擦片和凸缘(注意摩擦片、钢片和凸缘的顺序)。用螺丝刀安装卡环,确保卡环的端口没有与缺口之一对齐。

4) 直接挡离合器的拆装

图12-11所示为直接挡离合器的分解图,其拆装过程可对照该图进行。

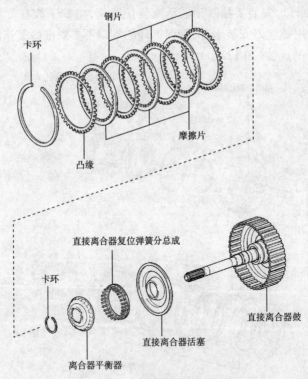

图12-11 直接挡离合器分解图

5) U/D行星齿轮机构的拆装(图12-12)

(1) U/D行星齿轮机构的分解。用SST和锤子,松开锁止螺母的固定部分,将U/D行星齿轮放置在软颚台虎钳内(小心不要损坏差速器驱动小齿轮),用SST拆下锁止螺母。使用SST拆卸圆筒形滚柱轴承内圈。用SST和压力器拆卸差速器驱动小齿轮、驻车锁定齿轮、U/D行星齿圈的中间轴从动齿轮和锥形前球轴承,用SST将锥形后球轴承从减速传动行星齿轮上拆下。用卡环钳拆下卡环,将U/D齿圈从中间轴从动齿轮上拆下。

(2) U/D 行星齿轮机构的装复。将新的卡环安装到锥形后球轴承外圈上,用活塞环压缩机捏紧卡环。使用 SST 和压力器,压入锥形后球轴承外圈。将 U/D 齿圈安装到中间轴从动齿轮上。用卡环钳安装卡环。使用压力器将锥形后球轴承压入 U/D 行星齿轮中。将带齿圈的中间轴从动齿轮安装到减 U/D 行星齿轮上。用 SST 和压力器压入锥形前球轴承。用 SST 和压力器压入驻车锁定齿轮。用 SST 和压力器压入差速器驱动小齿轮。用 SST 和压力器压入圆筒形滚柱轴承内圈。将 U/D 行星齿轮放置在软颚台虎钳内。用 SST 安装新的锁止螺母,用销冲和锤子锁紧锁止螺母。

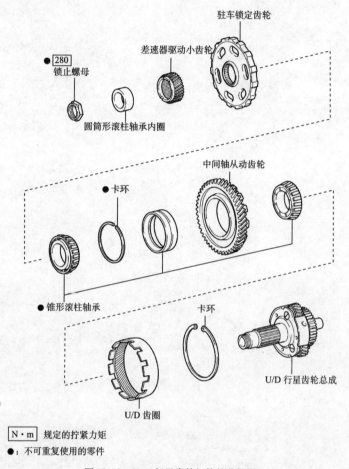

图 12-12 U/D 行星齿轮机构的分解图

6) U/D 离合器的拆装

U/D 离合器的拆装过程可对照图 12-3 并参照前进挡离合器的拆装过程进行。

## 12.5 作　业

(1) U241E 型自动变速器包括哪些组成部分?
(2) 试画出 U241E 型自动变速器各挡位传动路线图。
(3) 拆装自动变速器总成应注意哪些问题?

## 12.6　考核内容

(1)自动变速器传动部分的拆装。
(2)指出 U241E 型自动变速器各部件的名称、位置及作用。

# 第13章　万向传动装置的拆装

## 13.1　实验的目的和要求

(1)掌握传动轴、支撑和等速、非等速式万向节的作用和结构。
(2)掌握传动轴与万向节拆装的基本方法。

## 13.2　使用的工具、设备器材

(1)桑塔纳轿车传动轴。
(2)桑塔纳轿车传动轴等速万向节(RF万向节、VL万向节)。
(3)常用工具一套,桑塔纳专用工具一套。

## 13.3　注意事项及观察要点

(1)严格遵循拆装程序,并注意操作安全。
(2)拆卸传动轴以前,应先检查传动轴与伸缩节之间有无装配记号,若没有,应做一记号。
(3)球毂和万向节必须配对,决不能混合配对。

## 13.4　拆装的方法和步骤

### 13.4.1　外等速万向节的拆卸

(1)外等速万向节如图13-1所示。拆开前,用电蚀笔或滑石标出球毂与球保持架和壳体的相对位置。
(2)转动球毂和球保持架。
(3)将钢球逐个拆掉。每个万向节的6个钢球,属于同一个公差级别。
(4)转动球保持架,直至两个长方形孔与壳体成一线,如图13-2所示。
(5)拆下带有球毂的球保持架。
(6)把球毂的扇形片转到球保持架的长方形孔位置,如图13-3所示。
(7)把球毂从保持架上倾斜拿出。检查轴、球毂、球保持架及钢球是否有麻坑及发卡现象。如果万向节内的游隙过大,换挡时能感到有撞击现象,出现这种情况时必须更换万向节。

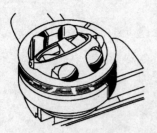 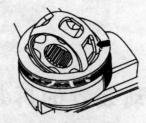 

图 13-1　外等速万向节　　　图 13-2　转动球保持架　　　图 13-3　将球毂的扇形片转到球保持架的长方形孔位置

### 13.4.2　外等速万向节的安装

(1) 向万向节内压入润滑脂，注入量约为总量(45g)的一半。

(2) 把带有球毂的球保持架装入万向节，交替从侧面压入钢球，必须保证球毂对球保持架及壳体的原始位置。

(3) 将新的开口弹性挡圈插入球毂内。

(4) 向万向节内压入剩余的润滑脂。

### 13.4.3　内等速万向节的拆卸

(1) 转动球毂和球保持架，如图 13-4 所示。检查万向节、球毂、球保持架及钢球是否有凹坑及发卡现象。如果万向节内的游隙过大，换挡时能感到有撞击现象，出现这种情况，必须更换万向节。

(2) 按图 13-4 中箭头所示方向压万向节。

(3) 把钢球压出球保持架。按图 13-5 箭头所示，通过钢球的运行轨道从球保持架中压出球毂。

 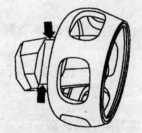

图 13-4　转动球毂和球保持架　　　图 13-5　压出球毂

### 13.4.4　内等速万向节的安装(图 13-6)

(1) 通过两个倒棱，将球毂插入球保持架，安装位置任意。

**注意：**

壳体上的宽边 $a$ 与球毂上的窄边 $b$ 必须对齐，如图 13-7 所示。球毂内径(花键)上的凹槽必须面对万向节大直径端。

(2) 把钢球压入球保持架。改变球毂的方向，就能把球毂从球保持架下拿出来，如图 13-8 中箭头所示，因此钢球与壳体的轨道将有一定的距离。

(3) 把球毂、球保持架、钢球垂直嵌入万向节。用力压球保持架，如图 13-9 中箭头所示，就能把球毂和钢球完全装进球保持架。检查万向节的工作状况，如果用手沿轴向范围能将球毂装进或移出,则证明万向节装配正确。

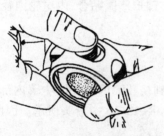

图13-6 内等速万向节的安装

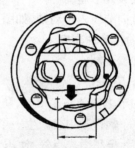

图13-7 壳体上的宽边 a 与球毂上的窄边 b 对齐

图13-8 钢球与壳体的轨道有一定距离

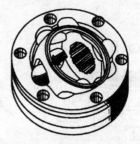

图13-9 用力压球保持架

### 13.4.5 传动轴的分解

(1)用钢锯将万向节防尘罩上的夹箍锯开,如图13-10中箭头所示,拆下防尘罩。
(2)用一把轻金属锤子用力从传动轴上敲下外万向节(RF节),如图13-11所示。
(3)拆下弹簧锁圈。
(4)压出内万向节(VL节),如图13-12所示。
(5)拆散之前用电蚀笔或滑石在钢球球笼和外星轮上标出内星轮的位置。

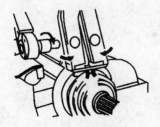

图13-10 锯开夹箍

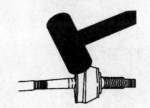

图13-11 敲下外万向节(RF节)

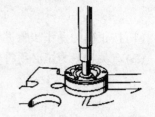

图13-12 压出内万向节(VL节)

### 13.4.6 内万向节、外万向节的安装

(1)在传动轴上安装防护罩,如图13-13和图13-14所示。

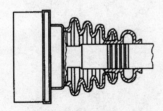

图13-13 安装防护罩(左)

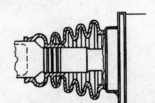

图13-14 安装防护罩(右)

(2)正确安装碟形座圈。

(3)把内万向节压入传动轴,如图13-15所示。使碟形座圈贴合,内星轮内径(花键齿)上的倒角必须面向传动轴靠肩。

(4)安装弹簧锁圈。

(5)装上外万向节。

(6)在万向节上安装防尘罩时,防尘罩经常会受到挤压。因而在防尘罩内部就会产生一定的真空,它在车辆行驶中会产生一个内吸的皱褶,如图13-16中箭头所示。因此,在安装防尘罩小口径之后,要稍微充点气,使压力平衡,不产生皱褶。

(7)用夹箍夹住防尘罩。所用新式钳子型号为V.A.G1275,如图13-17所示。

图13-15 内万向节压入传动轴　　　图13-16 皱褶　　　图13-17 夹箍夹住防尘罩

## 13.5 作　业

(1)万向传动装置拆装的注意事项有哪些?
(2)等速万向节拆装的步骤是什么?

## 13.6 考核内容

(1)按正确的操作步骤进行拆装。
(2)有关拧紧力矩必须符合标准拧紧力矩。

# 第14章 驱动桥的拆装

## 14.1 实验的目的和要求

通过驱动桥的拆装实验,让学生掌握主减速器、差速器的正确拆装顺序,熟悉各种量具、工具的使用。

## 14.2 实验使用的工具、设备器材

(1)上海桑塔纳2000轿车一辆。
(2)专用拆装工具、量具及吊装设备。
(3)维修架一台。

## 14.3 实验注意事项及观察要点

(1)必须使用专用工具、量具,严禁使用非标准工具或用硬质锤直接敲击部件。
(2)装配前,彻底清洁各零部件,零部件按装配顺序置放于清洁的工作台上或零件盒中,装配前应涂以清洁润滑油。
(3)严格按照技术要求及装配标记进行装配。
(4)严格按照规定力矩、次序紧固各部螺栓;对弹性扭力螺栓、自锁螺母等零件,必须按生产厂的技术要求进行更换,对轴承预紧度、啮合印痕、齿隙及各部配合尺寸要正确调整。
(5)各结合表面及紧固部位按规定使用相应的密封胶。
(6)注意观察齿轮啮合间隙、齿侧间隙的调整部位和方法。
(7)按规定添加齿轮油。

## 14.4 拆装的方法和步骤

本章以上海桑塔纳轿车前驱动桥的拆装与调整为例,说明驱动桥的拆装顺序。

桑塔纳2000系列乘用车主减速器为单级式,主减速齿轮是一对螺旋锥齿轮,齿面为准双曲面。主减速器传动比为4.444。差速器为行星齿轮式,车速表驱动齿轮安装于差速器壳体上。主减速器和差速器的分解如图14-1所示。

### 14.4.1 驱动桥的分解

(1)拆卸变速器,将其固定如图14-2所示的支架上,装上输入轴压出工具,顶住轴的前端,螺栓4应与输入轴在同一直线上。

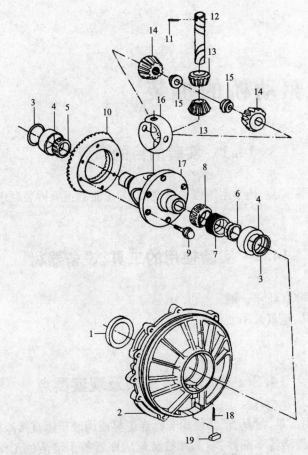

图 14-1 主减速器和差速器分解图

1-密封圈;2-主减速器盖;3-从动锥齿轮的调整垫片(S1 和 S2);4-轴承外圈;5-差速器轴承;6-锁紧套筒;7-车速表主动齿轮;8-差速器轴承;9-螺栓(拧紧力矩70N·m);10-从动锥齿轮;11-夹紧销;12-行星齿轮轴;13-行星齿轮;14-半轴齿轮;15-螺纹管;16-复合式推力垫片;17-差速器壳;18-磁铁固定销;19-磁铁

（2）拆下放油螺塞并放出润滑油,拆下下后盖固定螺栓,拆下后盖组合18(图14-3)、衬垫21、输出轴调整垫圈23及输入轴调整衬垫35。

（3）差速器总成的拆卸。

①如图14-4所示,由主传动器盖口上旋下车速表从动齿轮轴套13,取出车速表从动齿轮;旋下螺栓20,用芯棒支撑住半轴15,旋下螺栓21,取下左侧主传动器盖2,取下半轴和差速器总成;由主传动器盖上取下油封17。

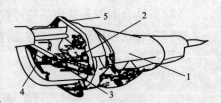

图 14-2 变速器壳体维修架

1-变速器;2-输入轴;3-输入轴压出工具;4-螺栓;5-维修架

②如图14-5所示,用专用工具A和B由主传动器盖上拉出差速器轴承外圈。

③如图14-6所示,用专用工具A、B由变速器壳上拉出另一端的差速器轴承外圈。

④用顶拔器从变速器壳上拉出输入轴中间滚针轴承。

⑤由变速器壳上压出输入轴前油封座与油封。

⑥由变速器壳上拉出输出轴前轴承外圈锁销,再用工具压出输出轴前轴承外圈。

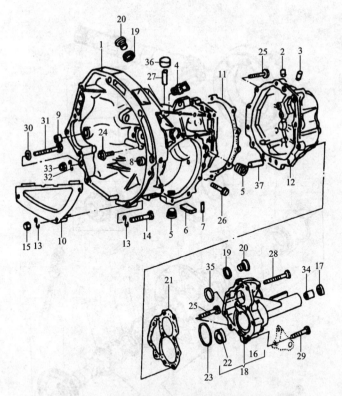

图 14-3 变速器与发动机安装螺栓的拆卸

1-变速器壳体;2、3-堵塞;4-检测孔橡胶塞;5-放油螺塞;6-异形磁铁;7-销钉;8、37-定位销;9-轴承;10-盖板;11、21-衬垫;12-后壳体;13、32-弹簧垫;14、24、25、26、28、29、31-螺栓;15、33-螺母;16-后盖;17-油封;18-后盖组合;19-垫圈;20-安装塞;22-轴套;23-输出轴调整垫圈;27-通气阀;3-平垫;34-衬套;35-输入轴调整衬垫;36-盖

(4)差速器的分解。

①由车速表齿轮外侧取下锁紧套筒。

②如图14-7所示,用工具将车速表齿轮由差速器壳上拉出。

③如图14-8所示,用工具1、3由差速器壳上取下差速器圆锥滚子轴承。

④如图14-9所示,交叉旋下从动齿轮与差速器壳的连接螺栓,沿齿圈平稳敲下从动齿轮(防止变形)。

⑤取下挡圈,冲出行星齿轮轴,取下行星齿轮、半轴齿轮及复合式推力片。

(5)差速器的组装。

①将复合推力垫圈涂以机油,装入差速器壳内,在半轴齿轮上装好螺纹套,再装行星齿轮。如图14-10所示,装入齿轮轴及轴上挡圈。

②如图14-11所示,将从动齿轮加热至100℃左右,以定心销导向,迅速装在差速器上。在各螺纹孔中涂以齿轮油,分2~3次交叉旋紧螺栓(70N·m)。

③如图14-12所示,将差速器圆锥滚针轴承内圈加热至100℃左右,压装在差速器壳两端外圆上。

④如图14-13所示,将车速表齿轮压装在差速器壳上,压入深度 $x$ 为1.4mm,由垫圈或挡圈予以保证。

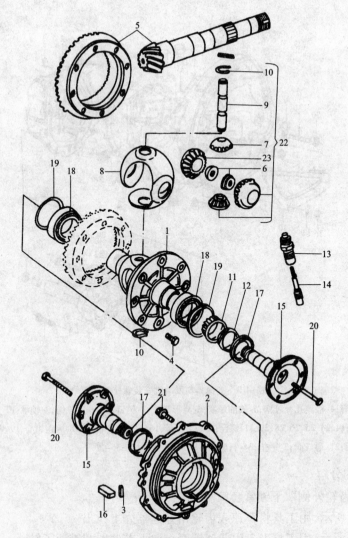

图 14-4　差速器总成的取出

1-差速器壳;2-主传动器盖;3-弹性销;4、20、21-螺栓;5-主传动齿轮副;6-螺纹套;7-行星齿轮;8-复合式推力片;9-行星齿轮轴;10-挡圈;11-车速表齿轮;12-锁紧套筒;13-车速表从动齿轮轴套;14-车速表从动齿轮;15-半轴;16-磁铁;17-油封;18-圆锥滚柱轴承;19-调整垫片;22-差速器总成;23-半轴齿轮

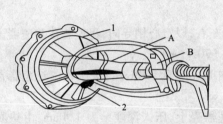

图 14-5　主传动器盖上差速器轴承外圈拆卸
1-主传动器盖;2-差速器轴承外圈 A、B-工具

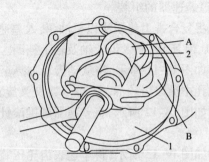

图 14-6　变速器壳上的差速器轴承外圈的拆卸
1-变速器壳;2-差速器轴承外圈 A、B-工具

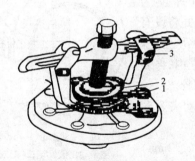

图 14-7 车速表齿轮的拉下

1-车速表齿轮;2-差速器壳;3-工具

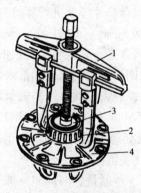

图 14-8 差速器壳轴承内圈的拉下

1、3-工具;2-差速器圆锥滚柱轴承内圈;4-差速器壳

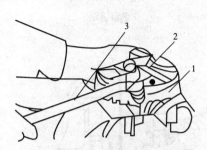

图 14-9 从动齿轮的拆卸

1-从动齿轮;2-差速器壳;3-软锤

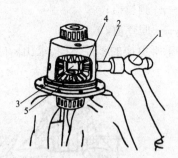

图 14-10 行星齿轮轴的安装

1-锤子;2-心棒;3-行星齿轮轴;4-行星齿轮;5-半轴齿轮

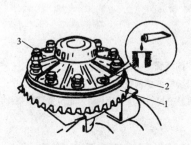

图 14-11 从动齿轮的安装

1-从动齿轮;2-差速器壳;3-螺栓

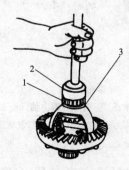

图 14-12 差速器轴承内圈的安装

1-差速器轴承内圈;2-工具;3-差速器壳

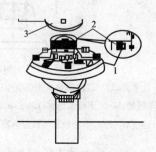

图 14-13 车速表齿轮的安装

1-差速器壳;2-车速表齿轮;3-压力机

### 14.4.2 主减速器的调整

通过改变从动齿轮调整垫片 $s_1$、$s_2$ 和主动齿轮调整垫片 $s_3$ 的厚度,达到主动齿轮、从动齿轮的正确啮合。调整方法如下:

(1)主动齿轮、从动齿轮的调整部位如图 14-14 所示,差速器壳两端调整垫片及主动轴承壳和变速器壳体间的调整垫片位置,如图 14-15 所示。

(2)主动齿轮、从动齿轮的调整应求出主动齿轮调整垫片及差速器调整垫片的总厚度。当更换变速器壳、主减速器盖、差速器滚柱轴承、差速器壳或从动齿轮时,则须重新调整从动齿轮,所以必须对调整垫片厚度进行测量与计算。

①将圆锥滚柱轴承的外圈和调整垫片(厚度为1.2mm)一同推入罩壳。直至与挡块相抵靠为止。并将设有调整垫片的另一圆锥滚柱轴承外圈推入盖内直至挡块为止。

②将不带转速表齿轮的差速器轴承端压入罩壳内,再装上轴承盖,以245N·m的力矩再次分别拧紧固定螺栓。

③安装夹紧套筒,如图14-16所示。上下移动夹紧套筒,读出表针的摆差值。

总厚度 = 摆差值 + 预紧量(0.4mm) + 原垫片厚度(1.2mm)

(3)求主动齿轮调整垫片 $s_3$ 厚度:

$$s_3 = e + r$$

式中:$e$——测量值;
$r$——偏差值。

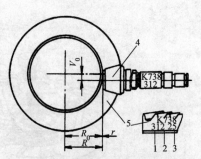

图14-14 主动齿轮、从动齿轮的标记含义
1-主传动比值标记;2-配对号码标记;3-齿顶距偏差值标记;4-主动齿轮;5-从动齿轮;$V_0$-双曲线偏心距(13mm);$R_0$-理论齿顶距;$r$-齿顶距偏差;$R$-实际正确齿顶距

由于所更换的零件不同,求出 $s_3$ 的方式亦不同。

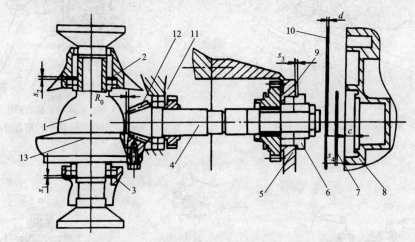

图14-15 差速器轴承预紧力与主从动齿轮间隙的调整
1-差速器;2、3-差速器轴承调整垫片;4-输出轴;5-后壳体;6-输出轴后轴承;7-输出轴后轴承调整垫片;8-后盖;9-调整垫片;10-衬垫;11-输出轴前轴承;12-主动齿轮;13-从动齿轮;$s_1$、$s_2$-差速器轴承预紧力调整垫片的厚度;$s_3$-主动齿轮位置调整垫片的厚度;$s_4$-输出轴前轴承预紧力调整垫片厚度

①更换主动齿轮双列圆锥滚柱轴承、齿轮箱罩壳、第一挡齿轮轴承支座和滚针轴承;或所换主、从动齿轮上无偏差值"$r$"标记时,则按下述方法进行调整:

a. 安装 VW381/11 压板(图14-17),旋松变速器罩壳的螺钉,用 M8×50 的螺钉旋紧 VW381/11 压板;使压板与主动齿轮轴保持垂直位置,以 2N·m 的力矩拧紧螺栓3。

b. 拆下差速器,将测量心棒 VW385/1 放在齿轮箱罩壳下,转动测量心棒,直至表针指至最大值,如图14-18所示。此值即为与标准值($R_0 = 50.7$mm)的偏差值"$e$",换装新零件后应尽可能达到此值。

c. 换装新零件后,将双列圆锥滚柱轴承外环与调整垫片 $s_3$ 一同压入轴承支座内,连同预装好的联轴齿轮装入轴承支座,并压入双列圆锥滚柱轴承的第一内环,以 100N·m 的力矩拧紧联轴齿轮螺母。再装入新密封圈,将轴承支座和联轴齿轮一同装入齿轮箱罩壳内,旋紧紧固螺栓。

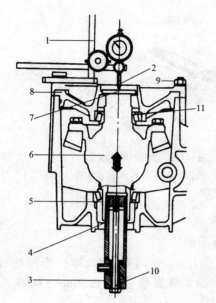
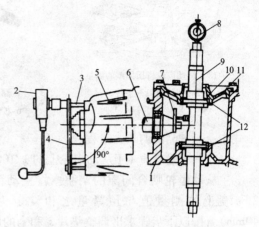

图 14-16 差速器轴承预紧力测定
1-千分表架;2-千分表;3-夹紧套筒;4-套筒;5-垫片;
6-差速器;7-测量板;8-主传动器盖;9、10-螺栓;11-主
传动器盖上的轴承外圈

图 14-17 主传动齿轮位置调整垫片厚度的确定
1-变速器壳;2-扭力扳手;3、11-螺栓;4-压板;5-后壳体;6-输出
轴;7-量块板;8-千分表;9-测量心棒;10-主传动器盖;12-差速器
轴承外圈

使用测量心棒重新测量安装位置。若此次测量值小于换件前所测值,则应增加调整垫片 $s_3$ 的厚度;若此次测量值大于换件前所测值,则应减小调整垫片 $s_3$ 的厚度。所需厚度的垫片可由备件中选用。

②更换主从动齿轮,且齿轮上给出偏差值 "r" 时,则按一下方法进行调整。应当首先测量出安装位置。

a. 将双列圆锥形滚柱轴承压入轴承座,不包括调整垫片 $s_3$。

b. 将主动齿轮装入轴承座。用钳口护板将齿轮轴夹持在台虎钳上,以 100N·m 的力矩拧紧主动齿轮轴头螺母。

c. 装入新密封圈,将轴承支座与主动齿轮一同装入齿轮箱罩壳;拧紧固定螺栓,用 M8×50 螺栓将 VW381/11 压板紧固在罩壳上,并保持压板与齿轮轴的垂直位置,拧紧压板螺栓。

d. 将测量心棒 VW381/11 调节环调至 $a=35mm$、滑动调节环调至 $b=600mm$(图 14-19),然后进行组装,其中 VW385/16 长度为 12.3mm;将 VW385/30 量规调整到 $R_0=50.7mm$,并安装至测量心棒上,再将千分表调至 0 位(调整范围为 3mm,并带有 2mm 的预紧力)。

e. 将 VW385/33 量块放在主动齿轮的端部,并将测量心棒放在罩壳内,如图 14-20 所示。

f. 将主传动器盖与轴承外环安装在一起,用螺栓固定好。

g. 测量偏差值 "e"。首先移动调整环将定心垫片向外拉至用手能转动测量心棒为止;转动测量心棒,直至千分表指示出最大量程,此测值即为偏差值"e",参见图 14-17、图 14-18。

h. 测量完后,拆下专用心棒,检查 VW385/30 调节量规是否处于"0"位。若未恢复"0"位,则须重新进行测量。

i. 确定调整垫片 $s_3$ 的厚度:

$$s_3 = e + r$$

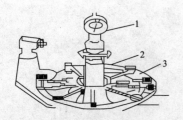
图 14-18 从动齿轮齿顶偏差的测量
1-千分表；2-测量心棒；3-主传动器盖

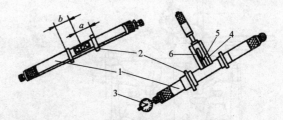
图 14-19 测量心棒的组装
1-测量心棒；2-调节环；3-千分表；4-测量头架；5-测量头；
6-校正标准量规

式中：$e$——测出的最大量程；

$r$——偏差值（于从动齿轮上的 1/100mm 标出值）。

③主从动齿轮啮合间隙的调整。将主动齿轮与垫片 $s_3$，一同安装好，罩壳上的垫片为 1.2mm，盖上的测量值与预紧量之和设定为 0.70mm（即测量值为 0.30mm，预紧量为 0.40mm）。按以下步骤求出调整垫片 $s_1$ 和 $s_2$ 的厚度：

a. 将差速器转动数次，以便固定圆锥滚柱轴承。

b. 按图 14-21 所示安装测量工具，使用千分表加长套管 VW382/10（6mm 见方）尺寸为 71mm（图中3）。

图 14-20 输出轴测量工具的安装
1-变速器壳；2-输出轴；3-测量量块板

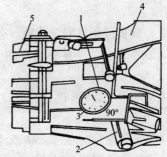
图 14-21 差速器轴承调整垫片 $s_1$、$s_2$ 厚度的确定
1-千分表；2-夹紧套筒；3-加长套管；4-变速器壳；5-后壳体垫片 $s_1$ 和 $s_2$

c. 用 M8×50 螺栓将压板 VWW381/11 对角压紧（力矩为 2N·m），并使压板与主动齿轮轴保持垂直位置。

d. 将从动齿轮旋至挡块，将千分尺调至"0"位，转动从动齿轮，读出并记录啮合间隙值。

e. 旋松差速器上夹紧套筒的夹紧螺栓及主动齿轮上的夹板，将从动齿轮旋转 90°。按上述方法再重复测量三次，将四次测量值相加，计算出啮合间隙的平均值。

**注意：**

若每次测量值偏差超过 0.05mm，安装的从动齿轮或传动组件则不能正常工作，必须复查安装是否有误，必要时应更换组件。

f. 求出垫片 $s_1$ 和 $s_2$ 的厚度：

$s_2$ = 垫片厚度 – 侧向间隙平均值 + 升高（常数值为 0.15mm）

$s_1$ = 垫片总厚度 – $s_2$（从动齿轮垫片厚度）

g. 按求出的厚度装好垫片 $s_1$ 和 $s_2$，并多点测量啮合间隙，其值应在 0.10~0.20mm 范围内,相互偏差不得大于 0.05mm。

④差速器的装配。

a. 按调整结果,选择好调整垫片 $s_1$、$s_2$、$s_3$、$s_4$,装上输出轴和差速器。

b. 按图 14-22 所示,由左方将变速器盖装于变速器壳上,并在变速器盖上装上车速表从动齿轮及轴套,旋紧固定螺栓（20N·m）,因需调整差速器轴承预紧力,结合面暂不涂密封胶。

c. 按图 14-23 所示,以专用工具压入主传动器盖上的半轴油封（朝内并涂以齿轮油）。将变速器壳后端面涂以密封胶,装上衬垫、定位销及输入、输出轴的后壳体,旋紧固定螺栓（25N·m）。

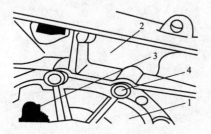 

图 14-22　差速器与主传动器盖的安装　　　　图 14-23　半轴油封的安装
1-主传动器盖;2-变速器壳;3-车速表轴套;4-螺栓　　　1-主传动器盖;2-工具

d. 将各挡拨叉轴置于空挡位置,使内变速杆拨挡臂进入三、四挡槽内。后壳体端面涂以密封胶,装上衬垫;于后壳体上旋上两个双导向螺栓,装上后盖并拧紧固定螺栓（25N·m）。拨动内变速杆,检查各挡工作是否平顺。向变速器内注入齿轮油（API-GL4 或 SAE80）1.71L,如图 14-24 和图 14-25 所示。

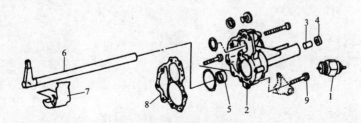

图 14-24　后盖上衬套的安装
1-倒车灯开关;2-后盖;3-内变速杆后衬套;4-后油封;5-内变速杆前衬套;6-内变速杆;7-异形弹簧;8-衬垫;9-螺栓

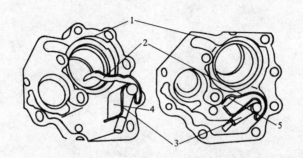

图 14-25　内变速杆的安装
1-后盖;2-异形弹簧;3-内变速杆;4、5-弹簧弯曲部

161

## 14.5 作　业

(1) 如何保证主从动齿轮的正确啮合？
(2) 拆装驱动桥时应注意哪些事项？

## 14.6 考核内容

驱动桥的拆装及相应专用工具的使用。

# 第15章 行驶系统拆装

## 15.1 实验的目的和要求

### 15.1.1 实验目的

通过汽车行驶系统的拆装,让学生掌握汽车行驶系统主要零件的结构及其装配关系,了解行驶系统装配过程中的主要测量与调整工作。

### 15.1.2 实验要求

(1)熟练掌握各种拆装工具的操作与使用方法。
(2)掌握汽车行驶系统的拆卸和装配的正确步骤。
(3)了解汽车行驶系统各主要零件之间的相互位置关系,以及行驶系统的主要测量与调整工作。

## 15.2 使用的工具、设备器材

(1)桑塔纳2000、东风EQ1092实验用车。
(2)桑塔纳2000前桥专用拆装工具,通用工具。
(3)举升机,液压千斤顶,支架。

## 15.3 实验注意事项及观察要点

### 15.3.1 实验注意事项

(1)注意千斤顶和支架安全使用注意事项。
(2)注意举升机安全使用说明。
(3)使用合适的专用工具收缩悬架弹性元件,防止弹性元件弹出伤人。
(4)注意工位安全说明。
(5)注意观察轮辋固定螺母的旋向。

### 15.3.2 实验观察要点

(1)注意观察拆装车型的悬架的形式。
(2)注意观察拆装过程中工具的正确使用。
(3)注意观察分解和装配的正确步骤。

(4)注意观察各个零件的相互位置关系。

(5)注意装配过程中的测量、调整项目与方法。

## 15.4 实验的方法和步骤

### 15.4.1 乘用车(轿车)行驶系统(前桥)的拆装

本章将以桑塔纳2000为例,介绍轿车行驶系统的拆装。图15-1所示为桑塔纳2000乘用车的前桥总成,采用的是断开式、独立悬架转向驱动桥。车桥上端通过左、右悬架与承载式车身相连,下端通过左、右下摆臂与固定在车身上的副车架相连接。悬架车轮轴承壳与下摆臂之间通过可移动球形接头连接,从而使前轮固定,并通过下摆臂上的长孔可调整车轮外倾角,为了减小车辆转向时的车身倾斜,在副车架与下摆臂之间还装有横向稳定器。

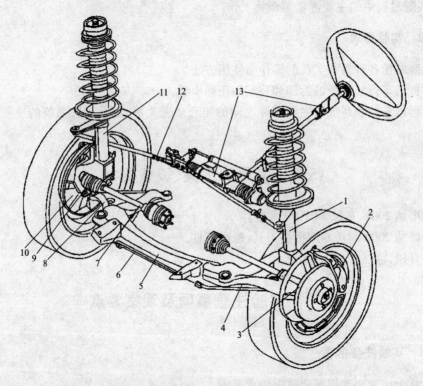

图15-1 桑塔纳2000轿车的转向驱动桥(主减速器和差速器未画出)
1、11-悬架;2-前轮制动器总成;3-制动盘;4、8-下摆臂;5-副车架;6-横向稳定器;7-传动半轴总成;9-球形接头;10-车轮轴承壳;12-转向横拉杆;13-转向装置总成

#### 15.4.1.1 前悬架总成的拆装

1)前悬架总成的拆卸

(1)取下车轮装饰罩。

(2)旋下轮毂与传动轴的紧固螺母(力矩为230N·m),车轮必须着地,如图15-2所示。

(3)卸下垫圈。旋松车轮紧固螺母(力矩为110N·m),拆下车轮。

(4)旋下制动钳紧固螺栓(力矩为70N·m),如图15-3所示。旋下制动盘。

(5)取下制动软管支架,并用铁丝将制动钳固定在车身上(如图15-3上部箭头所示,注意不要损坏制动软管)。拆下球形接头紧固螺栓(如图15-3下部箭头所示)。

(6)压下横拉杆接头(力矩为30N·m),如图15-4所示。

(7)旋下稳定杆的紧固螺栓(力矩为25N·m),如图15-5所示。

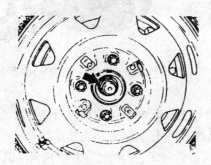
图15-2 拆下轮毂与传动轴紧固螺母

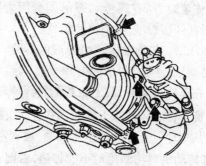
图15-3 旋下制动钳紧固螺栓

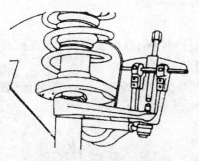
图15-4 压出横拉杆接头

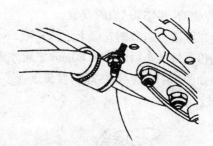
图15-5 拆卸稳定杆

(8)向下掀压下臂,从车轮轴承壳内拉出传动轴。或利用两个固定车轮凸缘上的螺孔,将压力装置V.A.G1389固定在轮毂上,用液压装置从轮毂中压出传动轴,如图15-6所示。

(9)拆下压力装置。取下盖子,支撑减振器支柱下部,旋下活塞杆的螺母,用内六角扳手阻止活塞杆的转动,如图15-7所示。

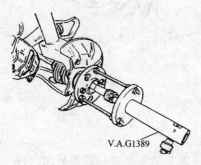
图15-6 压出传动轴

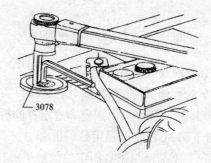
图15-7 旋下活塞杆螺母

2)前悬架总成的安装

前悬架总成的安装顺序基本上与拆卸顺序相反,但在安装时应注意以下事项:

(1)不允许对前悬架总成进行焊接或整形处理,不合格的要更换新的零部件总成。

(2)安装传动轴时,应擦净传动轴与轮毂花键齿面上的油污,去除防护剂的残留物。如图

15-8所示,将外等速万向节(RF节)花键面涂上一圈5mm宽的防护剂D6,然后进行传动轴装配。涂防护剂D6的传动轴装车后应停车60min之后才可使用汽车。

(3)安装时,所有螺栓和螺母的紧固力矩应符合规定。所有自锁螺母,必须更换新件。

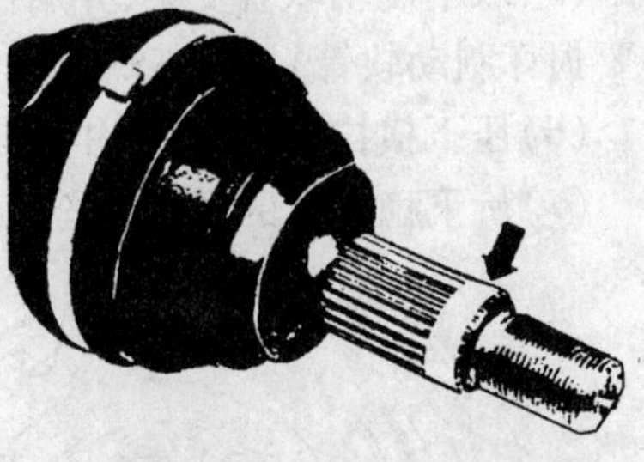

15.4.1.2 传动轴(半轴)总成的拆装

1)传动轴(半轴)总成的拆卸

图15-8 外等速万向节花键轴安装前涂防护剂D6

(1)在车轮着地时,旋下轮毂的紧固螺母。

(2)旋下传动轴凸缘上的紧固螺栓,如图15-9箭头所示。将传动轴与凸缘分开。

(3)从车轮轴承壳内拉出传动轴,或利用V.A.G1389压力装置压出传动轴。

拆卸传动轴时轮毂绝对不能加热,否则会损坏车轮轴承,原则上应使用拉具。其次,拆下传动轴后,应装上一根连接轴来代替传动轴,防止移动拆下传动轴的车辆时,损坏前轮轴承总成。

2)传动轴(半轴)总成的安装

(1)在等速万向节的花键上涂抹一圈5mm的防护剂D6,然后装上传动轴花键套。涂防护剂D6的传动轴装车后应停车60min之后才可使用汽车。

(2)如图15-10所示,将球销接头重新装配在原位置,并拧紧螺母。在安装球销接头时,不能损坏波纹管护套。

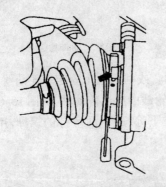
图15-9 旋下半轴凸缘上的紧固螺栓

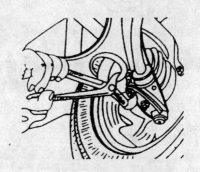
图15-10 安装球头销接头

(3)必要时检查前轮外倾角。

(4)车轮着地后,拧紧轮毂固定螺母。

15.4.1.3 副车架、下摇臂和稳定杆的拆装

1)副车架、下摇臂和稳定杆的拆卸

(1)旋下副车架与车身固定的前悬架螺栓,拆下副车架下摇臂与稳定杆组合件。

(2)旋松下摇臂与副车架连接橡胶轴套的螺栓和螺母(力矩为60N·m),拆下摇臂。

(3)旋松稳定杆与下摇臂连接螺栓的紧固螺母,并且拆下固定在副车架处支架螺栓,拆下稳定杆。

(4)用专用工具压出副车架前后橡胶支撑4个,如图15-11和图15-12所示。

(5)用专用工具压出下摇臂两端橡胶支撑,如图5-13所示。

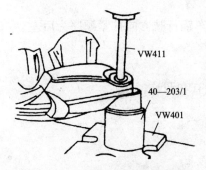
图15-11 压出副车架前端橡胶支撑

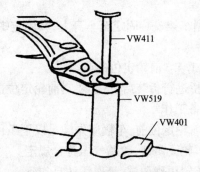
图15-12 压出副车架后端橡胶支撑

2)副车架、下摇臂和稳定杆的安装
(1)用专用工具压入下摇臂橡胶支撑,如图5-14所示。
(2)用专用工具压入副车架前后端4个橡胶支撑,如图5-15和图5-16所示。

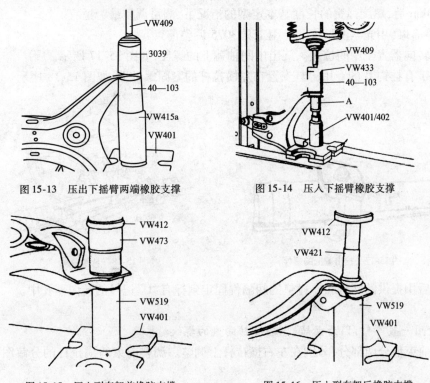

图15-13 压出下摇臂两端橡胶支撑　　图15-14 压入下摇臂橡胶支撑

图15-15 压入副车架前橡胶支撑　　图15-16 压入副车架后橡胶支撑

(3)安装稳定杆。稳定杆安装正确位置是弯管向下弯曲,如果安装位置不留出适当余量的话,那么卡箍就很难装在橡胶支座上。正确的安装方法是先装上较松的卡箍,然后进行短距离试车。这时橡胶支座就会自动滑入规定的位置,然后用25N·m的力矩固定螺栓。进一步进行调整时,应将车辆开到举升台上,然后紧固稳定杆。
(4)拧紧固定下摇臂与副车架的连接螺栓和螺母(力矩为60N·m)。
(5)发动机悬架安装之后,发动机悬架内部都要用防腐剂进行处理。自锁螺栓(螺母)拆装后要再次使用须调换新的螺栓和螺母。
(6)如果要装一个新的副车架,在前悬架下臂安装之后,这个新的副车架内部必须用防护蜡进行处理。

（7）副车架安装固定至车身上，其固定螺栓按车辆行驶方向拧紧顺序为后左、后右、前左、前右。

#### 15.4.1.4 前轮定位的调整

在前桥进行拆装后，有必要对前轮定位进行检查和调整。

1）准备工作

检查前轮定位前，车辆应先满足以下条件：

（1）车轮无负载，轮胎气压符合规定。

（2）车轮正确调试，悬架活动自如。

（3）转向器调整正确，前悬架中无大的间隙和损坏。

（4）桑塔纳 2000 系列轿车前轮定位最好使用光学测量仪。如果没有，检查前轮外倾角可用专用 3021 量角器，检查前束可用机械轮距测试器。

（5）桑塔纳 2000 系列轿车前轮定位，仅前束和前轮外倾角可调整。调整应在车辆行驶 1000～2000km 后，螺旋弹簧的长度基本定型的情况下，测量调整最为适宜。

2）调整前束（用光学测量仪和专用工具 3075 调整前束）

（1）将转向器置于中间位置。旋出中间轴盖上的螺栓，如图 15-17 所示。

（2）将带有挂钩 B 的专用工具安置在左横拉杆的紧固螺母上，如图 15-18 所示。

图 15-17 拧出盖上的螺栓

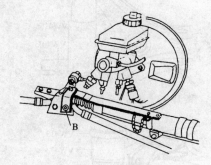

图 15-18 调整前束

（3）然后用提供的螺钉和作衬垫的间隔件固定到标有"C"记号的转向器孔中。

**注意：**

不得使用一般螺钉，因为太短，会碰坏转向盘的螺纹。

（4）总前束值分两部分，分别在左右横拉杆上调整。调整前束的横拉杆的分解图如图 15-19 所示。

（5）固定横拉杆。必要时调整转向盘。

（6）拆下专用工具 3075。重新拧紧盖上螺栓，拧紧力矩为 20N·m。

3）调整外倾角

前轮外倾角可通过球销接头在下摇臂长孔中的位移来调整，此时车轮应着地。

（1）松开下摇臂球销接头的固定螺母。

（2）把外倾调整杆 40-200 插于图 15-20 中箭头所示的孔中。调整左侧时，从后面插入调整杆；调整右侧时，应从前面插入调整杆。

（3）横向移动球销接头，直至达到外倾角值。外倾角的测量如图 15-21 所示。

（4）紧固螺母并再次检查外倾角值，必要时再调整。

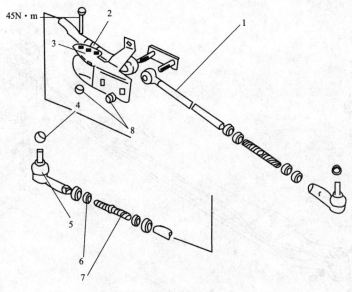

图 15-19 调整前束的横拉杆分解图
1-左横拉杆;2-右横拉杆;3-支架;4-自锁螺母;5-球接头;6-锁紧螺栓 7-调整前束双头螺柱;8-自锁螺母

（5）检查,并在必要时调整前束。

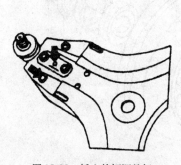

图 15-20 插入外倾调整杆

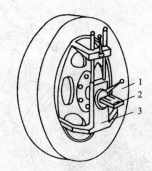

图 15-21 测量车轮外倾角
1-被测车轮;2-水准仪;3-固定支架

### 15.4.2 商用车行驶系统的拆装

本章以东风 EQ1092 商用车为例,介绍其行驶系统部件的拆装过程。

#### 15.4.2.1 转向桥的拆装

东风 EQ1092 商用车转向桥的结构如图 15-22 所示,主要由前轴、转向节和主销等组成。

1）转向桥的拆卸

（1）前轮的拆卸。

①将汽车后车轮楔住,防止车辆前后移动,用车轮螺栓螺母套筒扳手拧松前轮螺母(左车轮为左旋),用千斤顶顶起前轴,并在前轴下放好支架,把前轴支撑起来,拆下前轮螺母,拆下车轮。

②拆下前轮毂盖,旋下锁紧螺母,取下锁片、锁止垫圈,用调整螺母套筒扳手旋下调整螺母,拆下前轮毂及制动鼓总成(除轮毂或制动鼓损坏必须更换外,此总成不必分解)。

③从前轮毂内取出外轴承,并用铜棒把内外轴承的外座圈及油封外从轮毂上轻轻敲出。

④从转向节轴颈上取下内轴承、油封及内座圈。油封、轴承若有损坏,应予更换。

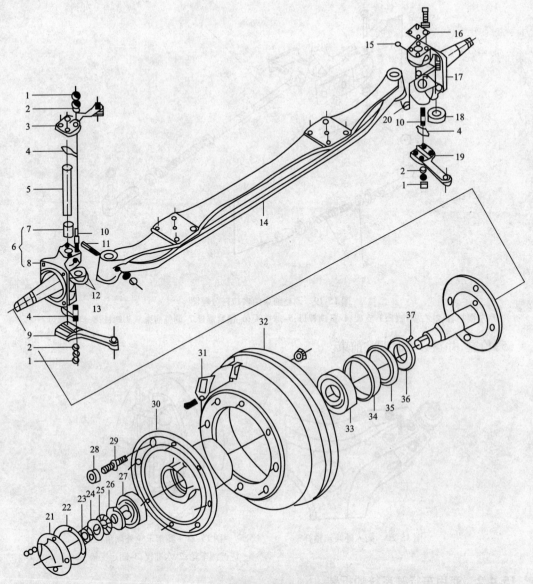

图 15-22　商用车转向桥

1-紧固螺母；2-锥套；3-转向节臂；4-密封垫；5-主销；6-左转向节总成；7-衬套；8-左转向节；9-左转向梯形臂；10、13-双头螺柱；11-楔形锁销；12-调整垫片；14-前轴；15-油嘴；16-右转向节上盖；17-右转向节；18-推力轴承；19-右转向梯形臂；20-限位螺栓；21-轮毂盖；22-衬垫；23-锁紧螺母；24-止动垫圈；25-锁紧垫圈；26-调整螺母；27-前轮毂外轴承；28-螺母；29-螺栓；30-车轮轮毂；31-检查孔堵塞；32-制动鼓；33-前轮毂内轴承；34-轮毂油封外圈；35-轮毂油封总成；36-轮毂油封内圈；37-定位销

(2) 转向节的拆卸。

①旋下制动软管，拆下制动底板总成。

②拆下转向横拉杆及直拉杆的球销连接部分。

③拆下转向节上臂、右转向节上盖、左右梯形臂，取下密封垫。

④旋下楔形锁销螺母和弹簧垫片，用铜棒打出楔形锁销。

⑤用铜棒打出主销。

⑥取下转向节，拿出推力轴承和调整垫片，检查轴承是否完好。

(3)前轴拆卸。若无专用设备,可用支架支撑着汽车的前保险杠,在前轴下放好垫木支撑住前轴,旋下钢板弹簧U形螺栓、螺母,取下减振器下支架,即可慢慢地拆掉垫木,使前轴平稳地落地。

2)转向桥的装配

装复前零件应清洗干净,零件内腔应无铁屑及杂物。

(1)前轴的装配。

①把前轴反过来固定装复台上(将弹簧座平面朝下,钢板弹簧螺栓孔可作前轴定位用,使转向限位凸台朝后)。

②把转向节安装到前轴上,使转向节限位螺栓孔与前轴上的限位凸台相对,在前轴两个主销孔下部装入推力轴承,把主销插进转向节孔中。然后选择合适的调整垫片装进转向节上耳下平面和前轴主销孔上平面间,慢慢活动主销,使主销穿过调整垫片插入转向节上衬套孔中,当确认主销已经穿过调整垫片后,允许用铜棒轻轻敲击主销端部,使主销顺利穿入,并能灵活转动。

装配主销时,应将主销上的锁销槽的底面和前轴上的锁销孔边沿对齐,随后从前向后穿入楔形锁销,并紧固。主销外圆表面、主销衬套孔内表面应涂抹润滑脂,使装配顺利。不允许用钢锤直接敲击主销端部。

选装的调整垫片应保证汽车装复前轮落地后,前轴与转向节上耳端面间的间隙不大于0.15mm。

③按拆卸的相反程序装复转向节,放上密封垫。拧进并紧固所有的双头螺柱之后,按技术要求装复转向节上臂、转向节左右梯形臂。其螺母拧紧力矩为137~147N·m。

④装复转向横拉杆,并在专用台架上调整左、右轮最大转角,固定限位螺栓,并用螺母锁紧。若没有专用台架,可以在汽车全部装复后,在地面用测量仪器检查或调整,前内轮最大转角为37°30′。

(2)检查转向节及主销,并测量其配合间隙。对解体的转向节应进行磁力探伤检查,并测量衬套孔径,检查主销的磨损情况,测量外径。其正确的配合间隙为0.025~0.077mm。当间隙达到0.02mm时,应更换主销衬套或主销。

(3)装配轮毂和制动鼓。如果轮毂与制动鼓已经解体,在加工、修复或换件后予以装复。把前轮毂装到制动鼓上,并使两个零件上的车轮螺栓孔对准,装入车轮螺栓,然后在制动鼓里均匀地拧紧固定螺母,车轮螺栓杆部的扁方应落入轮毂表面环形槽中,起防转、定位作用,紧固螺母的拧紧力矩为216~245N·m。螺母紧固后还应用圆冲头在螺栓头部螺纹边沿冲铆三点,防止螺母自动松脱。然后在轮毂装入内、外轴承外圈和油封外圈。

(4)分装前轮制动底板总成。

①在制动凸轮座孔周围的孔中从里向外穿入带有钢丝锁线的紧固螺栓。在制动蹄片轴座孔中穿入蹄片轴,并使蹄片轴的两个偏心圆相对。

②依次装上制动气室架(带制动气室总成)并紧固。穿入制动凸轮,并装上调整垫片,然后将前制动调整臂装在制动凸轮上,用开口销锁住,并用平头销使制动气室顶杆与制动调整臂连接。

③在制动底板里则装上制动蹄片,蹄片轴端用垫板、开口销锁住,在两个制动蹄片间挂上复位弹簧。

15.4.2.2 前桥总成装配。

①把分装好的制动底板总成装到前轴转向节上,按规定力矩拧紧连接螺栓,拧紧力矩为137~157N·m。

②更换新的摩擦片后,可用标准制动鼓套在制动蹄片外缘,调整制动蹄片与制动鼓的间隙。蹄片轴端为 0.25~0.40mm,凸轮端为 0.40~0.55mm。在调整好以后,最后紧固和锁紧凸轮轴支架、蹄片轴。若没有标准制动鼓,可以在轮毂总成装复后进行。

③在转向节轴颈上,依次装上带圆柱销的油封内座圈(圆柱销应插到转向节的相应孔中使座圈定位)、油封、轴承的内圈,然后装轮毂制动鼓总成并装入外轴承。为使油封不受损坏,油封工作刃口表面应涂抹润滑脂,内外轴承、滚柱和保持架间应充满润滑脂。

④调整轮毂轴承,装复前轮毂盖和前轮。装车轮时,车轮螺母以 275~314N·m 的力矩成对角线均匀紧固。

⑤可以在前轴装上左右制动底板总成后,即装到汽车底盘上,再装配其余零件;也可以在前轴总成全部装复后,再装到汽车底盘上。

#### 15.4.3 车轮(前轮)的拆装

15.4.3.1 车轮的拆卸

(1)在后桥轮胎的前后放置三角垫木,固定后桥轮胎。
(2)拧松前桥轮胎螺母,注意螺母的旋向,右轮螺母为右旋螺纹,左轮螺母为左旋螺纹。
(3)将千斤顶放置在前钢板弹簧座下部,用千斤顶顶起前轴。
(4)用支架支起前轴,拆下车轮螺母与车轮,如图 15-23 所示。

15.4.3.2 车轮的安装

(1)将车轮安装到轮毂外端的定位面和车轮螺栓上。
(2)装上车轮螺母,采用对角线方式按规定力矩(280~320N·m)均匀拧紧车轮螺母,如图 15-24 所示。

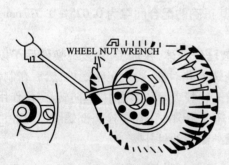

图 15-23 车轮的拆卸

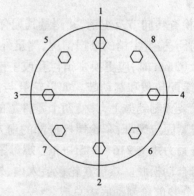

图 15-24 车轮螺栓拧紧方法

#### 15.4.4 悬架(前悬架)的拆装

CA1092 前悬架分解图如图 15-25 所示。

15.4.4.1 前悬架的拆卸

(1)在后轮的前后两边用三角垫木塞住后轮。
(2)用千斤顶及支架分别支起前轴和车架前部,卸下前轮。
(3)从减振器支架上拆下紧固螺母,拆除减振器总成。
(4)松开减振器支架U形螺栓的螺母,拆除减振器下支架、U形螺栓、盖板和限位块。

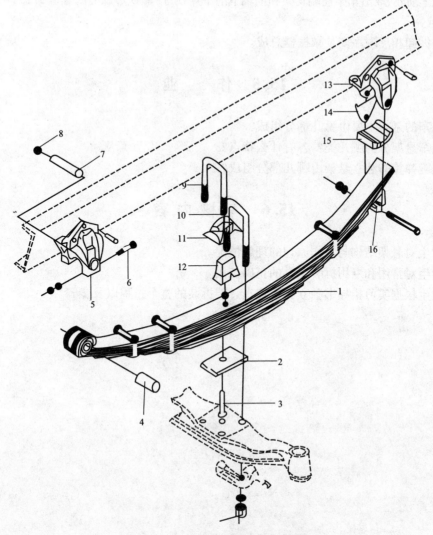

图 15-25 CA1092 前悬架(已拆除减振器)

1-前钢板弹簧总成;2-垫板;3-中心螺栓;4-钢板弹簧销衬套;5-固定端支架;6-钢板弹簧销定位螺栓;7-钢板弹簧销;8-润滑脂加注嘴;9-前U形螺栓;10-后U形螺栓;11-盖板;12-限位块;13-滑动端支架;14-侧垫板;15-滑板;16-限位销套

(5)慢慢放松千斤顶,使钢板弹簧总成处于自由状态。

(6)松开滑板端限位销套螺栓,取下螺栓、限位销套、滑板、侧垫板,使滑板端与车架脱开。

(7)松开固定端固定螺栓,从车架外侧向内打出钢板弹簧固定销,取出前钢板弹簧总成。

### 15.4.4.2 前悬架装配

(1)在钢板弹簧销和衬套上涂抹一层润滑脂,将前钢板弹簧总成卷耳端与车架上钢板弹簧固定端支架对准,将钢板弹簧定位销上的定位槽与定位螺栓的孔对准,穿入钢板弹簧销并用定位螺栓将其锁紧。

(2)在滑板端支架内放入滑板和侧垫板,用锤子将滑板轻敲到位。

(3)将钢板弹簧后端抬起放入支架内,装上限位销套,穿入螺栓并将其拧紧。

(4)用千斤顶慢慢顶起前轴,使钢板弹簧中心头部进入前轴定位孔内。

(5)放上限位块、盖板、穿入U形螺栓,装上减振器下支架,拧入U形螺栓的螺母。

(6)装上前轮,取出车架前端支架和前轴下的千斤顶,拧紧U形螺栓的螺母到250~300N·m的规定力矩。

(7)按拆卸相反顺序安装减振器总成。

## 15.5 作　业

(1)汽车的悬架主要由哪几部分组成?
(2)汽车悬架分为哪几类?各有什么特点?
(3)螺旋弹簧非独立悬架由哪几部分组成?

## 15.6 考核内容

(1)学生对悬架结构与工作原理的理解情况。
(2)学生对常用和专用拆装工具的正确使用。
(3)学生根据实习指导书独立完成汽车悬架拆装的整个过程以及步骤。

# 第 16 章　转向系统的拆装

## 16.1　实验的目的与要求

(1)掌握汽车转向系统的结构组成、与其他结构的相互关系、工作原理。
(2)掌握各类型转向器、转向操纵机构的拆装实验过程与调整方法。
(3)掌握各类专用工具的使用方法。

## 16.2　实验使用的工具、器材

(1)常用拆装工具、顶拔器、锤子等。
(2)齿轮-齿条式转向器、循环球式转向器、蜗杆曲柄指销式转向器及转向操纵机构。
(3)润滑油、润滑脂、棉纱。

## 16.3　实验注意事项及观察要点

(1)严格按照实验要求进行拆装、实验,注意人身安全。
(2)正确使用各类实验工具、量具。
(3)注意观察转向系统中的各种装配标记、润滑部位。

## 16.4　实验的步骤及方法

转向系统按所使用的能源类型有机械转向系统、动力(或助力)转向系统两类,如图 16-1、图 16-2 所示,主要由转向操纵机构、转向器、转向传动机构组成,本章以丰田凯美瑞 200E 乘用车的转向系统为例学习动力转向操纵机构、转向器、转向传动机构的拆装、检测实验,以东风 EQ900E、BJ2020 型汽车分别使用的机械转向系统的曲柄指销式转向器、循环球式转向器为例学习其拆装、检测实验。

### 16.4.1　动力转向系统的实验

16.4.1.1　操纵机构的拆卸
由图 16-1 可知,转向系操纵机构由转向盘、转向管柱(轴)等组成,转向系统操纵机构的分解图如图 16-3 所示。
其拆卸步骤如下:
(1)让前轮朝向正前方。
(2)断开蓄电池负极端子电缆。

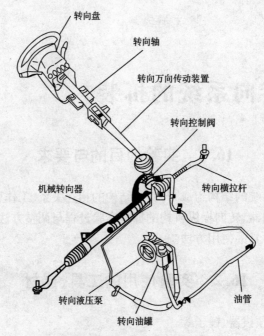

图 16-1 动力转向系统结构示意图

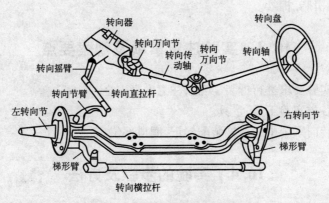

图 16-2 机械转向系统结构示意图

断开蓄电池负极(-)端子电缆后至少等候 90s 后进行下一步骤,以防止安全气囊和座椅安全带预张紧器被起动。

(3)拆卸前轮。
(4)拆卸前门皱褶板。
(5)拆卸车颈侧部装饰分总成。
(6)拆卸仪表板下饰板。
(7)拆卸 2、3 号转向盘下盖。
(8)拆卸转向盘衬垫。
(9)拆卸转向盘总成。
①拆卸转向盘总成定位螺母。
②将配合标记置于转向盘总成和转向主轴上。
③从螺旋电缆上断开连接器。

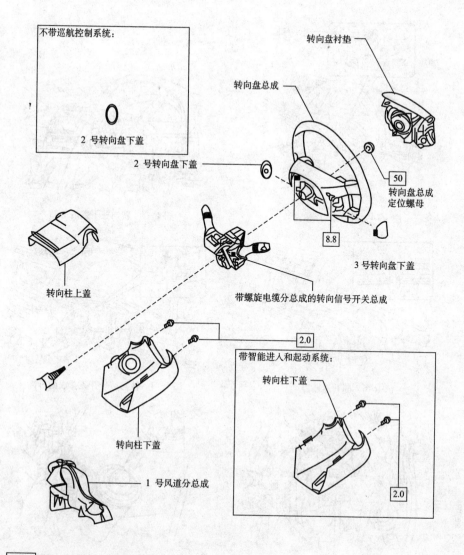

图16-3 丰田凯美瑞200E转向系统操纵机构分解图

④如图16-4所示,用SST拆下转向盘总成。

(10)拆卸转向柱下盖。如图16-5所示,拆下螺钉,脱开定位爪以拆卸转向柱下盖。

(11)拆卸转向柱上盖。脱开定位爪以拆卸转向柱上盖。

(12)拆卸带螺旋电缆分总成的转向信号开关总成。

①如图16-6所示,将连接器从带螺旋电缆分总成的转向信号开关总成上断开。

②如图16-7所示,使用钳子夹紧卡扣的定位爪并拆卸带螺旋电缆分总成的转向信号开关总成。

(13)如图16-8所示,脱开2个定位爪并且拆卸1号风道分总成。

(14)分离转向机中间轴总成。

①如图16-9所示,拆卸转向柱孔防护板上的夹箍。

②如图16-10所示,拆卸螺栓并滑动转向机中间轴总成。

177

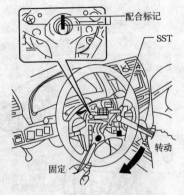
图16-4 转向盘总成的拆卸

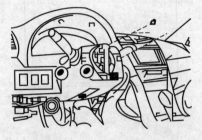
图16-5 转向柱下盖的拆卸

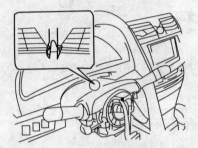
图16-6 断开连接器

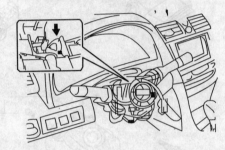
图16-7 转向信号开关总成的拆卸

图16-8 风道分总成的拆卸

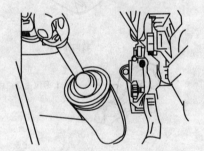
图16-9 转向柱孔防护板上的夹箍的拆卸

**注意：**
不要从动力转向器连杆总成上分离转向机中间轴总成。

③如图16-11所示，将配合标记置于转向机中间轴总成和动力转向器连杆总成上。

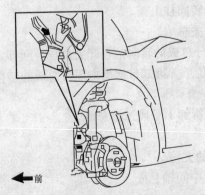
图16-10 转向机中间轴总成的拆卸

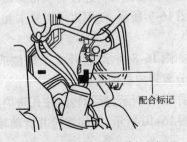
图16-11 转向器连杆总成上的标记

④将转向机中间轴总成从动力转向器连杆总成上分离。

(15)如图16-12所示,拆卸转向柱总成。

①断开连接器,然后脱开转向柱总成上的线束夹。

②拆卸螺栓、2个螺母和转向柱总成。

(16)如图16-13所示,拆卸转向机中间轴总成。

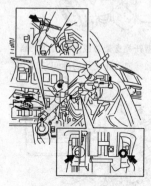
图16-12 转向柱总成的拆卸

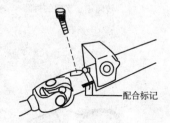
图16-13 转向器中间轴总成和转向柱总成上的标记

①将配合标记置于转向器中间轴总成和转向柱总成上。

②将螺栓和转向机中间轴总成从转向柱总成上拆下。

### 16.4.1.2 转向柱总成的分解

(1)拆卸转向锁止执行器总成(带智能进入和起动系统)。

①将转向柱总成固定在卡钳中。

②用中心冲标记2个锥头螺栓的中心。

③使用直径为3~4mm的钻头分别在2个锥头螺栓上钻1个孔。

④如图16-14所示,使用螺钉旋出器拆卸2个锥头螺栓,然后将转向锁止执行器总成和转向锁止支架从转向柱总成上拆下。

(2)拆卸应答器钥匙放大器(不带智能进入和起动系统)。

①使用螺丝刀将悬挂在上支架上的定位爪加宽约1.0mm。

②在定位爪打开时拉出应答器钥匙放大器。

(3)拆卸带开关支架总成的转向柱上部(不带智能进入和起动系统)。

①将转向柱总成固定在卡钳中。

②用中心冲标记2个锥头螺栓的中心。

③使用直径为3~4mm的钻头分别在2个锥头螺栓上钻1个孔。

④如图16-15所示,使用螺钉旋出器拆卸2个锥头螺栓,然后将带开关支架总成的转向柱上部和转向锁止支架从转向柱总成上拆下。

(4)拆卸点火开关锁止筒总成(不带智能进入和起动系统)。

①如图16-16所示,将点火开关锁止筒总成旋转到ACC位置。

②如图16-17所示,将螺丝刀推入带开关支架总成的转向柱上部孔中,并拉动点火开关锁止筒总成,直到定位爪接触到带开关支架总成的转向柱上部挡块。

**注意:**

确保拉动点火开关锁止筒总成直到定位爪接触到转向柱支架总成上部的挡块。否则会影响随后的工作。

图16-14 转向锁止执行器总成和转向锁止支架的拆卸

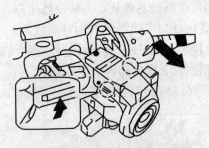

图16-15 带开关支架总成的转向柱上部和转向锁止支架的拆卸

图16-16 点火开关锁止筒ACC位置

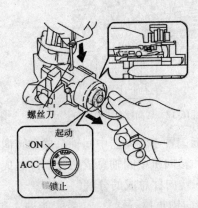

图16-17 火开关锁止筒总成极限位置

③如图16-18所示,将螺丝刀插入带开关支架总成的转向柱上部孔中。如图所示向下推动螺丝刀以脱开点火开关锁止筒总成的定位爪。拉出点火开关锁止筒总成。

(5)如图16-19所示,拆卸未锁警告开关总成(不带智能进入和起动系统)。推动未锁警告开关总成的中间零件并松开2个定位爪将其拆下。

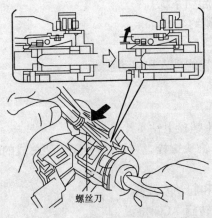

图16-18 点火开关锁止筒总成的拆卸

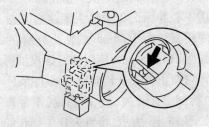

图16-19 未锁警告开关总成的拆卸

(6)拆卸钥匙联锁电磁线圈(不带智能进入和起动系统)。如图16-20所示,将2个螺钉和钥匙联锁电磁线圈从转向锁止分总成上拆下。

(7)如图16-21所示,拆卸点火或起动机开关总成(不带智能进入和起动系统)。脱开2个定位爪并将点火或起动机开关总成从转向锁止分总成上拆下。

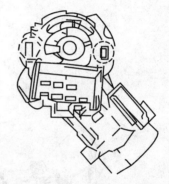

图 16-20　钥匙联锁电磁线圈的拆卸　　图 16-21　点火或起动机开关总成的拆卸

(8) 转向柱总成的检查。如图 16-22 所示,检查转向锁止操作(不带智能进入和起动系统)。

① 检查拆除钥匙时转向锁止机构是否激活。

② 如图 16-23 所示,检查插入钥匙并旋转到 ACC 位置时转向锁止机构是否禁用。

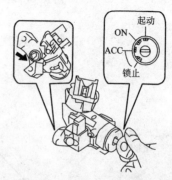

图 16-22　转向锁止操作的检测　　图 16-23　转向锁止机构是否禁用的检测

如果存在异常,则更换点火开关锁止筒总成。

(9) 转向柱总成的重新装配。装配过程同分解顺序相反。

### 16.4.1.3　转向系统操纵机构的安装

装配过程同拆卸顺序相反,在装配时注意装配记号、拧紧顺序及力矩符合规范要求,装配后要检查 SRS 警告灯是否符合技术要求。

### 16.4.1.4　叶轮泵、动力转向器总成的拆卸

动力转向器总成、叶轮泵的位置布置如图 16-24～图 16-26 所示。

1) 叶轮泵的拆卸

(1) 排放动力转向油。

(2) 拆卸前车轮。

(3) 拆卸发动机下盖。

(4) 拆卸前翼子板密封件。

(5) 拆卸风扇和发电机 V 形带。

(6) 如图 16-27 所示,滑动卡扣并将到泵软管的 1 号储液罐从叶轮泵总成上断开。

(7) 断开压力进给管总成。

① 如图 16-28 所示,拆卸进给管连接螺栓并将压力供给管总成从叶轮泵总成上断开。

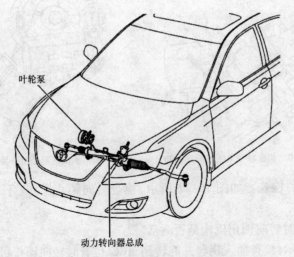

图 16-24 叶轮泵、动力转向器总成的位置

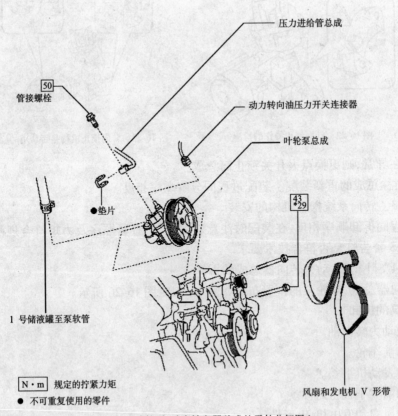

图 16-25 叶轮泵、动力转向器总成的零件分解图 1

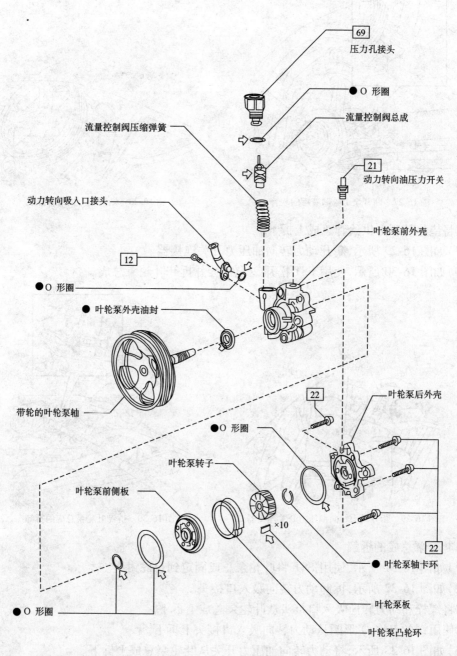

图 16-26 叶轮泵、动力转向器总成的零件分解图 2

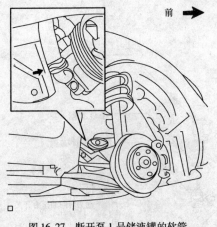

图 16-27 断开泵 1 号储液罐的软管

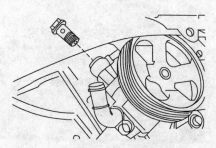

图 16-28 断开压力供给管总成

②将垫片从压力供给管总成上拆下。
(8) 如图 16-29 所示,断开动力转向油压力开关连接器。
(9) 如图 16-30 所示,使用 SST 松开 2 个螺栓并拆卸叶轮泵总成。

图 16-29 断开动力转向油压力开关连接器

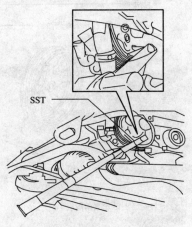

图 16-30 拆卸叶轮泵总成的拆卸

2) 叶轮泵总成的拆解
(1) 如图 16-31 所示,使用 SST 将叶轮泵总成固定到台虎钳上。
(2) 如图 16-32 所示,拆卸动力转向吸入口接头。
①将螺栓和动力转向吸入口接头从叶轮泵总成上拆下。
②使用螺丝刀将 O 形圈从动力转向吸入口接头上拆下。
(3) 如图 16-33 所示,将动力转向油压力开关从叶轮泵总成上拆下。
(4) 如图 16-34 所示,拆卸流量控制阀总成。
①拆卸压力孔接头。
②从压力孔接头上拆下 O 形圈。
③拆卸流量控制阀总成和流量控制阀压缩弹簧。
(5) 拆卸叶轮泵后外壳。
①如图 16-35 所示,将 4 个螺栓和叶轮泵后外壳从叶轮泵前外壳上拆下。
②如图 16-36 所示,使用螺丝刀将 O 形圈从叶轮泵后外壳上拆下,在使用螺丝刀前,用胶

带缠住螺丝刀的刀头。

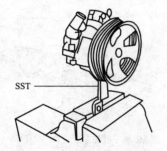

图 16-31　叶轮泵总成的固定

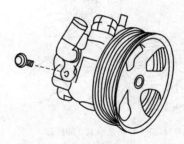

图 16-32　拆卸动力转向吸入口接头

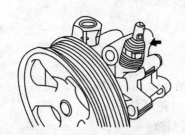

图 16-33　动力转向油压力开关的拆卸

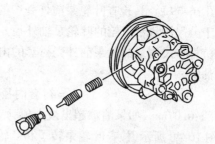

图 16-34　流量控制阀总成的拆卸

图 16-35　叶轮泵后外壳和连接螺栓的拆卸

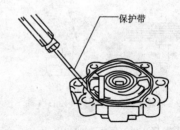

图 16-36　O 形圈的拆卸

(6) 拆卸带带轮的叶轮泵轴。
①如图 16-37 所示,使用 2 个螺丝刀将叶轮泵轴卡环从带带轮的叶轮泵轴上拆下。
②拆卸带带轮的叶轮泵轴。
(7) 拆卸叶轮泵转子。
①拆卸叶轮泵板。
②拆卸叶轮泵转子。
(8) 将叶轮泵凸轮环从叶轮泵前外壳上拆下。
(9) 拆卸叶轮泵前侧板。
①将叶轮泵前侧板从叶轮泵前外壳上拆下。
②使用螺丝刀将 O 形圈从叶轮泵前侧板上拆下。
③将 O 形圈从叶轮泵前外壳上拆下。
(10) 如图 16-38 所示,拆卸叶轮泵外壳油封,使用螺丝刀和抹布或布片去除叶轮泵外壳油封。

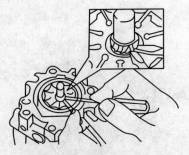

图 16-37 叶轮泵轴卡环的拆卸

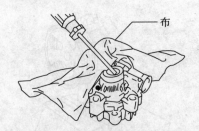

图 16-38 叶轮泵外壳油封的拆卸

3）叶轮泵的检查

（1）如图 16-39 所示，检查叶轮泵前外壳中的叶轮泵轴和衬套。

①使用千分尺测量带带轮的叶轮泵轴外径 $a$。

②使用游标卡尺测量叶轮泵前外壳衬套的内径 $b$。

③计算油隙。

$$油隙 = 衬套内径\ b - 轴外径\ a$$

最大油隙：0.07mm，如果油隙超出最大值，则更换叶轮泵总成。

（2）如图 16-40 所示，检查叶轮泵转子和叶轮泵板间隙。

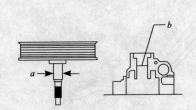

图 16-39 叶轮泵轴和衬套内、外径的检测

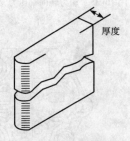

图 16-40 叶轮泵转子和叶轮泵板间隙的检测

①用千分尺测量叶轮泵板的厚度。

标准厚度：1.405～1.411mm，如果厚度没有在规定范围内，则更换叶轮泵总成。

②如图 16-41 所示，使用塞尺测量叶轮泵转子槽侧面和叶轮泵板之间的间隙。

最大间隙：0.03mm，如果间隙超出最大值，则更换叶轮泵总成。

（3）检查流量控制阀总成。

①如图 16-42 所示，将动力转向油涂在流量控制阀上，检查阀是否能靠自重顺利滑入阀孔，如果控制阀不能平滑地进入孔中，则更换叶轮泵总成。

图 16-41 叶轮泵转子槽侧面和叶轮泵板之间的间隙的检测

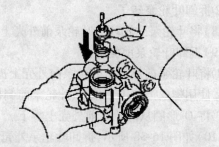

图 16-42 流量控制阀总成的滑动检测

②如图16-43所示,检查流量控制阀是否泄漏。堵住一个孔,用392～490kPa压缩空气吹入对侧,确认空气未从两端孔流出。如果空气泄漏,则更换叶轮泵总成。

(4)如图16-44所示,用游标卡尺测量流量控制阀压缩弹簧的自由长度,最小自由长度:29.2mm,如果长度小于最小值,则更换叶轮泵总成。

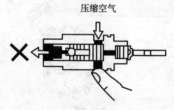

图16-43 流量控制阀总成的密封性检测

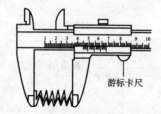

图16-44 流量控制阀压缩弹簧的自由长度的检测

(5)检查压力孔接头,如果压力孔接头中的接头座严重损坏,则更换叶轮泵总成。

(6)检查总预紧力。

①检查油泵是否旋转平稳,无异常响声。

②暂时安装维修螺栓。螺纹直径:10mm,螺距:1.25mm,螺栓长度:50mm。

③如图16-45所示,用扭力扳手检查泵的转矩,转矩:0.27N·m 或更小,如果转矩不符合规定,则检查叶轮泵外壳油封。

4)叶轮泵的装配

叶轮泵的装配顺序同拆卸相反。

16.4.1.5 动力转向器的拆卸

动力转向器的分解图如图16-46所示。

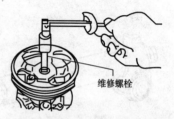

图16-45 泵的转矩的检测

1)动力转向器的拆卸

(1)让前轮朝向正前方。

(2)断开蓄电池负极端子电缆。

(3)拆卸前轮。

(4)如图16-47所示,分离转向滑叉。

①用座椅安全带固定转向盘,以防止其转动。

②拆卸螺栓并滑动转向滑叉。

注意:

不要将转向滑叉从动力转向器连杆总成上分离。

③如图16-48所示,将配合标记置于转向滑叉和动力转向器连杆总成上。

④分离动力转向器总成上的转向滑叉。

(5)如图16-49所示,分离左右侧横拉杆总成。拆下开口销和螺母,用SST从转向节上分离横拉杆端头。

(6)拆卸带有传动桥的发动机总成。

(7)断开压力供给管总成。

①如图16-50所示,使用SST将压力供给管总成(回流管侧)从动力转向器连杆总成上断开。

②如图16-51所示,使用SST将压力供给管总成(压力供给管侧)从动力转向器连杆总成上断开。

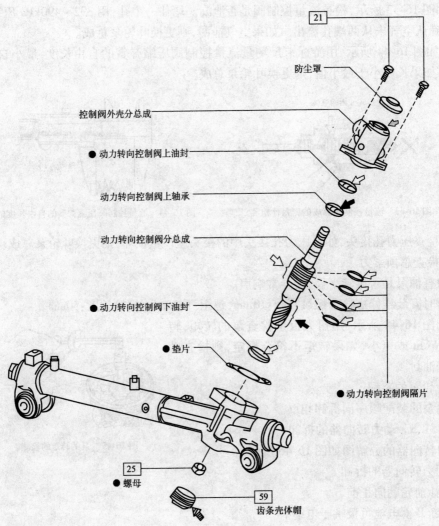

图 16-46 动力转向器的零部件分解图 3

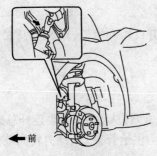

图 16-47 分离转向滑叉

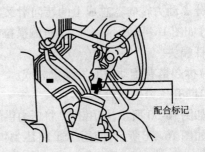

图 16-48 转向滑叉和动力转向器连杆总成上的标记

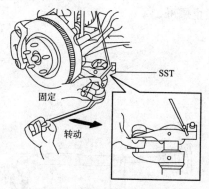
图16-49 左右侧横拉杆总成的分离

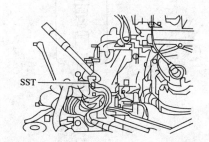
图16-50 压力供给管总成(回流管侧)的断开

③如图16-52所示,拆卸2个螺栓并分离压力供给管夹箍。
(8)拆下动力转向器连杆总成。
如图16-53所示,拆卸螺栓、螺母和动力转向器连杆总成。
**注意：**
由于螺母具有自己的挡块,因此不要旋转螺母。在螺母固定的情况下松开螺栓。

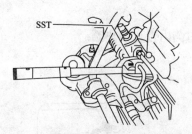
图16-51 压力供给管总成(压力供给管侧)的断开

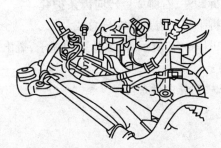
图16-52 压力供给管夹箍的分离

2)动力转向器连杆总成的拆卸
(1)如图16-54所示,使用捆扎胶带的SST,固定动力转向器连杆总成。
(2)如图16-55所示,拆卸转向器左、右转压力管。
①用SST拆下转向机左、右转压力管。
②拆卸转向机左、右转压力管上的O形圈。

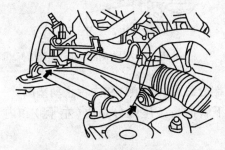
图16-53 动力转向器连杆总成的拆卸

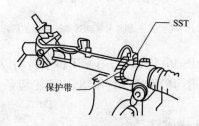
图16-54 动力转向器连杆总成的固定

(3)拆卸左、右横拉杆总成。

①如图16-56所示,将配合标记置于左、右横拉杆总成和转向齿条尾端分总成上。
②拧松锁止螺母,拆下横拉杆总成 LH 和锁止螺母。

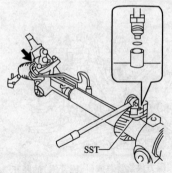

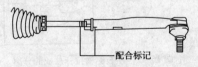

图16-55 转向器左、右转压力管的拆卸　　图16-56 置于左、右横拉杆总成和转向齿条尾端分总成上的标记

(4)用钳子拆下左、右侧转向齿条卡扣。
(5)如图16-57所示,用钳子拆下左、右侧2号转向齿条护套箍。
**注意:**
小心不要损坏2号转向齿条护套。
(6)拆卸左、右侧2号转向齿条护套。
(7)拆下转向齿条尾端分总成。
①如图16-58所示,用螺丝刀和锤子,撬出左、右侧内舌止动垫圈。
**注意:**
防止碰到转向齿条。

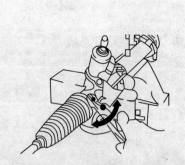

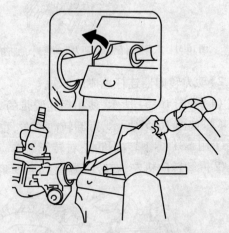

图16-57 左、右侧2号转向齿条护套箍的拆卸　　图16-58 左、右侧内舌止动垫圈的拆卸

②如图16-59所示,用 SST 拆下转向齿条尾端分总成(RH 侧)和内舌止动垫圈。
③如图16-60所示,用 SST 稳住齿条并拆下转向齿条尾端分总成(左侧)和内舌止动垫圈。
(8)拆卸齿条导向。
①如图16-61所示,用六角扳手(24mm)拆下齿条导向弹簧帽。
②如图16-62所示,拆卸压缩弹簧和齿条导向分总成。

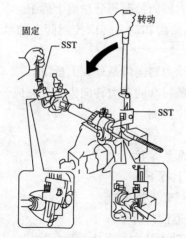

图 16-59 转向齿条尾端止动垫圈的拆卸

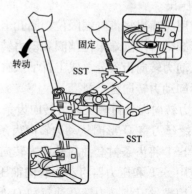

图 16-60 转向齿条尾端分总成的拆卸

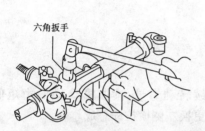

图 16-61 齿条导向弹簧帽的拆卸

图 16-62 压缩弹簧和齿条导向分总成的拆卸

③如图 16-63 所示,将齿条导向底座从齿条导向上拆下。
④将 O 形圈从齿条导向弹簧帽上拆下。
(9)拆卸防尘罩。
(10)拆卸动力转向控制阀总成。
①如图 16-64 所示,使用套筒扳手(27mm)拆卸齿条壳体帽。
②使用 SST 稳住控制阀轴并拆除螺母。
③拆卸 2 个螺栓和动力转向控制阀总成。
④拆卸垫片。

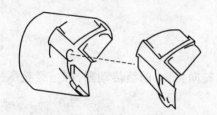

图 16-63 齿条导向底座的拆卸

图 16-64 齿条壳体帽的拆卸

(11)使用压力器拆卸动力转向控制阀分总成。
(12)将动力转向控制阀下油封从动力转向控制阀分总成上拆下。

(13)使用螺丝刀将动力转向控制阀隔片从动力转向控制阀分总成上拆下。

(14)使用 SST 和压力器将动力转向控制阀上油封和动力转向控制阀上轴承从控制阀外壳分总成中压出。

(15)使用尖嘴钳将汽缸端限位挡圈孔卡环从动力转向齿条外壳上拆下。

(16)拆卸带有汽缸端限位挡圈和动力转向齿条衬套的动力转向齿条分总成。

(17)从动力转向齿条分总成上拆下汽缸端限位挡圈。

(18)拆卸动力转向齿条衬套。

①将动力转向齿条衬套从动力转向齿条分总成上拆下。

②使用螺丝刀将 O 形圈从动力转向齿条衬套上拆下。

③使用 SST 将齿条衬套油封从动力转向齿条衬套上拆下。

(19)使用 SST 和压力器将动力转向油压缸管道油封拆下。

(20)使用螺丝刀将动力活塞油封和 O 形圈从动力转向齿条上去除。

3)动力转向器连杆总成检查

(1)检查动力转向齿条。使用百分表检查转向齿条的跳动量,最大跳动值:0.3mm,检查齿条表面有无磨损或损坏。

(2)检查左、右侧横拉杆总成。

①分别将横拉杆左、右总成固定在台虎钳上。

②将螺母安装到双头螺柱上。

③将球节前后转动 5 次或以上。

④用扭力扳手以 3~5s 转动一圈的速度连续转动螺母,读取第 5 圈的力矩值,力矩:0.98~3.92N·m,如果力矩不处于规定范围内,则更换左侧横拉杆总成。

(3)检查总预紧力。

①暂时将 2 个转向齿条尾端安装到动力转向齿条上。

**注意:**

没有转向齿条尾端时不要完全旋转动力转向齿条,否则会损坏齿条壳体中的油封。

②使用 SST 将动力转向齿条前后完全旋转 10 次,以便固定。

③使用 SST 旋转控制阀并测量预紧力,力矩:标准预紧力(转动)1.5N·m 或更小,如果预紧力超出规定值,则进入"安装齿条导向"。

④将 2 个转向齿条尾端从动力转向齿条上拆下。

4)动力转向器连杆总成的装配

装配顺序同拆卸、分解顺序相反。

### 16.4.2 机械转向系统的实验

#### 16.4.2.1 循环球式转向器的拆装

图 16-65 所示为 BJ2020 汽车使用的循环球式转向器,有两级传动副,第一级是螺杆螺母传动副,第二级是齿轮齿条传动副。

1)转向器的拆卸

(1)从车上拆下转向系统的转向管柱紧固夹板。

(2)拆卸转向管柱紧固螺钉。

(3)拔下各类线束插头。

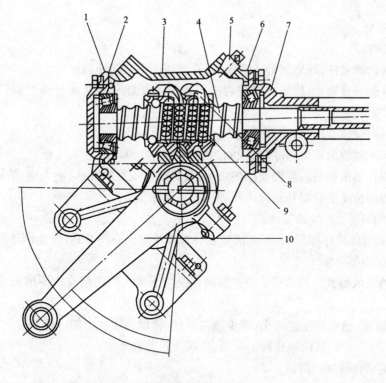

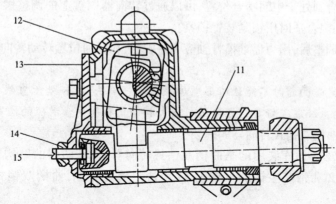

图 16-65　BJ2020 汽车使用的循环球式转向器结构图

1-下盖;2、6-调整垫片;3-壳体;4-转向螺杆;5-加油螺塞;7-上盖;8-钢球导管;9-钢球;10-转向摇臂;11-齿扇轴;12-转向螺母;13-侧盖;14-螺母;15-调整螺钉

(4)松开转向系统的中间轴,拆卸转向管及中间轴。

(5)松开转向器的固定螺栓,拆卸转向器。

2)转向器的解体

(1)将转向器固定在专用工作台上。

(2)松开转向器的锁紧、侧盖固定螺母。

(3)旋出转向器调整螺母,拆卸转向器侧盖及转向摇臂。

(4)抽出摇臂轴、转向螺杆等。

(5)拆卸转向螺母。

**注意：**

不要丢失滚珠。

3）转向器的检测

(1) 检测转向器蜗杆、球形螺母（滚珠）是否磨损严重或损坏。

(2) 将蜗杆轴垂直放置，检测螺母是否能借本身重量顺利地在蜗杆轴上旋转。如发现有任何损伤，应修整或更换。

(3) 检测转向臂轴、推力垫圈、调整螺钉有否磨损或损伤。

(4) 检测转向臂轴的推力间隙（最大间隙应小于0.05mm）。

(5) 检测蜗杆轴承和油封磨损及损伤情况，视情况需要更换轴承、轴承座、油封等。

(6) 根据检测情况更换蜗杆轴内座圈和壳上外座圈等。

4）转向器的装配

装配顺序同解体顺序相反，装配时注意在导管两端涂少许润滑脂，防止钢球脱出。

5）转向器的调整

(1) 转向轴轴承预紧度的调整。调整转向器壳与下盖之间的垫片的厚度可以调整轴承预紧度。

增加垫片厚度，轴承预紧度减小；减少垫片厚度，轴承预紧度增加。调整好后，用手上下推动转向轴不得有松旷感，转向轴应转动灵活，所需力矩符合要求。

(2) 啮合副啮合间隙的调整。

①首先使啮合副处于中间啮合位置，可以通过转向器侧盖上的调整螺钉改变摇臂轴的轴向位置，当啮合间隙合适时用锁紧装置锁紧。

②啮合间隙调整后，用力摇动摇臂轴应无松旷感，在任何位置转动转向盘应轻便灵活。

**注意：**

检查循环球式转向器时不能让球形螺母碰到蜗杆端头；车辆处于直线行驶位置调整转向器啮合间隙；转向系统装配好之后还要进行最大转向角和转向盘游隙的检查调整。

#### 16.4.2.2 曲柄双销式转向器的拆装

东风EQ1090E型汽车装用的是曲柄双销式转向器，该转向器的结构分解如图16-66所示。主要由蜗杆2和带有主销的摇臂轴14组成一对齿轮副，曲柄双销式转向器解体步骤如下：

1）曲柄双销式转向器的拆卸

(1) 将转向器安装在工作台上。

(2) 旋下放油螺塞，放出润滑油后再装回放油螺塞。松开摇臂轴调整螺钉的锁紧螺母，把调整螺钉逆时针旋转一周。

(3) 拆下侧盖和壳体的紧固螺栓，取下侧盖和垫片，用铜棒轻敲转向摇臂的摇臂端，取出转向摇臂轴和指销。

(4) 拆下下盖与壳体的紧固螺栓，依次取下下盖及调整螺塞组合件、垫片、蜗杆轴承。

(5) 拆下上盖与壳体的紧固螺栓，取出蜗杆及支撑轴承等的组合件，再依次取下上轴承盖及油封、密封圈的组合件、调整垫片。

(6) 清洗各零件并观察分析壳体、侧盖、蜗杆及其轴承、摇臂轴与指销的结构。检查指销及其支撑轴承有无间隙和损坏。

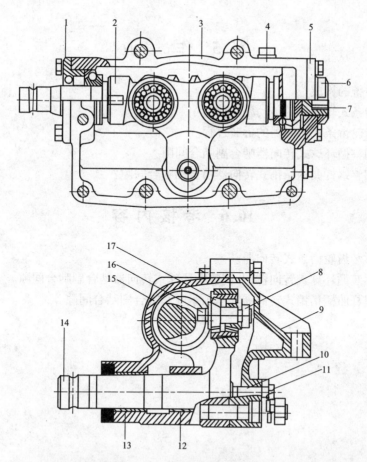

图 16-66 东风 EQ1090E 型汽车装用的曲柄双销式转向器结构图

1-上盖;2-蜗杆;3、15-转向器壳体;4-加油螺塞;5-下盖;6、8、11-螺母;7-调整螺塞;9-侧盖;10-调整螺钉;12、13-衬套;14-转向摇臂轴;16-指销;17-轴承

2) 曲柄双销式转向器的装配

曲柄双锁式转向器的装配按拆卸时相反的顺序进行,但应注意:装合前彻底清洗各零件并擦拭干净,橡胶油封不得用汽油清洗;装配时各密封垫处涂以密封胶;上盖与壳体间的调整垫片,用来调整蜗杆轴在座孔中的支撑刚度和轴线的对中性,出厂时已调整好,不得随意调整或调换垫片;转向器装配后应先调整蜗杆轴承预紧度,后调整啮合副的啮合间隙。

3) 蜗杆轴承预紧度的调整

用内六角扳手将下盖上的调整螺塞 7 旋到底,再退回 1/8～1/4 圈,使蜗杆在输入端具有 1～1.7N·m 的预紧力矩,并保持该位置不变,拧紧其外面的锁止螺母(力矩 50N·m)。再复检输入端预紧力矩,应保持不变。用手转动、推拉蜗杆应灵活自如,且无轴向间隙,蜗杆轴承预紧度即为合适。

4) 蜗杆与指销啮合间隙的调整

首先,使啮合副蜗杆处于中间位置啮合状态(先向一方向转动蜗杆到极限位置不动,然后反向转动蜗杆至不动,记下全部转动圈数,再反向转动蜗杆到中间状态),拧动侧盖上的调整螺塞到底,使蜗杆转动有一点阻力为止,再退出调整螺塞 1/8～1/4 圈。然后从转向摇臂轴装摇臂一端推拉摇臂轴,若无明显间隙且转动蜗杆仍灵活自如,即为合适。蜗杆轴输入端的旋转力矩不大于 2.8N·m,拧紧调整螺塞的位置不变,拧紧其外边的锁紧螺母。

## 16.5 作　业

(1) 转向系统的构成？
(2) 齿轮齿条式转向器的传动副是什么？
(3) 简述齿轮齿条式转向器的拆装过程。
(4) 如何调整循环球式转向器啮合副啮合间隙？
(5) 如何调整蜗杆曲柄指销式转向器啮合副啮合间隙？

## 16.6 考核内容

(1) 实际拆装齿轮齿条式转向器。
(2) 实际拆装循环球式转向器,并调整循环球式转向器啮合副啮合间隙。
(3) 调整蜗杆曲柄指销式转向器轴承预紧度和啮合副啮合间隙。

# 第17章 制动系统的拆装

## 17.1 实验的目的与要求

(1)掌握现代汽车各种制动系统的结构、组成及其主要部件的工作原理。
(2)掌握常见制动器(领-从蹄式、双领蹄式、盘式、凸轮式制动器)的拆装程序。
(3)掌握制动系统有关部位间隙的调整的方法。

## 17.2 实验使用的工具、设备器材

(1)北京BJ2020型乘用车、上海桑塔纳2000型乘用车、东风EQ1090型商用车各一辆。
(2)双管路液压制动主缸、真空增压器、真空助力器。
(3)常用工具、专用工具及工作台架。

## 17.3 实验拆装注意事项及观察要点

(1)正确使用各种常用工具、专用工具及量具。
(2)注意观察制动系统中各种零部件的相互关系、调整部位及其方法。
(3)遵守实验中零部件的拆装次序,注意操作安全。

## 17.4 实验的方法和步骤

汽车制动系统的结构按制动器的类型分类有鼓-蹄式、盘式两类,按功能分为行车制动和驻车制动两类,其功能是根据需要改变汽车行驶的速度或停车、驻车需求,其制动器的拆装方法基本相同。下面以丰田凯美瑞200E乘用车、北京BJ2020型乘用车、东风EQ1090E型商用车、桑塔纳2000乘用车为例,介绍制动系统的拆装过程。

### 17.4.1 汽车行驶制动器的拆装

17.4.1.1 丰田凯美瑞200E型乘用车前轮制动器的拆装

丰田凯美瑞200E型乘用车制动系统布置形式如图17-1所示,车轮制动器均采用盘式结构,丰田凯美瑞200E型乘用车前轮制动器的零件分解如图17-2所示。
1)制动器的拆卸
(1)拆卸前轮。
(2)排出制动液。
(3)拆卸盘式制动器轮缸总成。

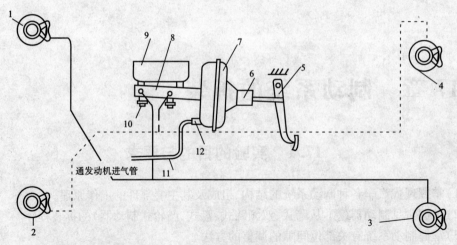

图 17-1 丰田凯美瑞200E型乘用车制动系统真空助力伺服制动系统示意图

1-右前轮缸;2-左前轮缸;3-左后轮缸;4-右后轮缸;5-制动踏板机构;6-控制阀;7-真空伺服气室;8-制动主缸;9-储液罐;10-制动信号灯液压开关;11-真空供能管路;12-真空止回阀

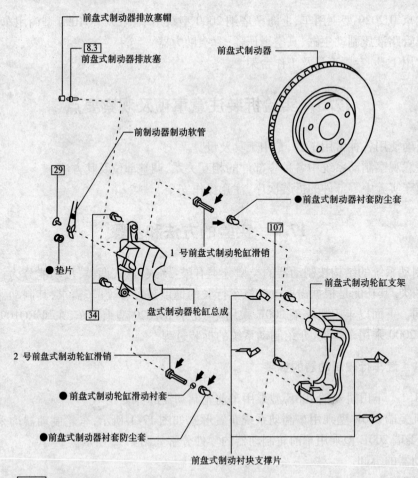

图 17-2 丰田凯美瑞200E型乘用车前轮制动器零件分解图1

①如图17-3所示,从盘式制动器轮缸总成上拆下管接螺栓和垫片,然后断开前制动器制动软管。

②固定前盘式制动轮缸滑销和盘式制动器轮缸总成。

(4)拆卸前制动衬块。

①拆卸消声弹簧。

②从前盘式制动轮缸支架上拆卸制动块。

(5)拆卸前消声垫片。如图17-4所示,从每个制动块上拆卸前消声垫片和制动块磨损指示灯。

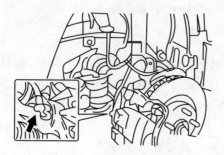

图17-3 制动软管的拆卸　　　　图17-4 前消声垫片的拆卸

(6)拆卸前盘式制动块支撑片。如图17-5所示,拆卸前盘式制动块支撑片。

(7)拆卸前盘式制动轮缸支架。

(8)拆卸1号前盘式制动轮缸滑销。

(9)从前盘式制动轮缸支架上拆卸2号前盘式制动轮缸滑销。

(10)使用螺丝刀从2号前盘式制动轮缸滑销上拆卸前盘式制动轮缸滑动衬套。

(11)拆卸前盘式制动器衬套防尘套。

(12)使用螺丝刀拆卸护尘套固定环和护尘套。

(13)拆卸前盘式制动器活塞。

①准备一块木板以架住活塞。

②如图17-6所示,将木板放置在前盘式制动器活塞和盘式制动器轮缸总成之间。

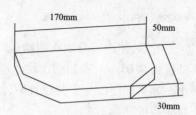

图17-5 制动块支撑片的拆卸　　　　图17-6 活塞支撑板

③如图17-7所示,使用压缩空气从盘式制动器轮缸总成上拆卸前盘式制动器活塞。

(14)用螺丝刀从前盘式制动器轮缸总成上拆卸活塞油封。

(15)拆卸前盘式制动器排放塞帽。

(16)拆卸前盘式制动器排放塞。

(17)拆卸前盘式制动器。如图17-8所示,在制动盘和车桥轮毂上标上配合标记,拆卸前制动盘。

图17-7 制动器活塞的拆卸

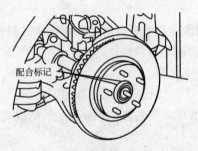

图17-8 前制动盘的拆卸

2）制动器零部件的检测

（1）检查制动块衬层厚度。如图17-9所示，用直尺测量制动块衬层厚度，标准厚度为12.0mm，最小厚度为1.0mm，如果制动块衬层厚度小于最小值，则更换前制动块，注意更换新的前制动块时，确保同时更换消声弹簧。

**建议：**

更换新的前制动块后，一定要检查前制动盘的磨损情况。

（2）用千分尺测量制动盘厚度，标准厚度为28.0mm，最小厚度为25.0mm。

（3）检查制动轮缸缸径和前盘式制动器活塞的锈蚀和擦伤。

（4）检查制动块支撑片的回弹力，以及是否有变形、裂纹或磨损。

（5）检查制动盘跳动量。

①安装前制动盘，如图17-10所示，使用SST固定制动盘，用3个轮毂螺母拧紧制动盘，拧紧力矩为103N·m。

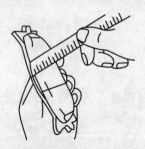

图17-9 制动块衬层厚度的检测

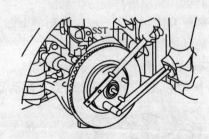

图17-10 制动盘的紧固

②如图17-11所示，使用百分表在制动盘边缘距离外侧10mm的位置测量制动盘跳动量，最大制动盘跳动量为0.05mm，若制动盘跳动超过最大值，则改变制动盘和车桥安装位置以使制动盘跳动最小。如果即使改变安装位置后，制动盘的跳动还是超过最大值，应检查轴承轴向上的间隙和车桥轮毂的跳动。

③拆卸轮毂螺母。

④拆卸前制动盘。

3）制动器的装配

（1）安装前盘式制动器。如图17-12所示，对准配合标记，安装前制动盘。

**注意：**

在更换新制动盘时，应选择前制动盘有最小跳动的安装位置。

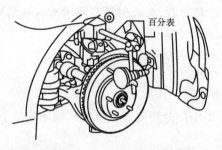
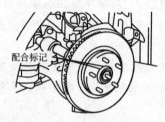

图17-11 制动盘跳动量的检测　　图17-12 前制动盘的安装

（2）暂时将前盘式制动器排放塞拧紧到盘式制动器轮缸总成上。
（3）将排放塞帽安装到前盘式制动器排放塞上。
（4）安装活塞油封。
①在一个新的活塞油封上涂抹锂皂基乙二醇润滑脂。
②将活塞油封安装到盘式制动器轮缸总成上。
（5）安装前盘式制动活塞。
①在前盘式制动活塞和新护尘套上涂上锂皂基乙二醇润滑脂。
②将护尘套安装到前盘式制动活塞上。
③将前盘式制动器活塞安装到盘式制动器轮缸总成上。
注意：
不要将前盘式制动器活塞强行安装到盘式制动器轮缸总成上。
（6）安装护尘套。
①将护尘套牢固安装到盘式制动器轮缸和前盘式制动器活塞槽上。
②使用螺丝刀将护尘套固定环牢固安装到护尘套槽上。
（7）安装前盘式制动器衬套防尘套。
①将锂皂基乙二醇润滑脂施涂到新的前盘式制动器衬套防尘套的密封表面上。
②将前盘式制动器衬套防尘套安装到前盘式制动轮缸支架上。
（8）安装前盘式制动轮缸滑动衬套。在新的前盘式制动轮缸滑动衬套上施涂锂皂基乙二醇润滑脂，将前盘式制动轮缸滑动衬套安装到2号前盘式制动轮缸滑销上。
（9）安装2号前盘式制动轮缸滑销。
①在2号前盘式制动轮缸滑销的滑动零件和密封表面上施涂锂皂基乙二醇润滑脂。
②将2号前盘式制动轮缸滑销安装到前盘式制动轮缸支架底部上。
（10）安装1号前盘式制动轮缸滑销。
①在1号前盘式制动轮缸滑销的滑动零件和密封表面上施涂锂皂基乙二醇润滑脂。
②安装1号前盘式制动轮缸滑销。
（11）安装前盘式制动轮缸支架。用2个螺栓安装前盘式制动轮缸支架，拧紧力矩为：107N·m。
（12）安装前盘式制动块支撑片。
（13）安装前消声垫片。
①在前消声垫片上施涂盘式制动器润滑脂。
注意：
更换磨损制动块时，前消声垫片必须和制动块一起更换，按照正确位置和方向安装垫片，在与前消声垫片接触的部位上施涂盘式制动器润滑脂,盘式制动器润滑脂从安装前消声垫片的部位稍微溢出,确保没有在制动块衬层表面施涂盘式制动器润滑脂。

②在每个制动块上安装2个前消声垫片和2个制动块磨损指示灯。

**注意:**

按照正确位置和方向安装制动块磨损指示灯。

(14)安装前制动块。将带前消声垫片的2个制动块安装到前盘式制动轮缸支架上,安装消声弹簧。

(15)安装盘式制动器轮缸总成。

①用螺栓安装盘式制动器轮缸总成,拧紧力矩:34N·m。

②用管接螺栓和新垫片连接制动软管,拧紧力矩:29N·m。

**注意:**

将前制动器制动软管锁牢固地安装到盘式制动器轮缸的锁孔内。

(16)向储液罐加注制动液。

(17)制动管路的排气。

(18)制动执行器总成(带VSC)的排气。

(19)检查储液罐内的制动液液位。

(20)检查制动液渗漏。

(21)安装前轮,力矩:103N·m。

### 17.4.1.2　北京BJ2020型汽车前轮制动器的拆装与调整

北京BJ2020型汽车的制动器属于鼓-蹄式,前轮制动器的结构如图17-13所示,属于单向双领蹄式(单向平衡式)制动器。

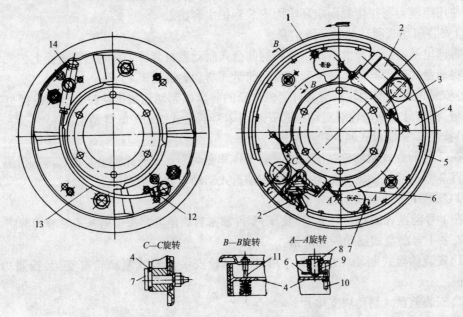

图17-13　北京BJ2020型汽车前轮制动器

1-制动底板;2-制动轮缸;3-制动蹄复位弹簧;4-制动蹄;5-摩擦片;6-调整凸轮;7-支撑销;8-调整凸轮轴;9-弹簧;10-调整凸轮锁销;11-制动蹄限位杆;12、14-油管接头;13-轮缸连接油管

1）车轮制动器的分解、装配顺序

（1）车轮制动器的分解顺序。分解顺序如图17-14、图17-15所示。

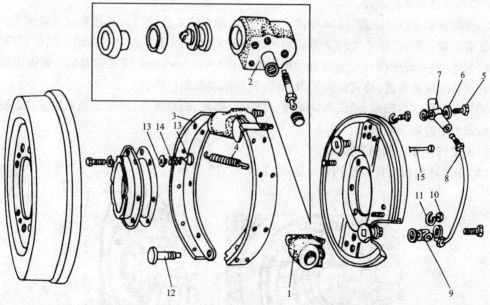

图17-14 车轮制动器的分解示意图1

1、2-轮缸;3-制动蹄;4-复位弹簧;5-固定螺栓;6、11-垫圈;7、9-套管;8-油管;10-支撑销螺母;12-支撑销;13-弹簧盘;14-拉紧弹簧;15-限位杆

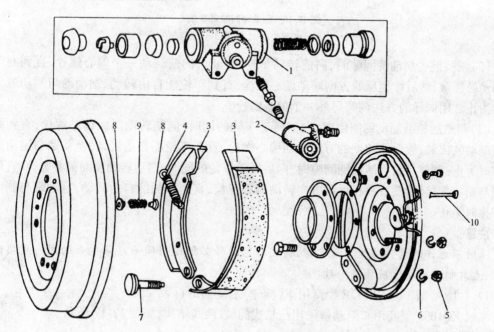

图17-15 车轮制动器的分解示意图2

1、2-轮缸;3-制动蹄;4-复位弹簧;5-螺母;6-垫圈;7-支撑销;8-弹簧盘;9-拧紧弹簧;10-限位杆

①拆下车轮制动器的分毂和制动鼓,若制动鼓不需要更换,则制动鼓和轮毂不必拆开。
②拆下制动蹄复位弹簧、限位拉杆、拉紧弹簧和弹簧盘。

③拆下制动蹄支撑销螺母,抽出支撑销,拆下制动蹄。
④拆下轮缸的油管接头,取下油管,拆下轮缸固定螺栓,从制动底板上拆下轮缸。

(2)制动器的装配顺序。

①安装制动轮缸(**注意**:轮缸与制动底板左右两车轮不要装错),连接制动油管接头。

②安装制动蹄,将制动蹄的支撑销插入制动蹄和底板的承孔内。支撑销上的标记应装在相应的位置(偏心环的厚度应高出制动蹄下端口 0.1~0.2mm),并按规定力矩拧紧固定螺母。

③安装限位弹簧盘、拉紧弹簧及限位杆,装复制动蹄复位弹簧。

④装上轮毂的内轴承、轮毂和制动鼓、外轴承、垫片、调整螺母,按规定预紧轴承,安装锁片并按规定力矩拧紧锁紧螺母。

2)制动蹄间隙的调整方法

(1)在制动底板的背面找到偏心螺栓,如图 17-16 所示。

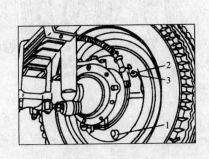
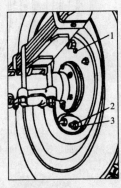

图 17-16 制动蹄间隙调整方法
1-偏心轮螺栓;2-支撑销;3-锁紧螺母

(2)调整前轮制动蹄间隙时,向前转动车轮的同时,向前转动一个偏心螺栓,直到制动蹄与制动鼓接触,然后往相反的方向转动偏心螺栓,直到车轮能自由转动,制动蹄与制动鼓无摩擦时为止。用同样的方法调整另外一个偏心螺栓。

(3)调整后轮前制动蹄间隙时,向前转动车轮的同时,向前转动前面偏心螺栓,直到制动蹄与制动鼓接触,然后往相反的方向转动偏心螺栓,直到车轮能自由转动,制动蹄与制动鼓无摩擦时为止;调整后轮后制动蹄间隙时,向后转动车轮的同时,向后转动前面偏心螺栓,直到制动蹄与制动鼓接触,然后往相反的方向转动偏心螺栓,直到车轮能自由转动,制动蹄与制动鼓无摩擦时为止。

**注意**:

平时不允许随意转动制动蹄支撑销;左右制动蹄必须使用同一厂家生产的同一规格的摩擦片;左右制动蹄间隙应调整一致。

17.4.1.3 东风 EQ1090E 型商用车(前轮)制动器的拆装

东风 EQ1090 型商用车制动器采用凸轮式的鼓-蹄式结构,如图 17-17 所示。

1)拆卸顺序

(1)将汽车前桥支起,将后轮用木楔等顶住。

(2)按图 17-18 所示拆卸前轮毂及制动鼓。

松开轮毂盖的紧固螺栓,取下前轮毂盖、衬垫,剔平止动垫圈,依次拆下锁紧螺母、止动垫圈、调整螺母的锁紧垫圈和轮毂轴承调整螺母,从转向轴上拉出前轮毂及制动鼓组合件。

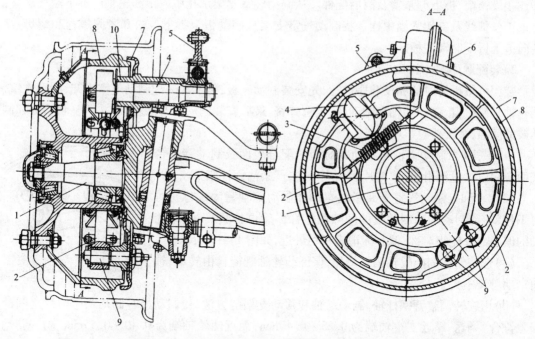

图 17-17 东风 EQ1090E 型商用车前轮制动器

1-转向节轴颈;2-制动蹄;3-复位弹簧;4-制动凸轮轴;5-制动调整;6-制动气室;7-制动底板;8-制动鼓;9-支撑销;10-制动凸轮轴支座

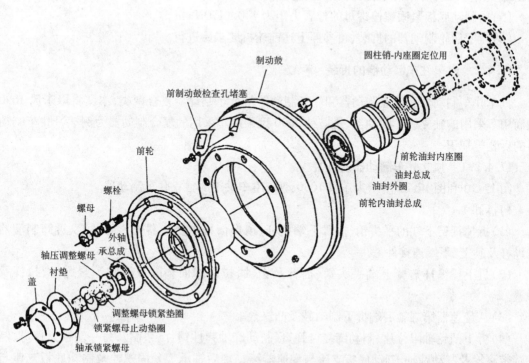

图 17-18 东风 EQ1090E 型商用车前轮毂及制动鼓

（3）拆卸制动器的固定部分、张开机构、定位调整机构各零件,将凸轮转到原始位置,拆下制动蹄复位弹簧,拆下开口销及制动蹄轴紧固螺母,取下制动蹄和制动蹄轴。拆开制动气室推杆连接叉锁销,拆下调整臂及前后配件。从制动气室支架承孔中取出凸轮轴。拆下制气动室。拆下钢丝锁线及支架紧固螺栓。将制动气室支架从制动板上拆下。松开紧固螺栓和螺母,从转向节上拆下制动底板。

2)装配顺序

装配可按拆卸时的相反顺序进行,先安装制动底板,再依次装配制动气室支架、制动气室、凸轮轴和调整臂、制动蹄轴和制动蹄、复位弹簧,最后安装制动鼓及前轮毂,并调整制动蹄和制动鼓的间隙,装配注意事项如下:

(1)装配时,制动蹄轴和制动蹄衬套的配合表面及制动蹄平台表面应涂以少量润滑脂,摩擦片表面应干净,严禁沾污油脂。

(2)装配时,制动气室支架紧固螺母和制动蹄轴紧固螺母暂时可不拧紧(待制动蹄和制动鼓的间隙调整好以后再拧紧)。制动蹄轴的偏心部分应相对称,偏心标记应相距最近,如图17-19所示。

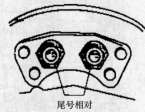

图17-19 制动蹄的装配标记

(3)选装合适的凸轮轴调整垫片,保证凸轮轴既能自由转动,轴向窜动量又不大于1mm。

(4)用旋转调整臂蜗杆轴、制动蹄轴和移动支架的方法,使制动鼓与制动蹄摩擦片之间的间隙符合要求。靠近支撑轴端为0.25~0.40mm,靠近凸轮轴端为0.40~0.55mm,同一制动鼓内两个制动蹄摩擦片相对应的间隙差应不大于0.10mm。最后拧紧制动蹄轴和支架的紧固螺母,同时应注意保持蹄轴和支架的位置不变(制动蹄轴紧固螺母拧紧力矩为130~170N·m)。制动蹄和制动鼓的间隙调好后,制动鼓应能转动自如,无卡滞现象。

(5)前制动底板紧固螺栓螺母的拧紧力矩为140~170N·m。

(6)对于后轮制动器的拆装,可参照上述前轮拆装步骤进行。

### 17.4.2 汽车驻车制动器的拆装

汽车驻车制动器有独立制动器和驻车制动器与行车制动器复合两类,本文将以东风1090型商用车采用的独立驻车制动器、桑塔纳2000型乘用车采用的复合制动器为例学习驻车制动系的拆装等知识。

#### 17.4.2.1 独立驻车制动器的拆装

图17-20和图17-21所示为东风1090型商用车采用的独立驻车制动器。

1)拆卸

(1)拆掉摇臂下端的平头销、摇臂下端拉杆、扇形齿板与变速器壳紧固螺栓、拆卸制动器操纵杆及其上、下端连接件。

(2)拆下操纵杆摇臂上端平头销、摇臂及销轴、拉杆球面垫圈及调整锁紧螺母、拉杆及弹簧。

(3)从变速器第二轴后端拆下制动鼓及凸缘。

(4)拆下凸轮轴限位片、制动蹄复位弹簧、制动蹄轴弹性锁片、垫圈及另一端锁紧螺母、制动蹄带滚轮及制动蹄轴、制动底板支座与变速器第二轴后轴承盖紧固螺栓及制动底板支座与底板总成、摆臂固定螺栓及摆臂、凸轮轴弹性锁片及凸轮轴、分解制动底板与支座。

2)装配

(1)按拆卸时的相反顺序装复驻车制动器及其操纵机构。

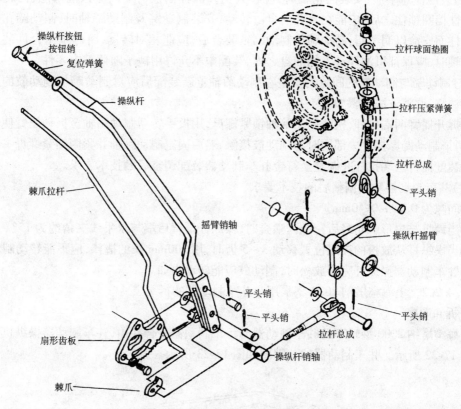

图 17-20 东风 1090 型商用车驻车制动器操纵机构

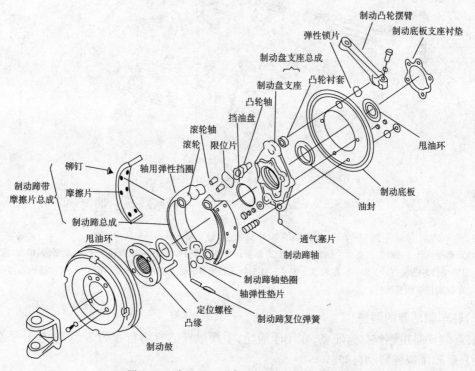

图 17-21 东风 1090 型商用车驻车制动器分解图

(2)装配注意事项:安装凸轮轴时,应在其支撑圆柱面及衬套内涂以润滑脂,凸轮轴装入并用弹性挡圈锁住之后,应能在承孔内自由转动;安装制动蹄及制动蹄轴时,制动蹄孔及制动蹄轴圆柱面应涂以润滑脂,制动蹄与制动蹄轴装合后,应能相对转动,将凸缘组合件装入变速器第二轴时,应保证甩油环进入挡油盘之内,装配中不允许用锤子随便敲击零件。

(3)制动蹄与制动鼓的间隙的调整。制动蹄轴重新装配后应对制动蹄与制动鼓的间隙进行全面调整,调整方法步骤如下:

①拆开摇臂两端拉杆,松开制动蹄轴锁紧螺母,用扳手转动制动蹄轴至扳动摆臂使凸轮张开后,两个制动蹄摩擦片中部同时与制动鼓接触,然后固定制动蹄轴并紧固锁紧螺母。

②装配摇臂两端拉杆并调整至符合驻车制动器装配调整后的技术要求。

(4)驻车制动器装配调整后的技术要求:

①间隙为 0.20~0.40mm。

②当棘爪与扇形棘轮最后一个齿啮合时,操纵杆摇臂后端与水平线夹角约为15°。

③当操纵杆从放松的极限位置移动 3~5 齿时,用 500mm 长的撬棒,应不能转动制动鼓。

④驻车制动器操纵杆完全放松时,制动鼓应能转动自如。

17.4.2.2 上海桑塔纳 2000 型乘用车驻车制动器的拆装

1)拆卸顺序

上海桑塔纳 2000 型轿车的驻车制动器与行车制动器复合共用,驻车制动器操纵机构的分解如图 17-22 所示。驻车制动器的分解图如图 17-23 所示。

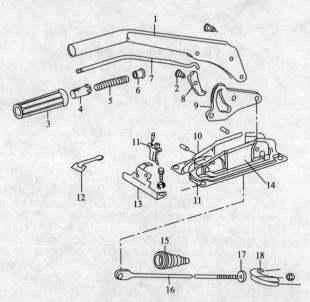

图 17-22 上海桑塔纳 2000 型乘用车驻车制动器操纵机构分解图

1-驻车制动器操纵杆;2-螺栓;3-制动手柄套;4-旋钮;5-弹簧;6-弹簧套筒;7-棘轮杆;8-棘轮掣子;9-扇形齿;10-右轴承支架;11-驻车灯开关;12-凸轮;13-支架;14-左轴承支架;15-驻车制动器操纵杆底部橡胶防尘罩;16-驻车制动操作拉杆;17-限位板;18-驻车制动拉绳调整杠杆

2)驻车制动器的调整

驻车制动是由钢丝拉索驱动,作用于后轮,手操纵杆的自由行程为 2 齿,当松开手操纵杆时,两只后轮都应能转动自如。

3)驻车制动器的调整步骤(图 17-24)。

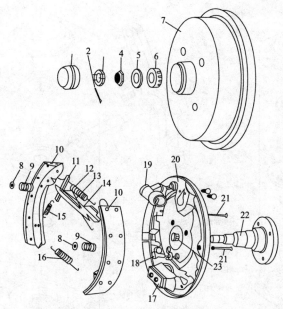

图 17-23 上海桑塔纳 2000 型乘用车驻车制动器(后制动器)分解示意图

1-轮毂盖;2-开口销;3-开槽垫圈;4-调整螺母;5-推力垫圈;6-轴承;7-制动鼓;8-弹簧座;9-弹簧;10-制动蹄;11-楔形件;12-复位弹簧;13-上复位弹簧;14-压力杆;15-用于楔形件复位弹簧;16-下复位弹簧;17-固定板;18-螺栓(拧紧力矩60N·m);19-制动轮缸;20-制动底板;21-定位销;22-后轮毂短轴;23-观察孔橡胶塞

(1)松开驻车制动器操纵杆。
(2)用力踩一下制动踏板。
(3)把驻车制动器操纵杆拉紧 2 齿。
(4)旋紧箭头所示的调整螺母,直至用手不能旋转两个被制动的后轮为止。
(5)松开驻车制动器操纵杆,两只后轮应能运转自如。

### 17.4.3 气压制动控制阀的拆装步骤

图 17-24 驻车制动的调整

图 17-25 所示为东风 EQ1090 型商用车双腔制动控制阀。

#### 17.4.3.1 拆卸

(1)取出卡圈,拆下轴及拉臂。
(2)松开上下体连接螺栓,分离上下阀体,取下橡胶垫圈、钢垫片、压紧圈、平衡臂及钢球。
(3)解体上阀体。
(4)拆下柱塞座,拆下密封垫片、阀门复位弹簧及两用阀等,拆下与柱塞座装配连接的塑料罩、螺母等零件。
(5)取出膜片总成及复位弹簧,用弹簧钳拆下弹性挡圈并分解膜片总成。

#### 17.4.3.2 装配

(1)在清洁零件熟悉其构造之后,按拆卸时的相反顺序装配制动控制阀。零件应用煤油清洗。装配时,阀门等运动件配合面应涂抹润滑脂。制动控制阀装合后应进行排气间隙(即自由行程)、最大工作气压、两腔随动气压差的调整。
(2)排气间隙的调整。拆下前后腔柱塞座总成(或在未装配柱塞座总成时进行调整),旋

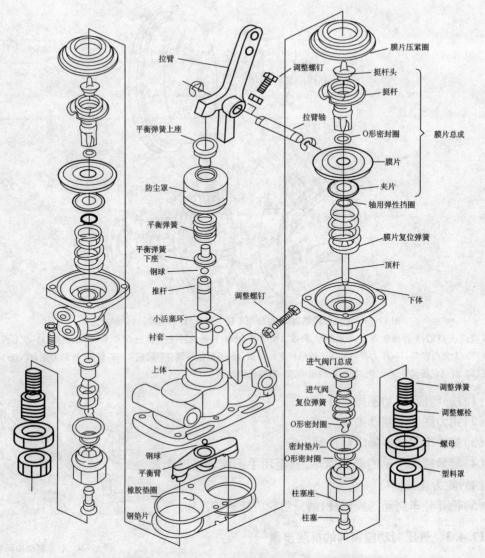

图 17-25　东风 EQ1090 型商用车双腔制动控制阀

动调整螺钉,用深度尺测量两腔排气间隙均为 1.5mm。

### 17.4.4　液压制动传动装置的拆装

液压制动传动装置是利用制动液,将制动踏板力转换为油液压力,通过管路传至车轮制动器,再将油液压力转变为制动蹄张开的机械推力。

上海桑塔纳轿车采用交叉式的双回路液压制动传动装置。主要由双腔式制动主缸、双活塞轮缸和真空助力器组成,其拆装方法如下:

17.4.4.1　双腔式制动主缸的拆装

1)拆卸

(1)放出制动液,拆下前后出油接头。

(2)从车架上拆下主缸后,取下防尘罩及推杆。

(3)将主缸夹在台虎钳上,用螺丝刀顶住活塞,拆下弹簧片、后活塞、皮碗及后活塞弹簧。

(4)拆下限位螺钉,依次取出前活塞、皮碗及前活塞弹簧。

2)装配

装配按上述相反顺序操作,并注意下列事项:

(1)所有零件在装合前,应用制动液或酒精清洗,疏通各通道、油路,并用压缩空气吹干后,全部浸泡在清洁的制动液内润滑。

(2)活塞与汽缸筒的配合间隙应符合规定。

(3)主缸活塞的位置不当,会引起回油孔堵塞,或使制动发生作用时间延迟,故装配时应予注意。

(4)装合后应检查回油孔,使其不被皮碗堵住。

(5)制动主缸装配后应检查其密封性。

17.4.4.2 制动轮缸的拆装

1)拆卸

(1)松开制动轮缸进液管接头,使制动轮缸与进液管脱开。

(2)取下制动蹄复位弹簧,使制动蹄与制动轮缸的活塞脱开。

(3)拆下制动轮缸与制动底板的连接螺栓,取下制动轮缸以待分解。

(4)取下缸体两端的防尘罩。

(5)从轮缸内取出活塞、制动蹄推杆、皮碗及活塞复位弹簧。

(6)拆下放气阀。

2)装配

装配按上述相反顺序操作,并注意以下事项:

(1)所有零件在装合前,应用制动液或酒精清洗,用压缩空气吹干后,全部浸泡在清洁的制动液内润滑。

(2)连接输液管,不允许有漏液现象。

(3)皮碗不得有磨损及发胀现象。

## 17.5 作　业

(1)试述东风 EQ1090 商用车后轮制动器拆装过程。

(2)试述丰田凯美瑞 200E 型乘用车前轮制动器拆装过程。

## 17.6 考 核 内 容

(1)正确拆装东风 EQ1090 商用车驻车制动控制阀,并指出调整部位。

(2)正确拆装东风 EQ1090 商用车前轮制动器,并会调整制动蹄与制动鼓的间隙。

(3)正确拆装丰田凯美瑞 200E 乘用车前轮制动器。

(4)正确拆装液压制动缸。

# 第18章 汽车车身的拆装

## 18.1 实验的目的和要求

(1)掌握现代汽车车身的组成及其各部位的相互关系。
(2)掌握现代汽车车身的拆卸、装配的方法及工艺。

## 18.2 实验使用的工具、设备器材

(1)各种专用工具,常用工具,如:手电钻、锤子、各种螺钉旋具,电、气焊接设备,各种钣金常用设备等。
(2)解放 CA1091 商用车,日本丰田系列乘用车、小客车各一辆。

## 18.3 实验注意事项及观察要点

(1)分析所需拆卸车身的结构形式、类型及特点,制定详细的拆卸、装配工艺以及规范、规程,对于在拆卸过程中可能产生位移而影响车身结构形式的构件,拆卸前进行相应的连接固定,装配后再撤掉。
(2)合理使用各种工具,尽可能使用专用工具。
(3)拆卸、装配时需按标记进行。
(4)保证各总成及零部件合格,确认合格后才能进行装配。
(5)注意观察各部位的相互关系、拆卸与装配的方法及工艺步骤。

## 18.4 实验方法及步骤

汽车车身由车体,车身钣金件(发动机罩、散热器框架、前后翼子板罩、挡泥板、保险杠和行李舱盖等),车门及其附件(门锁、玻璃升降器),其他附属设备(座椅、视镜、仪表板、安全带等)等组成。

### 18.4.1 驾驶室的拆装

商用车车身由驾驶室和货箱组成。现以解放 CA1091 型商用车驾驶室为例介绍其拆装过程。

#### 18.4.1.1 驾驶室的拆卸

(1)卸下车门、座垫及靠背。
(2)将驾驶室置于翻转架上或可靠地点。

(3)取下音响设备、仪表板。

(4)卸下遮阳板支撑杆与车身的连接螺栓,把遮阳板与杆一起取下。

(5)拆卸刮水器总成。

(6)拆卸顶棚灯、室内面料。

(7)拆卸前风窗玻璃总成、后风窗玻璃。

(8)拆卸通风窗。

18.4.1.2 驾驶室的装配

在进行驾驶室装配前,首先要调校驾驶室及车门。当驾驶室与车门分别修整完毕后,即可进行装配与调试。

(1)调校车门。

①将车门安装到驾驶室上,若发现两侧上下铰链之间的距离不相等时,应调整门上铰链间距。

②进行开关车门试验,应轻关慢开,观察边框间的配合是否合适,对不合适部分进行校正与调整。步骤如下:

a.观察车门四周的缝隙,要使四周的缝隙均匀,可通过调整门铰链、固定板来完成。

b.对车门和驾驶室门框的外平面进行调整,通过内、外移动铰链和锁扣来达到外表面的平行。

c.四周缝隙和边框平面调整好后,调试止冲器。保证止冲器芯和止冲器高低对位准确,啮合良好,启闭灵活。如发现启闭不灵活时,可在止冲器的滑块内稍加机油,进行润滑。如果啮合宽度不够6mm时,可在止冲器芯子下面加一垫板,既可使之啮合良好,又不因垫得过高而碰撞驾驶室边框。

(2)校正驾驶室。

①如果车门与驾驶室门框的前后缝隙基本一致,但顶缝与底缝的缝隙却不平行,一般是由驾驶室变形所致,需对驾驶室整形,使用专用工具或千斤顶校正。

②若前后立缝宽窄基本相等,顶缝缝隙前小后大,底缝缝隙前面很大(3~4mm),后缝较小,甚至没有缝隙,且门上的止冲器芯子偏低,说明驾驶室前角下沉,须用专用工具的一端顶住门框后下角,另一端顶住门框前上铰链的拐弯处,使之复位。

③若底缝缝隙前小后大,则说明门框后角下沉,其校正方法与上述相反。

④在校正驾驶室与车门配合缝隙时,还应该注意止冲器的高低位置是否在可调范围内。

调校完成后,应达到如下质量要求:

a.车门装上以后,要旋转灵活,开关自如,车门铁壳边框与驾驶室门框在关闭后内外都不相碰,铰链螺钉互不顶撞。

b.车门关、开时无特别弹性,门面边缘与驾驶室的配合缝隙四周匀称,基本上保持5~6mm。

c.止冲器高低合适,能准确啮合,啮合宽度不小于6mm。锁舌啮合深度应在9mm左右。

(3)将调校好的驾驶室吊放于车架上,初步固定好。

(4)安装好小通风窗,安装时要注意以下几点:

①如密封条老化,需要更换;当海绵密封条脱落时,应先将槽内清洁除锈,涂底漆。当底漆干燥后在槽内和密封条上分别涂以胶水,略干后粘上密封条。

②铰链及附件装配要正确,销上的弹簧缺少或弹性不足时,应配齐或更换。

③所有螺栓应紧固,垫圈齐全。开启时摩擦力过大而不灵活时,可在滑槽上稍加润滑脂。装配后应达到:关闭扣得紧,密封性好,不漏水;开启支撑牢固且可停留在任意支撑位置;车辆行走无响声。

(5)安装后风窗玻璃。安装时,玻璃尺寸准确,压条符合要求。

(6)安装前风窗玻璃时注意:

①安装压条时需使用专用工具。

②窗口边框变形或破裂时,应进行校正。

③安装后应达到如下要求:玻璃透明、视线良好、不炫目;开闭灵活;开启支撑牢固,不会因振动而发响;关闭时密封性要好,不漏水。

(7)安装好室内面料及棚顶灯。

(8)安装风窗刮水器总成,安装后刮水区适当、刮水效果良好,保证驾驶人有足够的视野。

(9)安装遮阳板,可把遮阳板、折页与支撑杆三者装配在一起,并用铆钉连接。遮阳板绕杆转动时松紧适度。

(10)安装仪表板、收音机、座垫及靠背等。

(11)把销子穿到铰链上,安装好车门。

(12)紧固、检查各处螺栓。

### 18.4.2 车箱的拆装

#### 18.4.2.1 车箱的拆卸

(1)拆卸货箱的左栏板、右栏板及后栏板。

(2)拆卸开口销,取出边板折页穿销,分别取下左边板、右边板及后边板。

(3)拆卸前边板(带安全架)与货箱前横梁(木质)及纵梁的固定螺栓,取下前边板及安全架。

(4)拆卸底板与横梁的连接螺钉,将底板翻面,使其原底面朝上,拆卸纵梁和横梁。

(5)拆卸纵梁与横梁的连接角撑铁板固定螺栓,取下各角撑铁板。

(6)拆卸纵梁、横梁U形连接螺栓,使纵梁与横梁脱开,取下纵梁。

(7)拆卸横梁与货箱底板的连接螺栓,使横梁与底板、垫板脱开。

(8)拆卸货箱底板上的各折页固定螺栓,取下各长页板、短页板。

(9)从底板边框内取下各块长条形板。

(10)分别从横梁上卸下绳钩、折页板及各垫板;从纵梁上卸下与车架的连接板等。

(11)拆卸边板上的挂钩固定螺栓,取下挂钩。

(12)在必要的情况下,可用氧-乙炔火焰割开某些焊缝,取下损坏的铁板、铁管、角铁等。

#### 18.4.2.2 车箱的装配

(1)把货车各长条形底板依次放于底板边框内。

(2)把各横梁依次放于货箱底板上(**注意**:要把与纵梁U形连接螺栓连接的垫板放好),摆正位置。如需重新钻孔,可用手电钻在各横梁的相应位置钻孔,直到货箱底板穿透为止。

(3)安装底板与横梁的固定螺栓,旋紧固定螺母,注意螺栓的螺纹部分,应在横梁一侧。

(4)将装有U形螺栓的纵梁放于横梁的对应位置上,使螺栓穿入横梁垫板的对应孔中,旋紧螺母。

(5)按角撑铁板的实际位置,在对应的纵梁、横梁侧面钻上通孔,然后用螺栓和角撑铁把纵梁、横梁紧固。

(6)在货箱底板、横梁及纵梁上安装好折页板、拉板、绳钩及各垫板等。

(7)货箱底板翻面,使纵梁、横梁处于下面方向,并用支架支好。

(8)用铁钉把各块底板钉于各道横梁上。

(9)把维修、校正完好的前边板,用螺栓紧固在货箱的横梁和纵梁上。

(10)把左边板、右边板及后边板分别用折页穿销与货箱底板上的折页连接在一起,穿上开口销。

(11)把螺栓安装到相应边板上。

(12)把各边板用螺栓杆和挂钩连接在一起。

(13)将维修、校正完好的高栏栏板插入各边板的对应槽孔中;货箱装配完毕后,应达到如下要求:

①装配后的货箱底板应平直;铁板无锈蚀和变形。

②边板、后板的螺栓及挂钩应连接可靠,开关自如;栏板与底板及栏板之间的间隙应不大于5mm。

### 18.4.2.3 车门的拆装

汽车车门的样式多种多样,不同种类、不同用途车辆的车门各不相同,但同类车辆的车门是大同小异的。所谓区别只是门上的装饰、装置的不同,如高级乘用车(轿车)的车门上装有电动玻璃升降器、电动车门安装开关等。本章将分别对乘用车的车门、商用车的侧开车门、滑动侧门等不同类型车辆车门的拆装顺序加以说明。

1)小客车车门的拆卸

图18-1所示为丰田系列小客车前门部件示意图,其拆卸顺序为:

(1)卸下车门内手柄。

(2)拆下车门摇窗机构手柄。

(3)卸下内拉手,卸下车门装饰板,在车门和装饰板保持器之间用螺丝刀将其撬离。

(4)卸下维修孔盖板、门锁遥控连杆。

(5)拆卸车窗内、外密封槽条。

①用工具将车窗内槽条撬出,连同卡子一起取下。

②用工具将车门外槽卡子头部撬松,将车门外槽条取出,将卡子转动90°后取出。

(6)取下分隔杆。

①卸下车门上部的固定螺钉。

②卸下车门上的固定螺栓,将玻璃导槽与分隔杆分离;慢慢向右转动并往上抽出分隔杆。

(7)将车门玻璃转动一角度,使车门玻璃与摇窗机构分离,往上提出车门玻璃。

(8)卸下摇窗机构的固定螺栓,然后从维修孔中将摇窗机构取出。

(9)取下车门锁体,取之前先用钳子将卡圈卸下。

(10)卸下车门锁组件的螺钉,取出车门锁组件,卸下门内锁止按钮。

(11)卸下车门外手柄。

(12)取下角窗玻璃。

2)小客车车门的装配

(1)将车窗密封条嵌至角窗玻璃上;在车窗密封条与车门凸缘相互接触处,涂一些肥皂水,装上角窗。

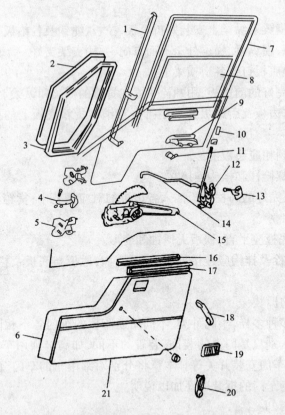

图 18-1 丰田小客车前门部件示意图

1-分隔杆；2-角窗玻璃；3-车窗密封槽条；4-车门开度限位器；5-车门铰链；6-维修孔盖板；7-玻璃导槽；8-车门玻璃；9-车门外手柄；10-门内锁止按钮；11-车门锁体；12-车门锁组件；13-闩眼；14-门锁遥控链；15-摇窗机构；16-车窗外密封槽条；17-车窗内密封槽条；18-拉手；19-车门内拉手；20-车门摇窗机构手柄；21-车门装饰板

(2) 在摇窗机构的各滑动面、弹簧、齿轮及活动部位涂上润滑脂，安装摇窗机构。

(3) 装上车门外手柄。

(4) 装上车门锁组件。将门内锁止按钮装到门锁组件上，通过车门上的维修孔将车门锁组件安放到位；拧紧固定螺钉。

(5) 装上车门锁体。

(6) 通过车门上的维修孔放大摇窗机构，再安装螺栓并将其固定。

(7) 先将车门玻璃装入车门，再将摇窗机构的滚轮滑入车门玻璃卡铁上的凹槽。

(8) 将分隔杆放入车门，在其上、下部安装螺钉，最后将玻璃导槽装入。为方便安装，可在玻璃导槽上涂些肥皂水。

(9) 安装车门内、外侧的车窗密封槽条。

① 将外侧的四个卡子装入车门，装上外侧的车窗密封槽条。

② 将内侧的卡子装到相应的密封槽条上，装上内侧的车窗密封槽条。

(10) 安装维修孔盖板。

① 在维修孔盖板上涂一圈黏结剂，将维修孔盖板下缘装入车门的槽口内。

② 用棉布带封住槽口。

(11) 安装车门锁遥控连杆、车门装饰板。

(12)安装车门内手柄 先将遥控连杆与车门内手柄连接上,再将车门内手柄固定。

(13)将车门窗充分关闭后,安装摇窗机构手柄,并用挡圈将其固紧。

(14)安装车门拉手。

3)商用车驾驶室车门的拆卸

解放 CA1091 商用车驾驶室车门部件如图 18-2 所示,其拆卸顺序为:

(1)拆下车门总成。拆下车门限位器与驾驶室门框的连接销钉,把铰链穿上销子,然后取下车门总成。

(2)拆下维修孔盖板,从维修孔中取出车门限止器。

(3)摇动升降器摇把,使车门玻璃及升降器下落至玻璃滑槽,并在维修孔中部露出为止。

(4)把升降器 T 形杆的滚子轴拨至滑槽两端的凹口处,并从滑槽中取出,使升降器与滑槽脱开。

(5)把手伸入维修孔内,向上推动滑槽及玻璃,并从车门上方窗口将玻璃从门框的滑铁槽中取出。

(6)拆下升降器摇把。

(7)拆下升降器总成

①拆下升降器与车门内壁的连接固定螺钉。

②从维修孔中取出升降器总成。

(8)取下内门把。

(9)拆下门锁联动杆总成。

①旋下门锁联动杆与车门内壁的连接固定螺钉。

②把手伸入维修孔内,把联动杆前端销孔与传动销钉脱开。

(10)拆下门外把手。

(11)旋下门锁与车门内壁的连接固定螺钉,从维修孔中取出门锁总成。

(12)旋下玻璃绒槽与门框的固定螺钉,拆下绒槽和密封条。车门分解完毕后,将拆下的零部件进行检修或更换,待车门校正维修完成后再进行组装。

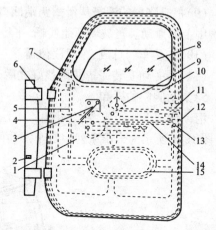

图 18-2 解放 CA1091 商用车驾驶室车门部件示意图
1-铁槽支架;2-限位器孔;3-升降器及摇柄;4-间壳加强板;5-玻璃活动铁槽;6-间铰链及销;7-玻璃绒槽;8-玻璃;9-联动臂及手柄;10-车门壳体;11-间锁及手柄;12-止冲器芯;13-锁门机构及卡簧;14-玻璃托槽;15-维修孔盖板

4)商用车驾驶室车门的装配

(1)用螺钉把玻璃绒槽固定到车门框的相应槽中,并安装好窗口密封条。

(2)安装门锁总成。先用手从维修孔把门锁放至相应位置,使其上的螺纹孔与车门内壁上的相应孔对正,旋上螺钉,待全部螺钉都旋入对应孔之后,再进行最后的紧固。

(3)安装门外把手。

(4)安装门锁联动杆总成。先在维修孔中把联动杆前端的销孔套到传动销上,再把门锁联动杆总成放至原位,并使各螺钉孔与车门内壁上的孔对正,旋上全部螺钉,然后紧固。

(5)安装内门把。

(6)安装玻璃升降器总成。通过维修孔,把玻璃升降器放到原位,使各螺钉孔与车门内壁上的孔对正,旋上全部螺钉,然后紧固。

(7)安装升降器摇把。

(8)安装车门玻璃。从车门上方窗口,把带有滑槽的玻璃装入门框的滑动铁槽中,并用手扶着使其缓慢下落至滑槽,直至在维修孔中露出为止。

(9)把升降器的滚子从滑槽两端凹口装入玻璃滑槽中,并摇动升降器摇把,使玻璃在滑动铁槽中上下滑动。当玻璃不能通畅、平稳地沿绒槽滑动时,应进行修整。

(10)安装车门总成、车门限位器。

(11)待一切安装完毕并调整好之后,安装维修孔盖板,并用螺钉固定到原位上。

5)滑动侧门的拆卸

滑动侧门多用于旅游车(小客车)上,依靠车门上的上、中、下三个滚子,使车门开启或关闭,图18-3所示为丰田系列旅游车滑动侧门部件示意图,其拆卸过程如下:

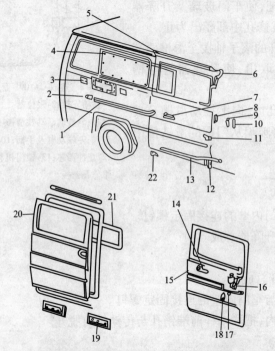

图 18-3　丰田旅游车(小客车)滑动侧门部件示意图

1-车门上导轨;2-后侧装饰板;3-后侧盖板;4-导轨压块;5-中导轨;6-车门上滚子;7-车门中滚子;8-车门定位凹块;9-车门定位凸块;10-衬垫片;11-车门开度限位器;12-车门下滚子;13-下导轨;14-闩眼;15-车门锁组件;16-门锁遥控器;17-垫块;18-车门外手柄;19-车门底盖;20-车门;21-车门装饰板;22-车门下导轨导板

(1)拆下侧门装饰板。

(2)取下维修孔盖板。

(3)拆下车门。

①拆下螺栓,将下导轨导板取下。

②拆下中部导轨压块,用木块垫住车门底部,用千斤顶将木块支撑住。

③拆下固定螺栓,取下车门中滚子及车门上滚子。

④扶住车门往车后滑动并将其取下,拆下车门下滚子。

(4)拆下车门中导轨。

①在车内用螺丝刀将后侧装饰板保持器卡子从保持器中撬出,取下后侧装饰板。
②取下三块后侧盖板,摘下橡胶密封圈。
③拆下相关螺钉和螺母,将车门导轨从车体上取下。
(5)拆下车门定位凸块。拆下相关的螺栓,将定位凸块连同衬垫片一起取下。
(6)拆下车门定位凹块。
(7)取下车门内手柄。
①将内手柄控制杆与门锁遥控器拆离。
②拆下相关螺栓,取下车门内手柄。
(8)拆下车门锁遥控器。
①从控制连杆上取下门内锁止按钮。
②将车门锁控制连杆及锁体控制连杆与门锁遥控器拆离。
③卸下相关螺栓,将车门锁遥控器取下。
(9)取下车门外手柄。
(10)用鲤鱼钳将门锁保持卡取出,拆下锁体。
(11)拆下车门锁固定螺钉,从维修孔中将车门锁取出。
6)滑动侧门的装配
(1)通过车门上的维修孔,将车门锁放入,用螺钉固定在车门上。
(2)安装车门锁体、车门外手柄。
(3)安装车门锁遥控器,接上车门锁体控制连杆。
(4)将内手柄控制连杆与门锁遥控器连接,安装车门内手柄。
(5)安装两车门定位凹块、两车门定位凸块及其衬垫片。
(6)安装车门下滚子。
(7)安装车门中导轨。
①将中导轨装上并固定。
②装上后侧盖板。
③安装橡胶密封圈,最后安装后侧装饰板。
(8)安装车门。
①将木块置于千斤顶上。
②将车门立放到木块上,把千斤顶升至适当高度,让车门从开启位置向前滑动,同时将车门下滚子滑入车门下导轨。
③将车门上滚子装上并用螺钉固定。
④将车门中滚子装入车门中导轨。
⑤用螺栓将车门中滚子固定在车门上,装上导轨压块、上下导轨导板。
(9)安装维修孔盖板、车门装饰板。
(10)安装车门开度限位器及垫片。

## 18.5 作　　业

(1)如何拆装商用车驾驶室?
(2)如何拆装小客车车门?

## 18.6 考核内容

商用车驾驶室拆装顺序。

# 第 19 章 整车装配

## 19.1 汽车整车装配实验的目的要求

(1)掌握汽车整车总装配的工艺、顺序、操作方法及要求。
(2)掌握汽车拆装用各种设备、工具的综合使用方法。

## 19.2 实验使用的工具、设备器材

(1)EQ1090型商用车一辆,上海大众汽车一辆。
(2)常用工具及专用工具。

## 19.3 装配注意事项及观察要点

(1)整车装配时注意场地的整洁,注意操作安全。
(2)应正确使用工具和有关设备。
(3)装配前,应对待装配的总成、部件及连接件做最后的检查,确保其符合使用要求和技术条件,避免不必要的返工。
(4)注意观察各总成安装相对位置和相互关系。

## 19.4 实验的方法和步骤

汽车的总装是以车架(车身)为基础,按照技术要求,将各个总成、部件及连接零件相互连接,固定在车架(车身)上,组成一辆完整的汽车。

不同的车型由于结构不同,各自的装配工序也略有差异。本章将以乘用车和商用车为例,详述这两种常见车型在总装时的技术要求和大致装配工序。

### 19.4.1 乘用车(小客车)的总装

普通乘用车多采用承载式结构,它的总装是以整体式的车身为基础件,各类总成直接与车身相连。

1)前桥和前悬架的装配
(1)将车身用举升器举起,把发动机托架固定在车身纵梁上。
(2)依次把平衡杆、侧拉杆和下支臂连接在托架上。
(3)将侧拉杆和平衡杆与下支臂连接。
(4)将组合在一起的减振器总成的上端吊装在车身相应部位,连接下端与下支臂。

2)转向机构的装配

(1)组合转向传动杆系统。

(2)将转向机固定在车身上,连接主转向臂与转向器,连接副转向臂与车身纵梁。

(3)连接侧拉杆与前轮转向节轴,注意穿上开口销。

3)转向盘的装配

在车内将转向管柱固定好,连接联轴器与转向机的输入轴。

4)后桥和后悬架的装配

(1)在车下将与后桥壳相连的所有连杆固定在后桥壳的安装位置上,螺栓暂时不要拧紧。

(2)将后桥壳总成抬起,安装与车身相连的各个部位。

注意:

各类胶垫、胶球的安装方向和位置不能装错。

(3)安装减振器和螺旋弹簧。

注意:

安装减振器前,应反复拉伸几次,以便排出油液中的空气。

5)制动系统的装配

(1)将制动主缸和真空助力器连在一起,固定到车身上。

(2)安装制动油管,使之与前后轮制动轮缸相连。

注意:

认真检查油管有无弯曲和泄漏。

(3)在车内装踏板支架和踏板,调整踏板自由行程。

6)装配车轮

将四个轮胎分别安装到位,先预紧轮胎螺母,把车身放下,轮胎着地后按顺序拧紧螺母。如不更换新轮胎,应进行轮胎换位。

7)发动机和变速器的装配

安装发动机和变速器时,有些车型是先将发动机和变速器组装在一起后,再装车;有些车型则分别安装。

在连接发动机和变速器时,必须使变速器第一轴的花键轴端准确插入离合器片花键孔内,不能用紧固连接螺栓的办法强行压入。

8)传动轴的装配

将传动轴前端插入变速器,把后端凸缘与差速器凸缘相连。然后,将中间支撑固定在车身上。

注意:

对准装配标识。

9)消声器的装配

将消声器前节与排气歧管相连,依次连接中节和后节消声器。用夹箍和吊挂将消声器固定在车身底板下面。

注意:

在连接凸缘处垫好密封垫,均匀拧紧螺栓。

10)燃油箱的装配

将油箱固定在车后部,连接油管。

11) 散热器和空调管路的安装

将散热器和冷凝器用固定支架装好,安装到车身前端,接好水管和空调管,引入车身内。

12) 全身线路及仪表装配

线束布置,以仪表台为中心向车前后延伸。相同方向的线束用胶带捆扎在一起。在经过孔时要有防护胶套。安装仪表台前,先将导线接插件连接好,各个真空管、仪表灯、插头开关等要先安装到位。

13) 地板和内饰的装配

将地毯和胶皮用压板固定在地板上,内饰板用卡扣连接到门柱和顶篷上。

14) 座椅的装配

装配前在座椅的下滑道、转轴上加少许润滑油。

15) 前盖和后盖的装配

调整合叶固定螺栓,使前后盖各处缝隙均匀一致,锁合轻松自如。

### 19.4.2 商用车的总装

1) 前桥的装配

将车架用支撑架搁平,把装有轮胎和钢板弹簧的前桥推至车架下面,使钢板弹簧前端与前支架相连接;后端通过销轴与吊耳和支架连接。也可先在车架上装好钢板弹簧,再装前桥和车轮。有减振器应先将减振器装到车架上,最后将减振器与前桥连接。

安装时应注意钢板弹簧销、吊耳销与衬套的配合间隙,以及钢板弹簧与支架、吊耳,吊耳与支架两侧的间隙应符合技术要求(两侧各为 0.5~1.0mm),否则应加垫调整。销轴装好后,应装好锁紧装置及润滑油嘴。安装减振器时,拉杆孔内的橡胶套等应完整。

2) 后桥的装配

将装有轮胎和钢板弹簧的后桥推至车架下面,使钢板弹簧前端与支架相连接,形成固定旋转支撑端,后端通过吊耳销、吊耳、支架销和后支架相连(或滑板结构),形成摆动(或滑动)支撑端。也可先在车架上装好钢板弹簧,再装后桥和车轮,其他装配方法同前桥安装。

3) 轮胎换位

如果不更换新轮胎,应对轮胎进行换位。

4) 制动器的装配

安装液压制动装置时,应先装上制动主缸,然后安装制动油管,使与前后轮制动轮缸连接。安装气压制动时,应先装储气筒和控制阀,然后再连接各部管路。所有管路应卡装牢固,管路与车架以及相互摩擦处用橡胶套隔开,以防行驶中颠动折断或磨破。

5) 离合器踏板及制动踏板的装配

将踏板安装支架固定在车架上,在支架上装好离合器踏板和制动踏板,装好离合器叉的拉杆、主缸推杆或控制阀拉杆,安装复位拉簧。

6) 发动机和变速器的装配

安装时,发动机和变速器可先装在一起,然后吊装到车架上,也可分别安装。安装发动机时。

**注意:**

支撑处安装橡胶垫,并使橡胶垫保持原有厚度,发动机与车架间如有支撑拉杆,应按规定装好。

7）传动轴的装配

将传动轴置于车架下面，将万向节凸缘接头前后分别与变速器及主减速器凸缘相连接，中间支架与车架固定。装好的传动轴，两端的万向节叉应在同一平面上，防尘套等应按要求装备齐全。

8）消声器的装配

消声器管与排气歧管凸缘连接处应安装石棉衬垫并用螺栓均匀紧固。用夹箍将消声器安装固定，并装好消声器排气管，消声器及排气管夹箍的固定螺栓等应可靠紧固、锁止。

9）驾驶室的装配

吊装驾驶室时，应注意不使外表各部受到碰损变形，与车架固定处应装橡胶软垫，固定螺栓、螺母下应装平垫圈。螺母拧紧后应用开口销锁止。安装驾驶室后即可安装加速踏板操纵装置等连接部分。

10）转向机的装配

转向机壳在车架上的固定螺栓应装弹性锁紧垫圈，螺栓先不要拧紧，把转向管柱在驾驶室内固定后再拧紧固定螺栓、螺母。然后安装转向摇臂，摇臂与摇臂轴安装时应注意对正装配标记，可靠紧固并锁止，最后，连接直拉杆并用开口销可靠地锁住。

11）燃油箱的装配

将燃油箱安装到原来位置，油箱位置在驾驶室内的，螺栓下有弹簧必须照原样装好，螺母拧紧并锁止。油箱在侧面安装的，应用带衬垫的夹箍固定到车架上的油箱支架上。

12）翼子板和脚踏板的装配

用螺栓把脚踏板安装到车架的相应支架上，然后装挡泥板和翼子板。在挡泥板和翼子板间应装有密封条，翼子板与脚踏板连接处应装有橡胶衬垫。

13）散热器的装配

将散热器和固定支架组装好，然后将其安装到车架上，散热器与车架连接处应装橡胶软垫或弹簧；拧紧螺母时不能使弹簧或胶垫压死而失去弹性；螺母装好后应用开口销等锁止，最后连接散热器和水泵及发动机上进出水胶管、装好百叶窗拉杆等，百叶窗应能开闭自如。安装发动机罩及拉杆。

14）全车电气线路及仪表装配

导线所经各处，应与板壁表面紧密贴合，并按规定装好线夹，两线夹之间的线应拉紧，所有线接触处应良好、不松动；各电器开关工作应可靠，灯泡安装应牢固，车辆行驶时灯光不得闪烁。

15）加注润滑油、制动液和冷却液

在加油嘴或加油塞处，按原设计规定加足润滑脂或润滑油；如为液压制动，应在主缸内加足制动液；加足燃油和散热器内的冷却水。

16）货箱的装配

吊装车箱，用U形螺栓将车箱与车架固定，U形螺栓处车架纵梁的槽内应装衬木。安装车箱时应注意车箱前部与驾驶室之间保持规定的距离。

17）装配中及装配后的检查与调整

在装配中和装配后，还应检查和调整以下项目：离合器踏板自由行程、前轮前束、转向盘游隙、制动踏板自由行程、制动蹄鼓间隙、轮胎气压等。行驶中如发现问题，还应再次进行检查调整。

### 19.4.3 总装后的检验

对于总装完工后的汽车,还要进行竣工检验,确认各总成的技术状况是否符合技术要求,整车的使用性能是否良好,一般分行驶前、行驶中和行驶后的检验三个方面。

#### 19.4.3.1 行驶前的检验

汽车行驶前的检验,主要是查明汽车各项装备是否齐全,装配是否达到原设计的技术要求,发动机运转和仪表工作是否正常,应润滑的部位是否已加注润滑油等。检验时,一般由两人配合进行,将被检车辆停放在平坦干燥的地面域检验地沟上。

1) 车辆外观的检查

(1) 观察翼子板、保险杠、发动机罩、驾驶室等,外表形状应正确,曲面圆滑,转角处无折皱,蒙皮平整无松驰及机械损伤等,驾驶室、翼子板左右应对称,各对称部位离地面高度差不得大于 10mm。

(2) 检查车前拖钩安装是否牢固,散热器罩、发动机罩、翼子板、驾驶室等相互配合处缝隙是否合适均匀,螺栓紧固锁止是否可靠,前照灯安装紧固是否端正可靠。对高级小客车还要检查前后保险杠和组合灯具的安装是否平滑、美观,全车装饰条是否齐全、光洁。

(3) 检查车身两侧各车门。要求车门开关自如灵活、声响轻柔。车门与车身的接合严密,密封条接缝处不宜太大。车门玻璃升降轻松自如,不应有沉重的感觉和异响。

(4) 检查车箱内各部件是否配齐,边板缝隙是否超过规定,金属货箱的底板和边板有无变形、裂缝、脱焊现象,车架铆钉有无松动。

(5) 检查油箱、蓄电池架和备胎架安装是否牢固。

(6) 对新喷漆的车辆检查漆层有无裂纹、起泡、流痕、皱纹、斑点等缺陷。

(7) 对车辆进行淋水试验,检查风窗玻璃、车门玻璃等处有无漏水、渗水现象。

2) 车下的检查

(1) 从车下检查转向机、制动主缸等安装是否牢固。转向机各连接部位应不松旷;制动及转向机构各处的开口销、弹簧及平垫圈、螺母等是否按要求装配齐全、锁止可靠。

(2) 检查变速器、后桥壳内油面是否符合规定,检查下曲轴箱、变速器、制动主缸等处有无漏出或溅上的油迹。如发现油迹应擦干净,以便行驶后检查证实其是否漏油。

(3) 检查钢板弹簧各片是否错位,U 形螺栓是否紧固,管路、导线等是否装卡可靠,铆钉是否松动。

(4) 检查传动轴、万向节是否松动。

3) 打开发动机罩进行检查

(1) 检查发动机罩开启、关闭是否灵活,支撑是否可靠。

(2) 检查发动机附件是否齐全完好,风扇传动带松紧是否合适,进出水管、进回油管的卡箍是否紧固,电器插头和真空软管是否安装到位,线束走向是否合理、明晰。

(3) 检查冷却液、制动液和机油液面是否合乎标准,各处有无漏水、漏油现象。

(4) 检查小客车悬架固定螺栓是否紧固。

4) 驾驶室内检查

(1) 制动踏板、加速踏板的高度应符合要求,不合适要求时应进行调整;驻车制动器操纵杆拉到底应为 3~5 响(即棘爪在扇形齿板上移动 3~5 齿),不符合要求时应予以调整。

(2) 检查风窗玻璃的支撑机构是否可靠,玻璃关闭应严密,不漏水,驾驶室通风、暖气等装置应完好。

(3)检查制动踏板、离合器踏板的自由行程及驻车制动的有效行程是否符合要求。踏板在地板的开缝内移动时,不应有摩擦和卡滞现象;踩下踏板至极限位置后,放松踏板,踏板应能迅速复位。

(4)检查喇叭、仪表、灯光、信号标志是否齐全,工作是否可靠,检查散热器百叶窗开闭是否灵活、到位。

(5)检查转向盘游隙是否符合要求。

(6)扳动变速杆,检查其摆动量,观察变速杆是否能轻便地换入相应挡位。

(7)检查座椅前后移动是否轻快、到位,座椅靠背仰角是否符合要求。

5)发动机运转情况的检查

起动发动机,检查怠速转速和点火正时是否正常;观察尾气有无冒黑烟或蓝烟等不正常现象,调整发动机到正常状态。

6)车轮的检查

(1)用气压表检查轮胎气压是否正常。

(2)检查前轮前束是否符合规定。

(3)顶起前桥转动转向盘,检查前轮转向角度是否达到要求;轮胎有无与直拉杆、钢板弹簧、翼子板等碰擦现象。

(4)旋转前轮,检查制动鼓是否与制动蹄摩擦;用手摆动轮胎,检查转向节销及轮毂轴承等有无间隙过大现象。

(5)顶起后桥转动车轮,检查制动鼓是否与制动蹄摩擦,驱动后车轮旋转,检查其有无摇摆现象。

19.4.3.2 行驶中的检验

行驶中检验的主要目的是考查底盘各总成工作是否正常。行驶时一般应装载75%额定载质量进行试验,如果没有难以确定的故障,行驶距离一般不超过30km,但也不应少于使车辆运转部分达到正常温度的距离,行驶速度以不超过30km/h为宜。

行驶中,应谨慎操作,注意安全。因为未经过行驶检验确定前,车辆各部分工作不能认为是十分可靠的。行驶中检验项目如下:

(1)行驶起步前,应使发动机达到正常工作温度,检查仪表和信号装置、发动机运转是否符合使用要求。

(2)起步时离合器接合应平稳可靠,无发抖、打滑、响声等现象;换挡时离合器分离应彻底、操纵轻便。

(3)低速行驶2~3km,使底盘各运转部分温度逐渐升高,润滑正常,注意各部分有无异常响声,轻踩一下制动踏板,检查制动装置是否有效。然后提高车速,检查转向是否轻便灵活,有无跑偏、单边重及摆头现象。

(4)选择适当场地试验车辆最小转弯半径。

(5)在加速及减速中仔细听变速器、分动器、传动轴、主减速器和差速器等处有无响声,察听响声时注意以下几点:

①在不同挡位、不同稳定车速下,允许齿轮有不同的轻微响声。

②在低一挡位,车速突然变化时,允许齿轮有瞬间的撞击声。

③传动轴在正常行驶时,不应有响声,但在行驶力不足而未及时换入低速挡时允许有轻微

响声。

④前桥等速万向节,在车辆作最大转弯时允许有响声。

⑤检验车辆的滑行性能。汽车空载行驶,初速为30km/h,滑行距离应不少于220m。

⑥加速性能试验。带限速位置的汽车,以直接挡空载行驶,从初速20km/h加速到40km/h的时间应符合规定。

⑦检验车辆的制动性能。路试时,小型车空载以30km/h运行,踏板力为350N(有加力装置)的制动距离不大于6.2m。中型车以20km/h行驶,踏板力为600N(无加力装置)时的制动距离不大于3.0m。对驻车制动装置的制动性能要求是:在车速不超过15km/h时,缓缓拉动驻车制动器操纵杆,应能制动住车辆,或在20%~30%的坡道上能制动住车辆不下滑。

⑧路试中还应注意车身等处有无松动响声,门窗等开关机构是否牢靠。

⑨必要时,行驶中应停车检查。变速器、主减速器油温不应超过70℃(气温不超过35℉时);检查传动轴油封、轮毂轴承等处温度是否过高,用手摸上述各部位不应烫手,在使用制动后,制动鼓不应发烫。检查各处有无漏油、漏水现象。

### 19.4.3.3 行驶后的检验

主要是检查车辆经过行驶运转、道路颠颠振动后,各部零件温度是否正常,有无漏水、漏油、松动、脱落或其他异常故障。检验时,将车辆停放在平坦干燥的地面域检验地沟上,按下列顺序进行检验:

(1)检查各轮毂、制动鼓、主减速器、传动轴、中间支撑轴承等处温度是否正常。

(2)检查散热器、水泵、汽缸盖衬垫等处有无漏水。

(3)检查汽油、机油及制动管路等处有无漏油、漏气;下曲轴箱、正时齿轮盖、气门室盖等处是否漏油。

(4)检查变速器、后桥、传动轴等处衬垫、螺孔及油封处是否漏油。检查制动阀、控制阀或制动主缸、制动轮缸增压器、软管和硬管接头有无漏气或漏制动液现象。对气压制动车辆,应旋松储气筒放气开关,检查有无窜油现象。

(5)拆下火花塞,观察其电极不得有发黑或机油油渍,重新校正发动机怠速,当突然加速或减速时,发动机不应熄火,重新检验汽缸压力,其数值应符合原厂规定。按照规定力矩重新拧紧汽缸盖螺栓、前后轮胎螺栓、后半轴螺栓、前后钢板弹簧中心螺栓及U形(骑马)螺栓等。

## 19.5 作  业

(1)汽车整车装配的步骤和注意事项是什么?

(2)汽车装配后为何要进行各种检查?

## 19.6 考核内容

各总成件的装配方法和工艺。

# 参 考 文 献

[1] 阎 岩,臧杰. 汽车构造实习指导[M]. 北京:机械工业出版社. 2007.
[2] 广州丰田汽车有限公式. TOYOTA CAMRY ACY40 系列维修手册 1-4 册. 2006.
[3] 郭禧光,李炳泉. 桑塔纳2000型轿车使用与维修手册[M]. 北京:机械工业出版社,1998.
[4] 李宪民. 桑塔纳2000型轿车使用与维修问答[M]. 北京:机械工业出版社,2003.
[5] 李炳泉. 桑塔纳2000型轿车构造[M]. 北京:机械工业出版社,2000.
[6] 朱忠伦. 汽车拆装实训[M]. 北京:人民交通出版社,2003.
[7] 余云龙,等. 汽车拆卸与装配[M]. 北京:机械工业出版社,2002.
[8] 张朝山. 汽车拆装与调整[M]. 北京:机械工业出版社,2003.